우리가 꼭 알아야 할

스포츠 윤리

우리가 꼭 알아야 할

스포츠 윤리

ROBERT L. SIMON 지음 / 김태훈 옮김

THE ETHICS OF SPORT
WHAT EVERYONE NEEDS TO KNOW

글로벌콘텐츠

추
천
의
말
•
•
•
•
•

"이 책은 정직, 공정, 탁월함에 대한 기대, 경쟁의 가치, 그리고 현대 사회에서 스포츠의 역할 등에 관하여 진지한 물음을 제기한다. 사이먼은 이런 문제들을 스포츠 자체를 훨씬 넘어서는 문제들과 조심스럽게 균형을 맞추며 폭넓게 조명하고 있다."

– 유타 대학 법철학 석좌교수,
프란시스(L. P. Francis)

"이 책은 세계에서 가장 존경받는 스포츠 철학자 중 한 사람인 사이먼이 대중들을 위해 쓴 스포츠 윤리 분석서이다. 그는 누구나 알아야 할 스포츠 윤리의 내용을 질의응답, 대화 형식을 빌려 여러 가지 일화들로 흥미롭게 버무린다. 복잡한 스포츠 윤리 문제를 깊이 있게 다루면서도 이를 일상에서 일어나는 가치, 정의, 그리고 페어플레이와 관련지어 설명한다. 그럼으로써 사이먼은 스포츠가 하찮거나 재미없는 하나의 현상이라는 주장을 잠재운다."

- 펜실베이니아 주립대학 스포츠 과학 교수,

크레치마(S. Kretchmar)

"스포츠에서 무엇이 옳고 그른가를 알아야 하는 누군가가 그에 대한 지침을 제공해 주는 하나의 바이블과 같은 책을 만나는 것은 커다란 위안이다. 이 책은 바로 그런 역할을 하는 훌륭한 책 — 정말이지, 위대한 책 — 이다. 운동경기에 수반된 정치적 체계를 다루든 아니면 인체 그 자체와 관련된 문제들을 다루든, 사이먼 교수는 모든 스포츠 팬, 운영진, 그리고 운동선수가 반드시 수강해야 하는 수업을 한다."

- ESPN 선임 기자,

스티브 울프(Steve Wulf)

감
사
의
글
·
·
·
·
·
·

한 아이를 기르기 위해서는 마을 하나가 필요하다고 하듯이, 책 한 권을 펴내는 데에도 많은 사람의 도움이 필요하다. 많은 사람의 도움이 없었다면, 이 프로젝트가 이처럼 멋지게 완결되기 어려웠을 것이다. 나는 그들 모두에게 감사한다.

특히 수년 동안 내가 담당해 왔던 "스포츠의 철학적 이슈" 강좌를 수강했던 학생들에게 고마움을 전한다. 사실 이 책에서 제기된 문제들은 이 수업을 하는 과정에서 처음 제안된 것들이 많다. 특히 2014년 가을 학기를 수강했던 학생들에게 감사한데, 내가 그들에게 이 프로젝트에 관하여 이야기하자, 그들은 내가 검토해 나가야 할 중요한 문제들을 제시해 주었다. 물론 내 강의에 참여했던 학생들 가운데에는 나의 관점에 의문을 제기한 학생들도 있었지만, 결론적으로 밀하면, 내 수업에 참여했던 모든 학생이 이 프로젝트를 완성하는 데 이바지했다고 할 수 있다. 어떤 학생들은 리포트나 토의를 통해서, 또 어떤 학생들은 자신이 직면했던 스포츠의 윤리적 논쟁거리들과 관련하여 새로운 논잇거리를 제공함으로써 이에 공헌하였다.

이 가운데에서도 나는 특히 2014년 가을 학기 강좌에 참여했던 잭슨 쿠슈너(J. Kushner)에게 고마운 마음을 갖고 있다. 그는 스콧 크레치마(S. Kretchmar)가 시합에서 후보 선수들에게도 최소한 몇 분의 시간이라도 주는 것이 의무라고 옹호한 것에 대해 비판을 제기했는데, 그 글은 이 책에서 논의한 코치의 윤리에서 변형된 형식으로 등장한다. 또한, 조 미하일로비치(J. Mikhailovich) 학생은 원고의 교정뿐만 아니라 논의의 핵심을 꿰뚫는 정확한 제안을 많이 해주는 등 남다른 기여를 하였다. 내가 소속한 해밀턴 대학의 학생들은 최고의 학생들인데, 내가 그들과 45년 이상을 함께 보낼 수 있었던 것은 정말 큰 행운이었다. 나는 그들에게 가르쳤던 것 이상으로 내가 그들로부터 배웠다고 확신한다.

해밀턴 대학의 학생 선수들에게도 고마움을 전하고 싶다. 그들은 진정한 '학생' 선수들로, 이 책의 주요 주제 가운데 하나인 탁월함에 대한 상호 탐색으로서의 스포츠의 본보기가 되고 있다. 또한, 해밀턴 대학 철학과의 '출중한' 비서인 캐롤린 마스카로(C. Mascaro)에게도 감사드린다. 그녀는 내가 최종 원고를 준비하는 데 많은 도움을 주었을 뿐만 아니라 늘 나에게 용기와 힘을 북돋워 주었다.

나는 해밀턴 대학 철학과에서 훌륭한 동료들과 함께 지내는 축복을 누렸다. 그들은 윤리와 스포츠의 쟁점을 붙들고 연구를 하는 나에게 지원을 아끼지 않았다. 아울러 이 책에서도 일부 논의되고 있는 국제스포츠철학협회의 동료들 또한 나에게 늘 든든한 힘이 되어 주었다. 각 분야의 동료들은 줄곧 나에게 비평과 도움을 주고 있고, 내가 진리(철학에서)와 탁월함(스포츠에서)에 대한 상호 탐색, 즉 우리가 모두 함께 혜택을 보는 '협력적' 활동이라 부르는 것에 대한 철학적 논의를 계속하고 있다.

편집자인 옥스퍼드의 루시 랜들(L. Randall)에게 깊은 감사를 드린다. 그녀는 이 프로젝트를 제안하였고, 나를 설득하여 이를 진행하도록 하였으며, 이를 마무리할 때까지 지속해서 매우 유용한 도움을 주었다. 원고를 수정하자고 했던 그녀의 제안은 이 책을 질적으로 향상시키는 데 이루 말할 수 없는 도움을 주었다. 출판사로부터 입수한 출판 직전의 비평문은 만약 그런 과정이 없었다면 내가 제대로 다루지 못했을 예리한 의견들로 가득 채워져 있었다. 나는 최선을 다해 그에 충실히 따르고자 노력하였다. 원고를 철저하게 읽고 통찰력 있는 지적을 해준 유타 대학의 레슬리 프란시스(L. Francis)에게 감사드린다. 물론, 내용에 대한 모든 최종적인 결정은 내가 내렸다. 따라서 이 책의 오류와 더불어 지적을 해준 여러분들의 충고를 따르지 않아서 생기는 모든 잘못은 전적으로 나의 책임이다. 아울러 모든 출판 과정을 이끈 낸시 리베커(N. Rebecca)를 비롯하여 교열을 담당한 레슬리 앤그린(L. Anglin), 책 표지를 디자인한 캐롤라인 맥도넬(C. McDonnell) 등 제작 팀 모두에게도 감사드린다.

늘 지지와 격려로 나를 응원해 주는 아내 조이(Joy)에게 특별히 고마운 마음을 전한다. 그녀는 탁월한 교정자일 뿐만 아니라 코치이자 비평가이며, 나의 가장 친한 친구이기도 하다.

나는 이 분야에 이미 몰두해 온 사람들뿐만 아니라 학문적 환경에서 스포츠의 논쟁거리들을 연구해 오지 않았거나 스포츠의 세계에 그리 친숙하지 않은 독자들도 쉽게 다가설 수 있는 책이 되도록 최선을 다했다. 만약 이 책에서 논의된 주제들, 특히 제1장에서 논의된 포괄적 내재주의(해석주의)와 탁월함에 대한 상호 탐색으로서의 경쟁적 스포츠의 개념에 더 깊이 있고 학문적으로 접근하는 데 관심이 있는 독자가 있다면, 내가 시저 토레스(C. Torres), 피터 헤이거(P. Hager)와 공동 집필한 『페어플레이 *Fair Play*』(2015)를 찾아보기 바란다. 추천 도서와 참고 문헌에 있는 자료들 또한 스포츠의 윤리적 쟁점들에 관하여 더 심도 있는 관점을 정립하고자 하는 사람들에게 분명히 도움이 될 것으로 믿는다.

나는 무엇보다 이 책이 스포츠의 논쟁거리들에 대한 분석이 우리가 관심을 가질만한 사안이라는 것과 더불어 수많은 사람에게 영향을 미치고 감동을 주는 주요 관습 — 경쟁스포츠 — 의 중심에 있는 문제들이 비판적 검토를 통해 명료화될 수 있다는 것을 실증적으로 보여주기를 내심 기대한다.

R. L. 사이먼
2015년 12월
뉴욕, 클린턴

이 책의 저자인 로버트 L. 사이먼은 해밀턴 대학 철학과 명예교수이다. 그는 정치와 사회 철학의 주제뿐만 아니라 스포츠에서의 윤리적 논점들에 주목하고 폭넓게 글을 써왔다. 국제스포츠철학협회(IAPS) 전임 회장이며 저명 학자상을 수상하기도 하였다. 그는 또한 해밀턴 대학에서 14년 동안 수석 골프 코치로 활약하며 팀을 전국선수권 대회에 참가할 정도의 수준으로 올려놓았다. 그는 시저 R. 토레스(C. R. Torres), 피터 F. 헤이거(P. F. Hager)와 함께 출간하였던 『페어플레이 *Fair Play*』(2015)로 이 방면에 존재감을 드러냈으며, 철학자이자 골프 코치로서 일반 독자들의 스포츠 윤리에 대한 이해를 돕고자 좀 더 평범한 문체로 이 책을 썼다. 그는 스포츠 세계에서 제기될 수 있는 다양한 윤리적 문제를 균형적인 시각을 잃지 않고 다루고 있다. 우리는 이 책에서 논의되는 문제들을 통해 우리나라 스포츠계에서 일어나고 있는 윤리적 문제들을 분명히 새롭고 확장된 관점에서 이해할 수 있을 것이다.

우리나라에서 '스포츠 윤리'가 세간의 관심을 받게 된 데에는 주로 운동선수에 대한 지도자의 폭행, 폭력, 성폭행 혹은 성추행 등의 비행이 크게 작용한 것으로 보인다. 최근에 국회에서 국민체육진흥법 개정안이 통과되고, 그 법에 따라 체육인 인권 보호와 스포츠 비리 근절을 위한 전담기구로 '스포츠 윤리센터'가 설립된 것도 그런 배경에서 비롯된 것이라 할 수 있다. 우리 사회에서 이런 문제들의 예방을 위한 요구가 꾸준히 제기되어 왔음에도 불구하고, 그에 대한 진전이 그만큼 이루어지지 않고 있다는 것을 방증한다. 결국, 이러한 일련의 조치는 선수들의 인권 문제에 대한 국민적 관심이 그대로 반영된 결과라 할 수 있다.

　그러나 스포츠 윤리는 비단 위에서 언급된 문제에 국한되지 않는다. 새로 개정된 스포츠 지도자의 연수 과정이나 지도자로서의 결격사유를 보면, 마치 우리나라 스포츠 지도자가 갖추어야 할 자질이 선수들에 대해 (성)폭행을 저지르지 않는 것으로 인식될 정도다. 스포츠 윤리는 단순히 체육지도자들의 비행을 억제하는 형법 조문 같은 것이 아니다. 스포츠 윤리는 스포츠 활동 전반과 관련되는 것으로, 그 적용 범위가 매우 광범위하다. 예컨대, 약물 복용, 승부 조작, 스포츠 도박, 인종차별, 성차별, 편파 판정, 연고 의식, 승리 지상주의, 스포츠의 상업화, 속임수, 선수들의 운동 참여와 학업의 균형 등 매우 다양하다.

　그런 맥락에서 보면, 현재 우리나라에서 제기되고 있는 스포츠 윤리에 관한 관심과 논의는 그 초점이 매우 제한되어 있는 것이 사실이다. 스포츠의 본령은 분명히 경쟁과 승리에 있다. 스포츠는 도전에 따른 장애를 신체적 역량을 발휘하여 극복함으로써 목표를 성취하는 불굴의 정신과 의지의 총체적 활동이다. 스포츠 윤리는 그런 일련의 과정에 내재하여 있는 스포츠 고유의 규칙을 준수하고 상대방을 존중하는 행동

준칙과 다름없다. 스포츠 활동에서 그 스포츠의 규칙을 어기면 윤리를 위반한 것이요, 따라서 그것은 진정한 '승리'가 아니다. 왜냐면 스포츠에서 말하는 승리란 그 스포츠에 내재하여 있는 규칙을 준수하면서 공정하게 서로의 탁월함을 경쟁한 결과여야 하기 때문이다. 스포츠 윤리는 그런 경쟁의 공정성을 담보하는 기준이다. 그것이 윤리가 스포츠에서 담당해야 할 몫이자 전부이다.

윤리는 '관계'에서 시작된다. 그런데 우리말 한자어인 '關係(관계)'를 보면, 우리가 다른 사람과의 사이에서 형성되는 관계를 은연중에 어떻게 인식하는지를 짐작할 수 있다. 關(관) 자는 커다란 대문을 안에서 닫아거는 빗장이라는 의미이다. 그리고 係(계) 자는 사람을 실로 묶는다는 의미이다. 혈통이나 핏줄로 사람들을 얽는다는 뜻이다. 따라서 우리는 자칫 타인을 독립된 개체로 인정하기보다는 서로 얽힌 공동체의 구성원으로 인식하기 쉽다. 마치 부모가 자녀를 자신의 소유로 인식하는 경향이 있듯, 스포츠 지도자들은 팀에 소속한 운동선수들을 그렇게 이해하고 행동할 수 있다. 그런 경향은 특히 동양의 유교권 사회에서 자주 나타난다.

관계가 제대로 정립될 때 인권의 개념은 비로소 제 위치를 찾게 된다. 사람과 사람 간의 올바른 관계는 적어도 상대를 자신과 동등한 가치와 자격을 지닌 독립된 존재로 인정할 때 가능하다. 인권 의식도 그때 비로소 등장하게 된다. 그리고 그런 인권의 핵심에는 상호존중이라는 가치가 자리한다.

스포츠 윤리는 선수와 지도자, 선수와 선수 간의 관계가 서로 독립된 개체로 인정하는 데에서 시작되며, 그런 관계가 형성되었을 때 비로소 선수와 지도자, 선수와 선수 간에 인권이 존중될 수 있다. 그리고 서로

가 상대방의 인권을 존중할 때 치열한 경쟁에서도 공정이라는 가치를 준수할 수 있게 된다. 인간에게 있어서 진정한 윤리적 행동은 누구의 지시나 강압에 의한 것이 아니라 자율적 판단에 따라 나오는 것이다. 개인이 자율적 도덕성을 함양하기 위해서는 최소한 무엇이 옳음과 공정함에 가까운지를 이해하고 판단할 수 있는 능력, 자신의 판단을 행동으로 옮기고자 하는 열정과 의지, 그리고 실제 스포츠 활동에서 이를 행동으로 실천하고 습관화하는 역량을 계발해야 한다. 그것은 하루아침에 이루어질 수 없으며 오랜 기간의 자아 성찰과 부단한 노력으로써만 가능하다.

그렇다면 우리나라에서 체육을 전공하는 학생이나 선수들은 스포츠 활동과 관련된 어떤 윤리적 문제를 자율적으로 성찰하고 이를 실천에 옮길 기회를 얼마나 자주 접하고 있을까? 이런 물음은 장차 체육지도자로서 함양해야 할 품성이나 소양과 매우 밀접한 관련이 있다는 점에서 의의가 있다. 이를 미루어 짐작해 볼 수 있는 하나의 단서는 체육지도자를 양성하는 우리나라 대학 수준의 유수 기관에서 스포츠 윤리 강좌를 독립적으로 개설하고 있는 경우가 거의 없다는 사실이다. 혹자는 이런 현상에 대해 전문 분야가 종목별로 다양화된 현대 사회에서 스포츠 전반에 걸친 윤리적 문제를 논의하는 시간을 따로 확보하는 것이 어렵다고 주장할 수 있을 것이다. 그러나 적어도 체육지도자를 양성하는 기관은 그 목적과 목표를 어디에 두어야 할 것인지를 깊이 고민하고 교육과정을 그것에 맞게 설계해야 할 것이다.

그리고 현재 우리나라 스포츠 학계에서 스포츠 윤리와 관련하여 논의되는 담론은 서양 윤리학의 이론적 흐름과 맥을 같이하고 있다. 서양의 윤리학은 규범 윤리학, 특히 공리주의와 의무윤리를 중심으로 개인의 이성에 기초한 합리주의적 접근을 강조하다가 1980년대에 이르러 개인 중심에 따른 파편화 현상을 지적하면서 공동선에 관심을 두는 덕 윤리학으로 눈을 돌렸다. 덕 윤리학은 개인의 이성에 기초한 합리적 타당성을 추구하긴 하지만 공동체의 일원으로서 개인이 갖추어야 할 미덕을 발달시키는 데 더 많은 관심을 둔다. 오늘날 우리나라에서 논의되고 있는 체육지도자들의 윤리적 비행과 이의 해결을 위한 스포츠 윤리의 담론은 이러한 덕 윤리학을 토대로 지도자들의 미덕을 함양해야 한다는 주장에 힘을 싣고 있다.

그런데, 우리는 이와 관련하여 생각해 보아야 할 문제가 있다. 이미 성인이 된 체육지도자들을 대상으로 덕 윤리학적 접근을 시도한다는 것은 현실성이 매우 떨어진다. 한 개인이 특정한 미덕을 함양하는 일은 어려서부터 꾸준한 행동 실천을 통해 습관화되었을 때 비로소 가능한 일이다. 어느 날 갑자기 체육지도자가 선수들의 인권을 존중하는 미덕을 갖추고자 노력한다고 해서 그 지도자에게 그런 미덕의 품성이 형성되는 것은 아니다. 사실 우리나라 체육지도자들은 나름의 관련 미덕을 갖추고 있을 것이다. 예컨대, 만약 운동선수들이 무엇보다 승리만을 우선시하는 풍조나 체육지도자의 절대적 권위를 강조하는 전통에서 오랫동안 운동을 해왔다면, 그 운동선수들은 대체로 선후배 간의 위계를 지키는 서열 의식, 지도자의 지시에 순응하는 복종 의식, 개인보다 팀을 우선시하는 집단 혹은 우리 의식, 같은 학교나 지역 출신을 특별히 배려하는 폐쇄적 연고 의식 등을 내면화했을 수 있다. 그렇게 내면화된 특질은 운동선수들의 품성에 자리하여 스포츠 활동을 하는 데 그런 방향으로 영향을 미칠 것이다. 그리고 이후 체육지도자가 되었을 때는 과거 자신의 학습 효과에 따라 그와 유사한 방식에서 선수들을 지도할 것이다.

반면에 운동선수들이 주어진 스포츠 활동 여건에서 합리적인 사고 판단과 자주적 의사 결정 능력을 강조하고 자율적인 참여를 강조하는 전통에서 오랫동안 운동을 해왔다면, 그 운동선수들은 선후배 간의 위계 서열에 얽매이기보다는 합리적인 판단과 결정을 우선하는 경향을 보이며 상대방 선수도 자신과 같은 가치를 지닌 존재임을 인정하고 상호존중의 상태에서 자신의 탁월함을 최대한 끌어내고자 할 것이다. 그리고 그런 사고와 의지와 행동은 그의 품성 특질로 점차 자리 잡게 될 것이다. 아울러 그런 선수가 체육지도자가 되었을 때는 역시 자신이 받아온 학습 효과에 따라 선수들을 그런 방식으로 지도하고자 할 것이다. 즉, 선수들이 지도자의 지시에 맹목적으로 순응하고 복종하게 하지 않고 자주적, 합리적으로 공정하게 판단하여 행동할 기회를 자주 제공할 것이다.

따라서 체육지도자들의 윤리적 문제를 어느 특정한 서양 윤리학의 흐름에 맞춰 해석하고 접근해야 한다는 주장은 설득력이 떨어질 수밖에 없다. 우리나라 체육지도자들이 어떤 방식에서 주로 선수 생활을 해왔거나 학습을 해왔는가를 면밀하게 검토하고 현재 지닌 강점과 약점을 분석한 후 그에 적절한 접근 전략을 수립하는 것이 오히려 더 현실성이 높을 수 있다. 예컨대, 앞에서 언급했던 전자의 전통에 익숙한 지도자는 의무 윤리적 차원에서 선수들에게 합리적인 사고와 판단을 강조하는 전략을 개발하고 적용하고자 노력해야 할 것이며, 후자의 전통에 익숙한 지도자는 덕 윤리적 차원에서 선수들이 개인 중심의 사고에서 벗어나 팀의 일원이라는 공동체 의식을 함양할 수 있는 전략을 개발하는 데 관심을 기울일 필요가 있을 것이다. 스포츠 윤리가 윤리학의 이론적 동향에 휩쓸릴 필요는 없다.

이 책의 저자인 사이먼은 위에서 역자가 제기한 문제의식을 해석하고 판단하는 다양한 관점을 소개하고 때로는 자신의 견해를 강력히 피력하면서도 편향되지 않은 중도의 미덕을 보여주고 있다. 그는 스포츠 윤리를 다룬 이 책의 부제로 '우리가 꼭 알아야 할'이란 수식어를 달았다. 이제 스포츠는 특정 선수나 계층의 전유물이 아니다. 이미 일종의 문화 현상으로 자리를 잡은 지 오래다. 이 책을 읽음으로써, 우리는 지금까지 막연하게 생각했던 스포츠 윤리를 새롭게 인식하고 이제는 우리 삶의 일부가 된 스포츠와 관련한 여러 윤리적 문제를 나름의 기준으로 판단할 수 있는 중요한 가늠자를 갖추게 될 것으로 확신한다.

이 책은 우여곡절 끝에 비로소 세상의 빛을 볼 수 있었다. 여러 출판사에 출간을 의뢰했지만, 이런저런 이유로 받아들여지지 않았다. 다행히 글로벌콘텐츠의 노경민 과장님의 적극적인 추천과 평소에 우리 사회에서의 스포츠 윤리의 필요성을 공감하고 계셨던 홍정표 사장님과 김미미 이사님이 흔쾌히 출간을 결정해 주셔서 독자들 곁으로 다가갈 수 있게 되었다. 세 분께 내 마음 저 깊은 곳으로부터 감사의 말씀을 드린다. 아울러 그 흔한 그림이나 사진 한 장 없는 원고를 세밀하게 검토하여 읽기 쉽고 보기 좋은 책으로 편집해 주신 편집실 하선연 선생님께 특별히 고마운 마음을 전한다.

양재천변 집에서

김태훈

왜 우리는 스포츠 윤리에 관심을 가져야 하는가? 스포츠는 그저 단순한 게 임이 아닌가?

2015년 1월 미국 북동부에 눈보라가 휘몰아치기 바로 직전, 나는 뉴 욕 올버니에서 플로리다 올랜도로 가는 비행기에 탑승해 있었다. 수석 승무원이 통상적인 비행 직전 안전교육을 시행하면서 "올버니 공항의 활주로가 매우 미끄럽습니다. 그렇지만 염려하실 필요 없습니다. 톰 브 래디(T. Brady)가 타이어에 바람을 넣고 있으니까요."라고 농담을 하 였다.

많은 독자가 알다시피, 톰 브래디는 뉴잉글랜드 패트리어츠의 스타 쿼터백이다. 패트리어츠 선수들은 플레이오프에서 인디애나폴리스 콜 츠를 꺾을 때 더 쉽게 잡고 던지기 좋도록 규정에 어긋난 바람 빠진 공 을 사용했다는 것이 밝혀지면서 불거진 논란인 일명 '디플레이트게이트' '역주: 언론들이 '바람을 뺀다'라는 뜻을 지닌 'deflate'와 '비리 의혹에 싸여 있는 사건'을 뜻하는 'gate'를 합하여 만든 용어 의 어두운 그림자가 드리워진 2015 슈퍼볼 경기를 코앞에 두고 있었다. 이 사건은 일부 사람들이 주장하듯이 대기 상태로 인해 발생한 우연이었을까, 아니면 패트리어츠가 경쟁 우위를 점하고자 의도적으로 저지른 것이었을까? 만약 후자였다면, 그것은 부정행위인가 아니면 도덕적으로 문제가 있을는지는 모르지만 게임을 자기에게 유리하게 이끄는 일종의 능력이라 할 수 있는가?

'디플레이트게이트'와 같은 스캔들은 우리에게 스포츠와 관련하여 윤리적 이슈를 제기할 만한 문제들이 매우 많다는 것을 상기시켜준다. 우리가 스포츠 윤리를 깊이 생각해 보아야 할 까닭도 여기에 있다. 사실, 우리는 도핑 스캔들부터 대학 스포츠의 순수성에 대한 논란, 현대 경쟁 스포츠들의 지나친 승리에 대한 논쟁, 스포츠에서의 성 평등에 관한 필요조건들에 이르기까지 모든 것에서 윤리적 문제를 발견한다. 비행기 승무원의 말에서도 알 수 있듯이, 스포츠 윤리는 이제 일반 대중이 나누는 하나의 담화 거리가 되었다. 그 승무원은 열렬한 미식축구 팬이든 아니든 상관없이 비행기에 탑승한 모든 승객이 디플레이트게이트에 대해 잘 알고 있을 것으로 예상한 것이다.

또한 우리는 스포츠 윤리가 지성을 필요로 하는 매우 복잡한 특징을 지니고 있다는 점에 주의를 기울일 필요가 있다. 이야기에는 항상 한 가지 이상의 측면들이 서로 얽혀 있어서 스캔들이나 논쟁을 그저 쉽게 피상적으로만 이해할 경우 큰 낭패를 볼 수 있다. 예를 들면, 우리의 상당수는 직감적으로 운동경기에서 경기력 향상 약물(PEDs)을 사용하는 것을 일종의 부정행위로 치부한다. 만약 규정이 그런 약물을 사용하는 것을 금하고 있다면 그렇다고 할 수 있을 것이다. 그러나 근육 증강제인 아나볼릭 스테로이드와 같은 약물은 왜 규정으로 금지되어야 하는가? 그런 약물을 사용함으로써 얻게 될 이점은 특화된 웨이트 트레이닝, 산소 반송 용량을 높이기 위한 고압산소실의 이용과 같은, 혹은 개량된 골프 클럽과 볼, 도약용 섬유유리 장대, 특수 제작된 러닝화와 같은 경기력 향상 기구의 사용을 허용함으로써 얻게 되는 이로움과 근본적으로 어떤 점에서 무엇이 다른가? 만약 누구나 경기력 향상 약물을 사용할 수 있다면, 그 경우에는 뭐가 잘못일까? 우리가 나중에 이 책에서 보게 되겠지만, 경기력 향상 약물의 사용에 대한 방어적 입장을 견지하기가 쉽지 않으며, 우리는 이 책에서 제기된 윤리와 스포츠에 관한 여러 문제에서도 이와 유사한 경우들을 경험하게 될 것이다.

세 번째로, 좋든 나쁘든(우리가 또한 검토할 문제임) 스포츠는 우리 문화의 중심적인 요소가 되었다. 사실, 스포츠는 참가자들, 관중들, 혹은 단순한 참관인들 등 수백만 명을 포함하여 전 세계 사람들의 마음을 사로잡는다. 청소년 스포츠만 보더라도 이제 스포츠는 경기를 하는 아동들뿐만 아니라 리그를 조직하고 이 시합, 저 시합으로 선수들을 이동시키는 어른들이나 부모의 생활에서 중심을 차지하고 있다. 그리고 그 이상의 수준에서 이루어지고 있는 많은 스포츠 팀과 운동 단체의 선수들, 고용인들, 그리고 셀 수 없을 만큼 많은 팬을 고려해 보면, 이와 관련된 사람들의 숫자는 더 많아지게 된다.

마지막으로, 우리는 공정, 공평, 정의 등 스포츠의 맥락에서 필연적으로 요구되는 덕목의 개념을 통해 사회 정책이나 교육과 같은 다른 분야에서 일어나는 문제의 본질을 꿰뚫어 볼 수 있는 통찰력을 발달시킬 수 있다. 스포츠 윤리는 단순히 일반적인 윤리적 원리들을 적용하는 데 그치는 것이 아니라 오히려 우리가 다른 맥락에서 더 나은 윤리적 원리들을 정립하는 데 도움이 될 수 있다.

그러나 여러분 중의 어떤 사람들은 스포츠란 단지 경기일 뿐이라고 이에 이의를 제기할 수 있을 것이다. 그런 입장을 지닌 독자들은 그런 하찮은 일에 많은 관심을 기울이는 것은 터무니없는 짓이라고 생각할지 모르겠다.

물론 우리는 그렇지 않다는 것을 알게 되겠지만, 설령 스포츠가 하찮은 일이라 하더라도 우리는 스포츠에 관한 그리고 스포츠 내에서 드러나는 윤리적 문제들을 결코 소홀히 취급하거나 이를 아예 무시해 버릴 수는 없다. 왜냐하면, 그런 문제들은 너무나 중요하기 때문이다. 스포츠는 무엇이 공정한가 혹은 적절한가, 무엇이 스포츠맨십(혹은 여러분이 선호한다면 스포츠인 정신)인가, 그리고 왜 그것이 중요한가에 대한 문제와 밀접한 관련이 있다. 많은 사람은 상업화가 우리의 삶의 중요한 측면들을 부패시켰다고 주장하고 있는데, 과연 스포츠 또한 이로 인해 타락되고 있는가? 아동들이 하는 수준의 스포츠에서 경쟁을 부추기는 것은 잘못된 일인가, 아니면 건전한 경쟁은 오히려 아동들에게 바람직한 일인가? 대학들이 하는 스포츠 사업은 그 목적이 어디에 있는가? 스포츠는 인격을 형성하는 데 기여하는가, 그리고 만약 그렇다면, 스포츠는 참가자들이 적절한 인격을 형성하는 데 기여하는가 아니면, 일부 학자들이 주장하듯이, 오히려 더 나쁜 영향을 미치고 있는가? 스포츠 그 자체의 가치를 인정하고자 하지 않는 사람들조차도 이런 수수께끼 같은 난제들에 접해 보면 스포츠 윤리가 생각할 만한 가치가 있다는 것을 알 수 있을 것이다.

더 나아가, 정말 스포츠가 이런 중요한 문제들을 안고 있다면, "스포츠란 단지 경기일 뿐이다"라고 말하는 것은 스포츠 그 자체를 너무 경시하는 것이다. 만약 스포츠가 탁월함을 추구하는 한 형태라면, 만약 스포츠가 우리에게서 끈기 있는 헌신과 용기와 같은 중요한 덕목들을 발달시키고, 인간의 신체가 성취할 수 있는 아름다움을 드러내 보인다면, 스포츠를 '단지 경기일 뿐'이라고 치부하는 것은 뛰어난 그림이나 소설을 그것들이 긴급한 사회적, 정치적, 혹은 경제적 문제를 해결하는 데 직접 기여하지 못한다는 이유로 '단지 예술일 뿐'이라고 무시하는 것과 다르지 않을 것이다.

다음으로, 우리는 스포츠, 특히 경쟁 운동에서 일어나는 주요 윤리적 문제와 관련하여 서로 다른 측면들을 탐색해 볼 것이다. 비록 우리가 항상 모든 합리적인 사람들이 동의할 만한 대답을 내놓을 수는 없겠지만, 적어도 우리는 논쟁에서 어떤 가치들이 관건인지를 분명하게 밝히고 또한 스포츠에 관한 서로 다른 측면들 혹은 관점들에 의해 제시된 주장들을 비판적이면서도 타당한 방식으로 탐구해 나갈 것이다. 비판적 탐구는 스포츠와 마찬가지로 예컨대 사회 정의의 본질을 분명하게 밝힘으로써 좋든 나쁘든 보다 넓은 사회에 영향을 미칠 것이다. 또한, 스포츠처럼 비판적 탐구 역시 참가자들이 활동 그 자체의 가치뿐만 아니라 그것이 우리의 문화와 세계에 관한 우리의 이해에 대해 야기하는 도전 때문에 관여하게 되는 활동이기도 하다.

스포츠 및 스포츠 윤리와 관련하여 당신은 어떤 배경을 갖고 있는가? 그것은 당신이 이 책을 쓰는 데 어떤 영향을 주었는가?

나는 1941년 뉴욕의 브루클린에서 태어나 롱아일랜드의 남부 해안가에서 자랐다. 부모님은 운동보다는 이지적인 면에 더 친숙했던 분들이 셨는데, 1947년 메이저리그 야구에서 흑백 인종차별을 깨뜨렸던 재키 로빈슨(J. Robinson)을 좋아하게 된 것이 계기가 되어 1940년대 말에 야구팬이 되셨었다. 로빈슨이 메이저리그에 진출하기 전까지는 흑백이 엄격하게 구분되었다. 기본적으로 메이저리그는 백인 선수들에만 허용되었다. 로빈슨은 엄청난 용기와 절제력으로 자신이 늘 직면했던 악의적인 인종차별주의를 극복해 냈다.[1]

어쨌든, 부모님은 브루클린 다저의 팬이 되었고, 나 또한 자연스럽게 그 팀의 열렬한 팬이 되었다. 내가 좋아했던 브루클린 선수들은 로빈슨 외에 듀크 스나이더(D. Snider), 길 호지스(G. Hodges), 피 위 리즈(P. W. Reese), 로이 캄파넬라(R. Campenalla), 그리고 대타 조지 슈바(G. Shuba)였다. 특히 슈바는 백인 선수로 다저 계열의 마이너리그팀 몬트리올 로얄스에서 뛰던 당시 재키가 첫 홈런을 치고 홈으로 들어올 때 로빈슨과 악수하던 장면의 사진이 지금도 하나의 상징으로 남아 있는 강타자였다.

나도 야구를 했었다. 비록 스타도 아니었고 주로 기분전환 삼아 하긴 했지만, 야구는 내가 처음으로 좋아하게 된 운동이었다. 사실, 1965년에 내 아내를 만나게 된 것도 뉴욕 메츠와 카디널스의 경기가 벌어졌던 시스타디움에서의 소개팅이 그 계기가 되었다. 대학에 들어가면서 골프에 입문하게 되었고, 곧 골프는 야구 대신 내가 가장 좋아하는 운동이자 즐겨보는 경기가 되었다.

놀랍게도, 나는 라피엣 대학 학부에서 그곳 철학과의 아주 멋진 교수들의 영향을 받아 철학을 전공하게 되었고, 더욱 놀라운 것은 철학을 계속 공부하기 위해 펜실베이니아 대학의 대학원에 진학했다는 것이다. 그 당시, 1960년대 중반에서 후반에 이르는 시기에 대부분의 미국과 영국 대학들이 가졌던 철학적 관심사는 그 주제가 매우 협소하였다. 그들은 주로 언어의 분석, 학문의 논리적 문제, 그리고 세계에 관한 우리의 지식의 토대를 설명하는 데 있어서의 기술적 문제에 몰두하고 있었다. 내가 아는 한 스포츠는 학문으로 간주되기는 했지만, 진지한 연구가 필요한 분야로는 여겨지지 않았다.

내가 이 분야에 입문할 무렵인 1960년대에 영향력 있는 철학자였던 폴 와이스(P. Weiss)가 스포츠 철학에 관한 책을 썼던 것을 기억한다. 이 책에 관한 논평이 당시의 대학원생 회보에 실렸는데, 큰 글자로 "이미 정년보장을 받은 경우에만 이 주제에 관하여 글을 쓰시오."라는 표제가 붙어있었다. 물론 적절한 철학적 혹은 학문적 연구의 영역 밖으로 여겨졌던 것이 비단 스포츠만은 아니었다. 사실상 의료 윤리나 기업 윤리와 관련한 강좌도 없었고, 윤리 그 자체에 관한 연구 또한 매우 미미하였다.

다행히 철학자들이 시민 평등권 운동과 베트남 전쟁에 의해 야기된 문제에 대해 뭔가 답하고자 하는 기류가 형성되면서, 물론 이것이 전적인 이유는 아니었지만, 철학의 관심 영역이 확장되었고 이에 따라 사회 문제에도 많은 관심을 기울이게 되었다. 폴 와이스와 다른 철학자들, 특히 워렌 프렐라이(W. Fraleigh)의 영향으로 국제스포츠철학협회(IAPS)가 뉴욕 주립대학 브록포트 캠퍼스에서 창립되었던 것도 이 무렵이었다.

이런 발달에도 불구하고, 나는 광범위한 공공 정책의 이슈에 대해 갖고 있던 나 자신의 철학적 관심을 스포츠에 대한 나의 애정과 미처 접목하지 못하였고, 스포츠가 지적 연구의 대상이 될 수 있다는 것을 인식하는 데에도 오랜 시간이 걸렸다. 스포츠는 단지 게임에 불과한 것이었고 하나의 학문적 주제로서 진지하게 검토될 대상이 아니었다. 과연 그럴까?

무엇 때문에 내가 운동에 대한 나의 애정과 학문적 관심을 서로 연결하고자 했는지는 불분명하지만, 내가 재직하고 있던 해밀턴 대학의 몇몇 동료들로부터 내가 평소에 생각하던 경쟁과 승리의 중요성에 관한 견해가 반론을 당하고, 국제스포츠철학협회 모임에 몇 번 참석하게 되면서 성장 일로에 있던 스포츠 윤리 분야에 좀 더 깊은 관심을 갖게 된 것은 사실이다. 게다가 출판사들의 격려와 도움으로, 나는 이 분야의 첫 번째 저서로 『스포츠와 사회적 가치 Sport and Social Value』(1985)를 내놓을 수 있었고, 이후에 『페어플레이 Fair Play』로 재판되었으며, 지금은 학문으로서의 스포츠 철학의 중심지로 자리매김 된 뉴욕 주립대학 브록포트 캠퍼스의 시저 토레스(C. Torres)와 피터 헤이거(P. Hager)와의 공동 저자로 4판(2014)이 발행되었다.

동시에, 나는 경쟁력 있는 골퍼가 되고자 노력하였는데, 지역 및 지방 토너먼트에서 수많은 실패를 경험하긴 했지만 몇 번의 성공도 있었다. 1987년에 한 학기 동안만 남자부 헤드 골프 코치를 맡아 달라는 해밀턴 대학 운동 감독의 부탁을 받았는데, 결국 이 일은 14년 동안이나 유지되었다. 그 기간에 우리 팀은 미국대학체육협회(NCAA)의 디비전 III에서 시합을 벌였고, 전국 혹은 최소한 지방 순위에 자주 이름을 올렸다. 내 두 아들도 우리의 상위 팀 중의 하나에서 경기를 하였다.

코치로서의 영광에 대한 모든 환상은 내 아들로 인해 산산이 부서졌다. 내 두 아들 중 한 아이가 어느 여름에 시러큐스 아마추어 챔피언십 토너먼트에 참가할 자격을 얻었는데, 이는 많은 우수한 대학 선수들과 이전에 우승을 차지했던 다수의 주 챔피언들이 참가하였다는 점에서 대단한 성과라고 할 수 있었다. 학교가 개학을 하지 않았기 때문에, 나는 아들의 캐디 자격으로 참가할 수 있었다. 시러큐스 신문은 아버지와 아들 팀으로 시합에서 우승한 우리에 관한 기사를 실었다. 그러나 내가 기사에 인용된 내 아들의 말, 즉 "아버지는 대단한 일을 하셨다고 생각한다. 그러나 나는 사실 아버지의 조언과는 정반대로 하였다!"는 것을 본 후, 꿈에서 깨어나 현실로 돌아왔다. 그렇지만 나로서는 아들이 나이가 들어가면서 적어도 자신의 관점에서 볼 때 내가 좀 더 나아졌다고 인정해 주길 바란다.

내가 해밀턴 대학에서 코치로서 그리고 운동경기와 관련하여 겪었던 경험들은 나에게 엄청난 영향을 미쳤다. 해밀턴 대학 선수들은 학교로부터 체육특기자장학금을 받지 않는 순수한 학생들로, 전미대학체육협회의 디비전 III에서 시합을 했다. 나는 경기에 참여하는 이 학생들을 가르치면서 어떤 맥락에서는 그리고 '만약 적절하게 잘 수행된다면', 대학 스포츠와 학문이 공존할 수 있을 뿐만 아니라 때로는 서로 보완해 줄 수 있다는 확신을 하게 되었다. 그것은 운동 분야의 최고 엘리트이자 세인의 주목을 받는 디비전 I의 운동 프로그램들에서도 여전히 가능할지는 미심쩍은 일인데, 그에 관해서는 나중에 이 책에서 다시 다룰 것이다.

나는 스포츠에 관한 글을 쓰고 있는 학자로서, 코치로서, 꿈은 강렬하지만 늘 성공하지 못하는 골퍼로서, 그리고 대학 스포츠와 관련하여 다양한 관리자 역할을 했던 경험들이 있지만, 이 책을 집필하면서 스포츠의 다양한 문제에 적용되는 근거나 논리적 주장을 철학자의 관점에서 비판적으로 검토하고자 노력하였다. 때로는 나 자신의 경험에 근거하여 어떤 관점을 옹호할 수도 있겠지만, 비판적 탐구에서 중요한 것은 스포츠에서도 모든 합당한 입장들에 대해 공평해야 하고, 자기 자신의 관점을 정당화하고자 한다면 이를 비판에 노출 시켜야 한나는 것이다. 기억해 둘 것은, 여기에 이후 내가 말하고자 하는 바의 전략이나 개요가 함축되어 있다는 것이다.

이 책은 어떤 문제를 다루고 있으며 또한 어떻게 그것을 체계화하고 있는가?

우리는 제1장에서 스포츠와 운동경기에 관한 매우 일반적인 문제들을 다루는 것으로 시작할 것이다. 특히 우리는 경기의 본질, 경기와 스포츠의 관계, 스포츠의 본질, 그리고 그것들이 구현하거나 표현할 수 있는 가치들을 어떻게 하면 가장 잘 특징적으로 드러낼 수 있는가를 깊이 고려할 것이다. 제2장에서는 경쟁 스포츠의 가치, 부정행위의 본질, 스포츠맨십의 본질, 그리고 엘리트 경기에서도 적용되어야 할 윤리적 원리에 관한 문제들을 검토할 것이다. 제3장에서는 과학기술로 인해 야기된 문제와 경쟁 스포츠에서의 공정성, 특히 복싱과 같은 위험한 스포츠에 관한 윤리적 평가뿐만 아니라 경기력 향상 약물의 사용과 유전적 증강 등을 포함한 도덕적 문제를 검토한다. 제4장에서는 교육과 운동경기 사이에서 제기되는 윤리, 특히 오늘날 미국에서 행해지고 있는 것과 같은 고등교육과 대학 대항 운동경기가 양립될 수 있는지에 대한 문제들을 다룬다. 마지막 장에서는 대학 대항 스포츠에서의 성 평등과 타이틀 IX에 관한 문제들에서부터 상업적 이해관계에 따른 운동경기의 비리 의혹에 이르기까지 운동경기로 인해 야기된 다양한 사회적 문제를 고찰할 것이다.

각 장에서 우리는 제기된 문제에 관하여 서로 다른 측면에 입각한 다양한 주장을 검토할 것이다. 스포츠의 경우, 우리는 선수들이 훌륭한 상대를 만나 최선을 다하는 경기를 할 경우에만 그들을 성공한 선수로 여긴다. 이와 마찬가지로 윤리, 그리고 더 넓게는 철학의 경우, 우리는 우리의 주장이 질서 정연한 담론에서 비판에 살아남을 수 있는 정도까지만 논리적으로 옹호가 가능한 것으로 간주한다. 스포츠에서 상대 선수들을 과소평가하는 것이 잘못인 것과 같이, 우리가 우리 자신의 신념을 비판으로부터 보호하고자 하는 단순한 이유로 우리 자신의 관점에 대해 제기되는 반론들을 과소평가하는 것은 잘못이다. 나는 이후에 제시되는 논의들이 여러 다양한 입장에 공평할 것으로 기대한다. 비록 가끔은 내 개인적인 생각으로 특정 입장이 가장 잘 옹호될 수 있음을 피력하기도 하겠지만, 나는 기본적으로 이 책이 스포츠 문제에 관하여 독자들이 스스로 탐구해 나가고, 더 나아가, 다양한 맥락에서 일어나는 중요한 문제에 비판적 도구들을 적용하는 데 도움이 되기를 바란다.

내 아내 조이(Joy)의 사랑, 도움, 지원 및 격려에 감사하며

목차

제1장

스포츠의 도덕적 의의

제 1 장

스포츠를 단순히 즐기는 것보다 이를 연구하고 분석하는 일이 왜 중요한가? 스포츠의 윤리적 문제를 분석하는 일은 우리가 스포츠와 더 넓은 윤리적 관심사를 이해하는 데 어떤 이바지를 할 수 있는가?

2009년에 열렸던 프랑스와 아일랜드 간의 2010 월드컵 최종예선전에서, 결승골을 넣었던 프랑스의 주장 티에리 앙리(T. Henry)는 자신이 핸드볼 반칙을 했다는 것을 상대 선수에게 인정했다. 아일랜드 팬들은 격노했고, 아일랜드 팀은 그의 반칙 플레이로 경쟁에서 탈락하였으며, 프랑스의 일부 팬들은 자발적으로 그 경기를 반납해야 한다고 주장하였다.

사실 이런 경우는 많은 논란을 일으키는데, 그런 문제의 상당수가 이 책에서 나중에 상세하게 논의될 것이다. 우선, 사건에 대해 제기될 수 있는 세 가지 종류의 질문을 고려해 볼 수 있다. 첫 번째로는 실제로 일어났던 일과 관련된 사실적 문제이다. 앙리는 자신의 손을 사용하여 볼을 다루었는가? 만약 그렇다면, 프랑스의 결승골은 그의 반칙 행위에서 나온 것이 아닌가? 두 번째로는 해석의 문제이다. 도대체 왜 모두 야단법석인가? 그것은 '그저 경기'에 불과한 것이 아닌가? 지금으로부터 수백 년 전에 있었던 경기에 대해 누가 알거나 관심이라도 가지는가? 세

32_우리가 꼭 알아야 할 스포츠 윤리

번째로는 윤리적 문제이다. 앙리는 속임수를 쓴 것인가 아니면 경기를 유리하게 이끄는 허용 가능한 능력을 발휘했던 것인가? 프랑스는 승리를 반납했어야 했는가? 선수들은 이기기 위해 모든 수단을 다 활용해야 하고 경기의 규칙을 적용하는 것은 심판들의 몫이 아닌가?

이 세 가지 종류의 문제를 서로 혼동하지 않는 것이 중요하다. 특히나 윤리적 문제는 흔히 무엇이 도덕적으로 좋은 행동인지 나쁜 행동인지, 무엇이 도덕적 가치가 있는 것인지 그렇지 않은 것인지, 무엇이 옳은지 그른지, 그리고 무엇이 공정한지 그렇지 않은지, 정당한지 부당한지의 문제와 관련된다. 비록 사실과 가치의 관계는 매우 복잡하지만, 전 세계적으로 많은 사람이 스포츠에 그렇게 열렬한 관심이 있는 이유가 무엇인지를 '설명'해 달라고 할 경우, 그것은 그들의 관심이 좋은 일인지 나쁜 일인지 또는 어떤 행위가 옳은지 그른지를 묻는 경우와는 뭔가 다른 측면에 있는 것이다. 앙리가 규칙을 위반했는지에 대한 문제와 그가 그렇게 했어야만 했는지에 대한 문제는 전혀 다른 성격의 것이다.

우리는 오직 체계적인 접근을 통해서만 스포츠가 일으키는 이와 같은 복잡하고 논쟁적인 도덕적 문제들을 다룰 수 있고, 그럼으로써 우리는 바라는 목표에 도달할 수 있다. 참가자들이나 팬들, 관전자들은 동네 술집이나 전 국민을 대상으로 하는 방송 등 다양한 토론의 장에서 나름대로 이야기 할 수 있는 자신의 견해를 가지고 있다. 분명한 것은 이런 관점들이 논의에 열려있어야 하고, 증거에 입각해 있어야 하며, 철저한 비판적 검토로부터 검증을 받아야 한다는 것이다. 더욱이 스포츠 참가자들은 프로든 아마추어든 도덕적 문제에 대해 직접 혹은 공개적으로 자기 입장은 무엇인지 밝혀 달라는 말을 들을 수 있다. 그들의 대답은 어떻게 평가되어야 하는가? 운동선수, 임원, 팬, 그리고 스포츠 비평가는 스포츠 세계에서 담당하고 있는 자신의 역할과 관련하여 어떻게 행동해야 할 것인가를 결정해야 한다. 만약 그들이 비도덕적 행동을 회피하고자 하지 않는다면, 그들은 그런 행동이 비판에 노출될 때 기꺼이 자신들의 행동을 방어할 수 있어야 한다.

다음에서, 우리는 스포츠에서 야기되는 다양한 도덕적 문제를 확인하고 검토할 것이다. 이 가운데 많은 것은 스포츠의 경계를 훨씬 넘어서며 공정의 본질과 우리가 다른 사람을 대우해야 하는 방식과 같은 넓은 문제를 포함한다. 그러면 왜 스포츠가 그처럼 중요한 문화적 현상인가를 생각해 보는 것으로 시작해 보자. 전 세계인들의 마음을 사로잡는 스포츠의 매력은 무엇인가? 앞으로 살펴보겠지만, 우리는 스포츠가 그렇게 많은 사람에게 특별하게 여겨지는 것에 대한 예비 검토를 통해서 그러한 관심이 정당화되는지, 스포츠 자체가 가치 있는 활동인지 등과 관련된 윤리적 문제에 대한 정보를 얻을 수 있을 것이다.

무엇이 어떤 일을 스포츠로 만드는가? 모든 스포츠는 스포츠로서의 공통된 특징을 공유하고 있는가?

독자들이 이즈음에서 알겠지만, 우리는 이 책에서 스포츠와 스포츠가 수행되는 방식에 대한 윤리적 문제에 관심을 기울일 것이다. 스포츠가 일으키는 윤리적 문제들을 살펴보기 전에, 우리는 스포츠 그 자체의 본질을 검토할 필요가 있다.

스포츠의 본질을 먼저 탐구하겠다고 하는 것은 용어들을 정의해야 한다는 불필요한 철학적 강박관념에서 나온 것은 아닌가? 그럼으로써 그것은 결국 실질적인 문제들을 뒷전으로 미뤄놓게 되는 것은 아닌가?

달리 말하면, 우리는 그저 '사소한 것을 문제시'하는 것은 아닌가? 왜 우리는 스포츠를 정의하는 그런 일에 관심을 기울여야 하는가? 스포츠를 다른 활동과 구분 짓게 만드는 어떤 특징들이 있는가? 특정 활동이 스포츠로 분류되는 이유를 검토해봄으로써, 우리는 그들의 도덕적 평가와 관련된 몇 가지 특징을 확인할 수 있을 것이다.

물론, 다양한 스포츠는 우리가 가까이서 볼 때 서로 공통점이 없을 수 있지만, 매우 일반적이고 다양한 방식으로 서로 닮아 있다.[1] 어쩌면 진리, 선, 아름다움의 본질을 추구하였던 고대 그리스 철학자 플라톤 (427~347 B.C.E.)의 영향으로, 우리는 모든 스포츠가 스포츠로서의 어떤 공통된 특징을 공유하고 있다고 추측할 수 있다. 그러나 어쩌면 그 가정은 잘못된 것일 수 있다. 어떤 부류의 사물이나 사고는 모두 함께 공유하는 본질적인 특징이 존재한다고 믿었던 플라톤의 생각은 이후 많은 사상가에게 영향을 미쳤다. 곧 보게 되겠지만, 스포츠는 이런 사고에서 예외일지 모른다.

그렇기는 하지만, 우리는 스포츠를 운동과 구분하고, 체스나 모노폴리 '역주: 돈 모양의 종잇조각을 주고받으며 땅과 집을 사고파는 놀이를 하는 보드게임의 하나 처럼 어떠한 신체적 요소를 요구하지 않는 경기와 구분하며, 소꿉놀이처럼 경기라고 할 수 있을지 모르지만 스포츠는 아닌 그런 형식의 놀이와 구분한다. 분명히, 우리는 그렇게 구분하는 근거가 있다고 생각한다.

우리는 스포츠를 최소한 신체적 기술의 경기로 생각하는 것이 유용하다고 본다. 경기는 어떤 동작들이 허용되거나 금지되는지, 어떤 경우를 승리 혹은 패배로 간주하는지, 그리고 어떤 사람을 선수로 간주할 것인지 등을 규정하는 일련의 규칙에 따른 활동으로 여겨진다. 그런 규칙들은 그 경기를 규정하거나 그 경기 내에서의 행위를 구성한다는 점에서 구성 규칙으로 불린다. 하나의 예를 든다면, 드리블이나 패스를 통해 공을 전진시키는 것은 농구의 구성 규칙에서는 허용되지만, 볼을 가지고 달리는 것은 허용되지 않는다. 독자들이 정확하게 잘 알고 있듯이, 농구는 하나의 경기이자 스포츠이다.

이런 관점에서 보면, 체스나 삼목(tic-tac-toe) 게임 *역주: 두 사람이 9개의 칸 속에 번갈아 가며 O나 X를 그려 나가는 게임으로, 연달아 3개의 O나 X를 먼저 그리는 사람이 이기는 게임 같은 경기는 신체적 기술을 수반하지 않기 때문에 스포츠와 구분된다. 또한 스포츠는 대학에서 보는 시험이나 소득신고를 정리하는 것과 같은 규칙에 따르는 활동과도 구분되는데, 그 이유는 규칙이 경기 이외의 어떤 현실적 목적을 위해 존재하는 것이 아니라 단지 경기가 가능하도록 존재하기 때문이다. 어떤 사람이 말한 바와 같이, 규칙은 만약 존재하지 않았다면 쉬운 일을 규칙을 만듦으로써 그 일에 도전하도록 하는 특성이 있다. 작은 공을 지표면의 구멍에 넣는 일은 쉽다. 그러나 골프는 전 영국 총리 윈스턴 처칠(W. Churchill)이 '목적상 어렵게 설계된 도구'라 불렀던 골프 클럽을 사용하여 공을 넣도록 하는 구성 규칙이 있어 어렵다. 경기는 구성 규칙들로 만들어진 '없어도 되는 장애를 극복하기 위한 자발적 시도'라 할 수 있으며, 스포츠는 구성 규칙들이 만든 인위적 장애를 극복하기 위해 신체적 기술을 필요로 하는 그런 경기를 뜻한다.[2]

스포츠와 운동도 구성 규칙들이 만든 장애로 구분될 수 있다. 스포츠는 또한 일상적인 일과도 구분되는데, 이는 규칙에 관한 정당화가 현실적인 데 있는 것이 아니라(즉, 경기 그 자체의 틀 이외의 어떤 목적을 성취하기 위해 제정된 것이 아니라), 단순히 경기 그 자체를 가능하도록 하는 데 있다는 점에서 그렇다. 물론, 일에도 중대한 도전이 따를 수 있지만, 보통 그런 경우 우리는 도전을 어떤 다른 목적을 위해 받아들인다. 예컨대 우리는 생계를 위해 일을 하지 도전 그 자체를 위해 이에 응하지는 않는다.

여러분은 경기에 관한 그리고 신체적 기술을 필요로 하는 경기로서의 스포츠에 관한 이런 설명에 대해 의문을 가질 수 있을 것이다. 예컨대, 마라톤을 달리는 것은 스포츠로 분류할 수는 있지만, 일반적으로 경기로 불리지는 않는다. 프로 스포츠 선수들은 규칙을 경기 활동이 가능하도록 하는 것으로 인식하는 것이 아니라 돈을 벌기 위해 그저 받아들이고 있는 것이 아닌가? 은퇴 나이에 있는 사람들도 자신의 직업에 대한 도전을 즐기고자 계속 일을 할 수 있지 않은가?

그런 반론들이 정말 확실한가에 대한 것은 하나의 논란거리이다. 비록 마라톤이 경기로 '불리지' 않는다고 하더라도, 마라톤은 분명히 목표 성취에 대한 특별한 장애를 발생시키는 구성 규칙들이 있는 경기의 구조를 갖추고 있다.[3] 하나의 분명한 예를 든다면, 우리가 자동차를 타고 마라톤을 할 수는 없지 않은가. 그리고 많은 프로선수가 일차적으로 돈을 벌기 위해 참여한다고 하더라도, 자신들이 참여하는 스포츠의 구성 규칙들로 인해 야기된 도전에 대처하는 과정에서 탁월한 활동을 보임으로써 수입을 벌어들이고 있다. 규칙을 마련하는 이유는 프로선수들이 극복 과정에서 탁월함을 발휘할 수 있는 가치 있는 도전을 창조하기 위해서이다. 마지막으로, 오로지 자신들의 직업에 따른 도전을 즐기고자 일을 계속하는 사람들은 흔히 그렇듯 자신의 직업을 일로 간주하기보다는 경기와 같은 어떤 것으로 여길 수 있다.

우리가 경기와 신체적 기술의 경기로서 스포츠에 관하여 제시한 예비적인 설명이 변경되거나 수정된다고 하더라도, 농구, 미식축구, 골프,

축구, 라크로스, 럭비, 육상, 테니스, 배구와 같은 주요 스포츠는 모두 도전적인 활동을 창조할 수 있도록 설계된 구성 규칙들을 내포하고 있다. 당연히 그 경계선에 있는 것들도 있을 것이다. 자동차 경주는 스포츠로 분류될 수 있을 만큼 충분한 신체적 기술을 수반하는 것이 아닌가? 손과 눈의 동작을 일치시키는 손-눈 협응 능력과 재주를 요구하는 온라인 혹은 가상 경기는 어떤가? 그런 경우들과 더불어 그 외의 우리가 생각할 수 있는 다른 경우들에서도 우리가 결정적으로 판단하기에는 어려움이 있을 수 있다. 하지만 적어도 스포츠를 신체적 기술의 경기로 해석하는 것은 흔히 스포츠로 간주하는 확실한 경우들에 잘 들어맞는다. 앞으로 보게 되겠지만, 그 점은 스포츠에 대한 사람들의 관심을 설명하고 스포츠를 평가하고자 하는 우리의 시도에서 더욱 분명하게 드러날 것이다.

우리는 위와 같은 견해를 마음속에 담아 두되, 그것이 꼭 문제에 대한 최종적인 것으로 여길 필요는 없다. 이제 왜 스포츠가 그렇게 인기가 많고 또한 전 세계의 많은 사람으로부터 관심을 불러일으키는지를 검토해 보자.

왜 그렇게 많은 사람이 스포츠에 관심이 있는가?

만약 여러분이 스포츠에 관심이 없다면, 혹은 스포츠를 단지 귀동냥으로 알뿐이거나 심지어 그에 비판적이라면, 아마도 여러분은 이 책을 읽고 싶어 하지 않을 것이다. 사람들은 저마다 관중으로, 참여자로, 그리고 때로는 비평가로서 스포츠에 대한 자신의 관심을 표명한다. 스포츠에 관심이 없는 사람들조차도 왜 그렇게 사람들이 스포츠에 많은 관심을 기울이는지 궁금할 것이다. 이를 어떻게 설명할 수 있을까? 다른 활동도 많이 있는데 왜 스포츠에 유독 많은 관심이 쏠리는가?

물론, 스포츠에 대한 전 세계적인 관심을 단 하나의 요소로 설명할 수는 없을 것이다. 더욱이, 설령 스포츠가 그렇게 많은 사람을 사로잡고 영향을 미치는 까닭을 설명할 수 있다고 하더라도, 우리는 그런 관심이 '윤리적'인지 여부 또한 탐구할 필요가 있다. 예컨대, 스포츠가 더 넓은 사회적 문제들에 대해서 우리의 무관심을 조장하고, 중요한 문제들로부터 우리의 주의력을 벗어나도록 하는가? 무슨 일이 있더라도 반드시 승리하겠다는 태도로 임하는 스포츠의 방식에는 어떤 문제가 없는가? 특히, 오늘날 엘리트 스포츠에서 볼 수 있는 것보다 프로 운동경기에서 더 친절하고 부드러운 형태의 경쟁이 도덕적으로 더 인정받을까? 우리는 아동들의 스포츠를 너무 지나치게 강조함으로써 그들이 학업이나 예술적 기술을 연마하는 데 ― 혹은 단순히 아이로 성장하는 데 ― 들여야 할 시간을 빼앗고 있는 것은 아닌가? 무엇이 스포츠를 그렇게 중요하게 만드는지, 혹은 최소한 그렇게 많은 사람에게 중요한 것으로 여겨지게 하는지를 이해할 수 있다면, 그것은 우리가 이런 윤리적 문제들을 탐구하는 데 도움이 될 것이다.

사람들이 스포츠에 왜 그렇게 많은 관심이 있는지에 대해 지금까지 많은 설명이 있었는데 피상적으로 그친 경우가 대부분이어서 그리 만족스럽지 못하다. 예컨대, 사람들은 친구를 사귀기 위해, 운동을 위해, 건강상의 이유로, 그리고 특정 기능을 발달시키고자 스포츠에 참여할 수 있다. 사람들은 즐거움을 얻기 위해, 친구나 가족과 경기를 함께 보러 가는 경험을 공유하고자, 혹은 심지어 보다 큰 공동체의 일원이 되기 위해 스포츠를 관람할 수 있다. 최소한 그들의 마음속에서 사람들은 자신이 소속한 공동체의 종교적, 민족적 정체성을 구현하는 팀을 통해 서로 동질감을 확인할 수 있어 스포츠를 관람할 수도 있다.

그러나 조금 더 생각해 보면, 사람들이 스포츠에 매력을 느끼는 이유에 대한 그러한 설명은 별 도움이 되지 않는다는 것이 금방 드러난다. 체육관에서 운동하면 되지 왜 군이 스포츠에 참가하는가? 독서회나 직장 동료 혹은 학교 친구들과 함께 시간을 보낼 수 있는 여러 가지 활동들이 있는데, 그것들을 마다하고 왜 스포츠에 참가하여 친구를 사귀고자 하는가? 분명히 스포츠는 관중들에게 재미를 준다. 하지만 어떤 점이 관중들에게 재미를 느끼도록 하며 심지어 매력을 느끼도록 하는가? 무엇이 참가자로 하여금 경쟁, 기술향상, 그리고 승리하고자 하는 노력에 분투하도록 하는가? 무엇이 연재만화 「피너츠(Peanuts)」 '역주: 찰스 M. 슐츠가 그린 미국의 만화로, 1950년 10월 2일부터 연재가 시작되어 작가의 사망 다음 날인 2000년 2월 13일까지 이어졌다 의 주인공인 찰리 브라운(C. Brown)이 자신의 야구팀이 계속 지는데도 재기를 노리게 하는가?

이런 모든 의문에서 볼 수 있듯, 사람들이 스포츠에 빠져드는 이유를 '운동을 위해'라는 이유 등과 같이 설명하는 것은 별로 근본적이지 못하다. 물론 그렇다고 어떤 하나의 요소로 스포츠에 대한 사람들의 많은 관심을 설명할 수 있다고 말하고자 하는 것은 아니다. 사람들은 앞에서 말한 많은 이유로 스포츠에 빠져들 것이다. 그러나 덜 기본적인 요소들이 작용하는 이유를 설명하는 스포츠, 특히 경쟁 스포츠의 근본적인 특성들이 있을 수 있다.

비록 많은 사람이 스포츠에 참가하여 이를 즐기면서 일부러 생각하지는 않겠지만, 우리가 스포츠의 진정한 매력이 무엇인가를 알아볼 때 고려할 수 있는 스포츠의 심원한 특성들이 존재한다. 우선 한 가지는 스포츠가 경쟁을 한다는 것이며 그 과정 또한 일부 사람들이 말했던 바와 같이 '대본 없는 이야기'라는 것이다. 즉, 항상 스포츠의 결과 — 누가 경기의 승자가 될 것인가, 누가 결승에 진출할 것인가 등등 — 는 경기가 끝날 때까지 오리무중이다.

잘 알다시피, 스포츠는 보통 규칙들로 구성된 특별한 도전에 응하고자 노력하는 사람들이 참여한다. 예컨대, 축구에 참가하는 사람들은 손을 사용하지 않고 공을 전진시켜야 한다. 도전에 응하고자 시도할 때, 선수들은 엄청난 압박감으로 성공하거나 실패할 수 있고, 놀랄 만한 기량을 선보일 수 있으며, 때로는 압박감 속에서도 냉정함 같은 미덕을 보이거나 누가 봐도 금방 알 수 있는 이기심 같은 악덕을 드러내 보일 수도 있다. 그러니까 두 번째 가능성은, 적어도 스포츠를 관중과 참가자 모두에게 그토록 특별하게 만드는 상당 부분을 설명해 주는 요소라 할 수 있는 것으로, 특별하게 활동을 제한시킨 도전에 응하여 이를 성취하고자 하는 시도이다. 스포츠에 직접 참가한다거나 다른 사람들이 하는 것을 바라본다는 것은 도전에 응하여 자신의 능력을 검증하고자 분투하는 아주 작고 구체적인 인간 드라마 — 우리가 온갖 종류의 맥락에서 날마다 직면하는 그리고 사실은 인간의 문명을 추동하는 어떤 것 — 를 정확히 포착하는 것과 다르지 않다. 우리가 이런 식으로 생각한다면, 공통적인 요소가 거의 없는 전 세계 사람들이 스포츠에 대한 사랑을 공유할 수 있다는 사실은 그리 놀랄 일이 아니다.

스포츠는 세상의 주요한 사회적 문제에 대한 관심을 분산시키는 유해한 것인가?

여러 비평가는 스포츠에 대한 우리 문화의 열병에 대해 그것은 어쩌면 우리의 삶에 더 좋을지도 모르는 중요한 사회적 문제나 활동으로부터 우리의 관심을 멀어지게 하는 본질적으로 경박한 짓이라고 지적한다. "그건 단지 경기일 뿐이다."라는 것이 그들의 구호이다. 결국, 이러한 비평은 누가 지금으로부터 100년 후에 어느 팀이 슈퍼볼이나 월드컵에서 우승한 것에 관심을 보이겠는가와 연결된다. 아마도 우리가 현재 직면하고 있는 주요한 사회적, 경제적, 정치적 문제들을 고려해 볼 때, 스포츠에 대한 사람들의 관심은 흔히 별것도 아닌 것을 가지고 호들갑을 떠는 경우일지도 모른다.

그러나 만약 이런 비평이 타당하다면, 이러한 비평은 또한 직접적인 현실적 목적이나 정치적 목적을 지니지 않는 여러 예술을 포함한 모든 예능 형식에 적용되어야 할 것이다. 그럴 경우, 서문에서 언급한 바와 같이, 우리는 "그것은 단지 경기일 뿐이야"라고 말하는 것처럼 "그것은 단지 예술일 뿐이야"라고 말할 수 있을 것이다. 스포츠가 과연 우리 사회에서 큰 역할을 하는가에 관해서는 논의해 보아야 할 문제지만, 스포츠가 사회적 혹은 정치적 문제들을 직접 다루고 그런 문제들의 해결에 공헌하지 않는다는 이유만으로 스포츠가 지닌 의의나 가치가 통째로 무시될 수는 없다. 이와 일관된 측면에서, 우리는 사회적 문제의 해결에 직접 공헌하지 않는 그 밖의 다른 활동이나 관습에 대해서도 의문을 제기할 수 있을 것이다(내가 '직접'이라는 표현을 쓰는 까닭은 스포츠가 적절하게 수행될 경우 비록 그것이 아무리 간접적이라 하더라도 보다 넓은 사회적, 정치적 의의를 내포한 가치를 구현하고 표현한다는 점을 나중에 논의할 것이기 때문이다).

사실, 스포츠를 더 넓은 사회적, 정치적 문제들과 완전히 분리한다는 것은 현실적으로 어려운 일이다. 메이저리그 야구에서 흑백 인종차별을 깨뜨렸던 재키 로빈슨(J. Robinson), 1968년 올림픽에서 흑인 인권 운동의 일환으로 일명 '블랙파워 살루트(Black Power Salute)'라는 특이한 저항적인 퍼포먼스 ^{역주: 육상 200미터에서 1위와 3위를 차지한 미국의 흑인선수} 들이 부당한 인종차별에 항의하기 위해 시상대 위에서 미국의 국기가 올라가는 것을 고개를 숙인 채 외면하고 흑인을 상징하는 검은 가죽장갑을 낀 채 주먹을 추켜올렸던 사건 를 펼쳐 논란을 일으켰던 존 카를로스(J. Carlos)와 토미 스미스(T. Smith), 그리고 세계 평화를 강조하는 올림픽 이념의 철학은 모두 스포츠가 도덕적, 사회적, 혹은 정치적 진공상태에서 이루어질 수 없다는 것과 함께 대단한 영향력을 지닐 수 있다는 것을 분명하게 보여준다.

또한 스포츠는 우리가 도덕 교육에서 중요한 역할을 하는 주요 목표들을 성취하는 데 도움을 준다. 도덕 교육은 우리가 긴급한 사회적, 정치적 관심사에 적용할 수 있는 가치를 우리에게 서서히 불어넣어 준다. 예컨대 그와 관련하여 다양한 종교, 민족, 그리고 정치적 충성의 배경을 가진 팬들이 자신의 팀을 응원하러 모일 때, 스포츠는 스포츠 공동체를 창조하고 사회적 응집성을 증진하는 하나의 수단으로 기능할 수 있다. 스포츠 공동체는 매우 다를 뿐만 아니라 서로 대립적인 정치적, 사회적 관점을 가진 사람들을 한곳에 불러 모음으로써, 그들이 서로에 대해 알고, 또한 그럼으로써 현재의 정치적 담론에 대한 극단적 편파성을 누그러뜨리는 데 도움이 될 수 있다.

다른 한편, 스포츠는 부정적인 사회적 기능을 발휘할 수도 있다. 예컨대, 스포츠는 응집성이나 사회적 통합을 증진하기보다 오히려 우리를 분열시키고 서로 다른 파벌 간에 격렬한 경쟁의식을 불러일으킬 수 있다. 물론 스포츠만이 그 원인의 전부일 수는 없겠지만 몇몇 나라의 경우, 스포츠 팬들이 적개심을 노골적으로 드러내는가 하면 심지어 인종차별주의적인 구호나 표어를 외치며 상대방을 폄훼하는 경우가 허다하다. 철학자 존 러셀(J. Russell)은 이를 다음과 같이 지적했다. "전 세계의 축구팬들은 흔히 자신들의 클럽을 역사적 편견과 반감을 표현하는 수단으로 삼는다."4

사회기능이론은 스포츠에 대한 관심을 충분히 설명하고 있는가?

1969~1970 시즌에 열렸던 전설적인 전미농구협회 선수권대회에서, 탄탄한 팀워크와 함께 '오픈맨에게 공을 준다.'라는 일관된 전략으로 명성을 얻었던 레드 홀츠먼(R. Holzman) 감독이 지휘하는 뉴욕 닉스는 홈구장인 매디슨 스퀘어 가든에서 로스앤젤레스 레이커스와 맞붙을 준비를 하고 있었다. 경기를 주도하는 닉스의 주장이자 스타 센터인 윌리스 리드(W. Reed)는 부상으로 앞선 몇 번의 플레이오프 경기를 뛰지 못하였다. 마지막 결승 경기에서 그가 뛸 수 있을지도 불분명했다.

그러나 닉스의 선수들이 몸을 풀고 있을 때, 리드는 라커룸에서 유니폼을 갖춰 입고 경기장에 등장하였다. 관중들은 흥분해서 날뛰었고 그들의 열광은 절정에 이르렀다. 그리고 리드는 첫 2득점을 올렸다. 비록 그가 경기에서 많은 시간을 뛸 수는 없었지만, 그의 헌신과 전념에 고무되어 닉스 선수들은 113 대 99의 점수로 레이커스를 꺾고 선수권을 차지할 수 있었다.

그 시즌에 보여주었던 닉스의 탁월한 경기력은 팀의 본거지인 뉴욕의 시민들을 통합하고 그들이 자랑스럽게 소속할 수 있는 팬 공동체를 제공하는 사회적 기능을 발휘하였다. 그러나 그것은 이야기의 극히 일부일 뿐이다. 팬들을 고무시켰던 것은 그 전설적인 선수권대회에서 자신들의 팀이 입증했던 경기의 탁월함, 그들이 코트에서 드러내 보였던 헌신적인 태도, 그리고 리드가 보였던 모범적인 행동이었다.

사회기능이론은 스포츠가 공헌하는 사회적 목적에 근거하여 스포츠의 중요성을 특징짓고 분석한다. 만약 우리가 이러한 접근을 취한다면, 우리는 스포츠의 진정한 사회적 기능을 이해하기 어렵다. 비록 스포츠가 팀을 지지하는 팬들의 공동체를 형성하는 등의 사회적 기능에 공헌할 수 있겠지만, 스포츠에 대한 사람들의 관심이 주로 사회적 기능에 기인한다는 생각은 윌리스 리드의 모범적인 행동이 암시하는 바와 같이 본말이 전도된 것일 수 있다. 주장하건대, 오히려 스포츠는 그 자체가 제시하는 도전과 그에 응하는 과정에서 드러나는 인간의 탁월함 때문에 공동체를 형성하는 힘을 지닌다. 만약 그렇다면, 스포츠는 그 사회적 기능과 관계없이 '가치'를 지닌다. 즉, 스포츠는 그 자체의 본질적인 특성에 대한 관심 때문에 공동체의 형성과 같은 어떤 기능에 공헌할 수 있다(이와 마찬가지로, 우리는 예술 공동체를 형성하는 기능 때문에 우리가 예술에 관심을 기울인다고 생각하지 않을 것이다. 오히려 우리는 예술 그 자체를 향한 관심 때문에 예술가들과 애호가들의 공동체가 생성된다고 말하는 것이 옳을 것이다).

이것은 왜 사람들이 스포츠에 관심을 기울이게 되는가에 관한 해석적인 의문과 무엇이 스포츠를 도덕적으로 가치가 있거나 의미가 있는 것으로 만드는가에 관한 윤리적인 의문에는 어떤 공통적인 부분이 존재할 수 있다는 것을 시사한다. 사람들은 스포츠에 참가하거나 관람하는 동기가 분명히 서로 다를 수 있다. 예컨대, 그들은 친구를 사귀기 위해서, 골프 코스에서 사업계약을 확정 짓기 위해서, 혹은 단순히 야외에서 시간을 보내기 위해서 그럴 수 있을 것이다. 그러나 설령 아무 생각 없이 회사 야유회에 가서 소프트 볼 경기를 하더라도, 그들은 스포츠가 제공하는 도전에 응하고자 노력을 한다는 것이다. 이와 마찬가지로, 그 어떤 수준의 스포츠든 상관없이 관중인 우리의 마음을 사로잡는 것은 선수들이 그 도전에 어떻게 응하는가를 보고자 하는 우리의 관심이다.

스포츠에서 도전에 응하는 것과 관련된 윤리적 의의는 무엇인가?

도전에 응하는 것이 뭐가 그렇게 대단한 것일까? 스포츠에서 도전에 응하는 것과 관련하여 특별한 무언가가 존재하는가? 어쨌든, 우리는 살면서 늘 도전에 직면한다. 직장, 시민으로서의 사회생활, 그리고 개인적인 관계에서 그러한 도전을 맞게 된다.

그러나 스포츠의 경우, 설령 선수들과 팀이 특정한 경기나 스포츠 행사에서 우승할 경우 외적인 보상과 성과가 있다 하더라도, 스포츠 자체 내에서 그들은 자신을 위해 도전에 맞서야 한다. 머지않아 유명세를 얻고 부자가 될 프로선수들조차도, 그리고 장학금이나 표창과 같은 유형의 상당한 이득을 얻을 수 있는 다른 운동선수들도 구성 규칙들로 설정된 도전에 응하여 탁월함을 발휘하기 위해서는 진지하게 이에 임해야 한다. 구성 규칙으로 창조된 도전에 맞서는 것은 실제로 스포츠의 이념에서 핵심에 속한다.

잘 설계된 스포츠 ― 우리에게 가치 있는 도전을 제공해 주는 스포츠

— 에서의 경쟁은 어떤가? 우리는 여기에서 시험(test)과 시합(contest)의 유용한 구분을 기억해 둘 필요가 있다.[5] 시험은 예컨대 농구에서 연이어 자유투 50번을 하거나, 5분 안에 1마일을 달리거나, 혹은 수학 시험에서 'A' 점수를 받기 등과 같이 우리가 문제를 풀거나 어떤 과업을 완성하여 높은 점수를 얻고자 노력하는 활동이다. 시합은 지켜보는 가운데 농구 경기를 하거나 다른 경쟁자들보다 더 빠르게 1마일을 달리는 것과 같이 우리가 문제를 풀거나 과업을 완성할 때 다른 사람들과 경쟁하는 것이다. 시합은 시험에서 구사할 수 있는 것보다 훨씬 더 복잡한 방식의 전략 활용을 수반한다. 경쟁적으로 경기가 진행될 경우 그때의 스포츠는 시합이지 결코 시험이 아니다. 그런고로 도전은 구성 규칙들에 의해 설정된 장애뿐만 아니라 구성 규칙들이 허용하는 전략도 포함하게 된다. 그래서 스포츠에서의 도전은 신체를 활용하게 할 뿐만 아니라 전략적으로 이에 접근하도록 만든다.

스포츠에 참가하는(그리고 관람하는) 것이 가치가 있고, 심지어 도덕적으로도 가치가 있다는 경우는 부분적으로 우리가 무엇을 인간의 번영이나 행복이라 여길 수 있는가의 해석에 달려있다. 사실 많은 사람은 단순한 과업과 더 복잡한 과업 가운데 선택을 해야 할 때 후자를 더 선호하는 경향이 있다. 그래서 아동들은 나이가 들면서 경기가 올바로 이루어지면 항상 무승부에 이르는 삼목(tic-tac-toe) 게임에 금방 흥미를 잃고, 더 복잡한 게임을 선호하게 된다. 이와 마찬가지로, 근로자들은 직장에서 아무런 의식 없이 똑같은 일을 단순히 반복적으로 하는 일보다는 자신들의 창의력과 지능을 요구하는 일을 더 선호한다.

스포츠는 시합이지 단순한 시험이 아니라는 점에서, 잘 설계된 스포츠의 전략적 복잡성은 인간이 발달하고 번영하는 중요한 기회를 제공해 준다. 이런 관점에서 보면, 아마도 도전 그 자체를 위해 이에 응하는 일은 인간의 행복한 삶의 일부일 것이다. 의심의 여지없이, 그런 관점을 옹호하는 사람들은 우리의 지적 및 신체적 능력을 활용함으로써 재미를 느낄 수 있는 도전에 응할 것이며, 우리의 재능이나 기술을 요구하지 않고 아무런 의식 없이 반복적으로 되풀이하는 단순한 과업에 참여하는 삶보다는 우리를 자극하는 삶이 더 낫다고 주장할 것이다.

확실히 그들 자신을 위해 도전을 하는 것은 교육적일뿐만 아니라 매우 이익이 될 수 있다. 우리는 스포츠에 참가하거나 단순히 스포츠를 관람하는 것만으로도 헌신이나 탁월함에 대한 애정과 같은 덕목을 발달시킬 뿐만 아니라 우리 자신과 다른 사람들에 관하여 배울 수 있다. 스포츠의 참가가 인격을 형성한다는 주장 뒤에는 아마도 이러한 통찰이 숨어있을 것이다. 우리는 이러한 점들에 관하여 다음 단락에서 좀 더 충분히 탐구할 것이며, 또한 그에 관한 비평들도 검토할 것이다. 그러나 특히 '불필요한 장애'를 만들고자 설계된 규칙들로 이루어진 도전에 응한다는 것은 확실히 왜 스포츠가 그렇게 많은 사람의 관심을 끌고 심지어는 그들의 마음을 사로잡는지를 설명해 주는 중요한 요소가 되며 아울러 스포츠의 가치를 설명하는 데에도 큰 도움이 될 수 있다.

사회는 스포츠에 너무 많은 가치를 부여하고 있는 것은 아닌가?

스포츠가 중요한 가치를 고취하고 함양하는 데 도움이 된다고 하더라도, 스포츠가 여전히 지나치게 과장되어 있을 수 있다. 종합대학이나 단과대학과 같은 교육기관에서의 스포츠의 역할은 제3장에서 깊이 있게 다뤄질 것이다. 그러나 우리는 경쟁하는 운동 팀과 학교를 연계시키는 미국식 모델이 대부분의 다른 나라에서 일반적으로 행해지는 방식과는 매우 다르다는 것에 주목해야 한다. 대부분의 다른 나라에서는, 기술에 따라 다양한 수준을 정하고 경기를 하는 클럽들이 각기 다른 지역을 대표한다. 경쟁하는 아마추어 스포츠는 그 지역에 있는 중·고등학교나 단과 및 종합대학과 그렇게 직접 연계되지는 않는다.

비평가들의 주장에 따르면, 미국의 경우, 오직 하나의 관심만이 조직화된 아동 스포츠를 지배하고 있는데, 그것은 곧 이겨야 한다는 지나친 압박감이다. 또한 비평가들은 청소년들이 너무 일찍 하나의 스포츠에만 전념함으로써 다양한 스포츠를 통해 배울 수 있는 교훈을 놓치고 있을 뿐만 아니라 체육특기자 장학금을 받고자 하는 바람에서 학업을 희생하며 자신들의 운동 훈련에만 집중하고 있는 점을 염려하고 있다. 비평가들이 주장하듯이, 이런 압박감 때문에 부모들은 자녀들의 경기 진행에 자주 깊숙이 개입하고, 너무 지나치게 승부에 집착하는 현상을 빚게 된다. 이는 결과적으로 일부 아동들에게는 경기가 곧 엄청난 짐이 되어버리고, 그럼으로써 '운동이 지겨워져' 마침내 스포츠를 떠나는 10대들을 양산하는 결과를 초래하게 된다.

더 미묘한 문제는 치열한 경기를 치르는 경쟁자들에게 과연 윤리는 무엇을 요구해야 하는가와 관련이 있다. 고대 그리스 철학자 아리스토텔레스(384~322 B.C.E.)는 유덕한 행위는 두 극단의 중간인 중용, 곧 황금률을 따르는 데 있다고 하였다. 만약 우리가 그런 측면에서 생각한다면, 용기는 비겁과 무모 사이의 중간이다. 마찬가지로, 공정한 사람은 오로지 자기 자신의 이익만을 추구하는 것과 아무리 그것이 터무니없는 것이라 하더라도 자기에게 요구된 모든 주장을 고려하는 중용으로 나아간다.

그러면 무엇이 '중용'인가? 스포츠 정황에서 유덕한 행동을 한다는 것은 어떤 의미인가? 이를 정확히 말한다는 게 쉽지만은 않다. 특히 스포츠의 경우에는 더더욱 그렇다. 스포츠맨십은 다양한 정황에서 과연 무엇을 요구할까? 예컨대, 여러분이 청소년 축구팀을 지도하고 있는데, 심판들이 여러분 팀의 선수가 손을 사용한 반칙으로 결승골을 넣은 것을 알아차리지 못하였다고 가정해 보자. 여러분의 팀 선수들과 팬들은 모두 그 반칙 행위를 아는데 심판들은 모른다. 여러분은 그 심판들에게 사실을 말하여 그들이 판정을 번복하도록 할 의무가 있는가? 아니면, 많은 사람이 그럴 것 같은데, 경기를 진행하는 것은 여러분이 할 일이 아니라고 생각하여 승리를 그대로 받아들일 것인가? 만약 여러분이 침묵하고 승리를 받아들인다면, 그 승리는 자랑할 만한 일인가? 여러분은 축구의 구성 규칙들로 규정된 도전에 응한다는 의미에서 볼 때 진정으로 승리한 것인가, 아니면 남들이 보기에 그저 승리한 것으로 보일 뿐인가?

우리는 이 문제를 이 책에서 다시 논의할 것이다. 지금은 우리가 일상적인 삶에서 일어나는 많은 도덕적 도전에 직면할 때 황금률의 이념이 유덕한 행동을 하는 데 도움을 주긴 하지만, 어떤 경우에는 스포츠에 그 이념을 어떻게 적용해야 하는지 매우 불분명할 때가 있다는 점에 주목한다. 때로는 우리가 다른 윤리적 원리를 고려할 필요가 있을 것이다. 이 점에 관해서도 나중에 다시 논의하고자 한다.

어쨌든 적어도 스포츠가 균형 잡힌 공정한 방식에서 이루어질 경우, 스포츠가 우리에게 제시하는 도전을 강조하여 스포츠를 해석하는 것은 왜 많은 사람이 스포츠에 관심을 기울이는가를 설명하는 근본적인 이유일 수 있으며, 또한 스포츠가 지닌 가치에 대한 단서가 될 수 있다. 우리는 뒤에 나오는 단락들에서 균형 잡힌 공정한 접근 방식은 어떤 것들을 필연적으로 수반해야 하는지, 그리고 무엇이 그런 접근을 타락시킬 수 있는지를 탐구할 것이다. 예컨대, 이와 관련하여 많은 비평가는 모든 수단과 방법을 가리지 않고 승리해야 한다는 인식을 그 요인으로 지적하고 있다.

우리는 윤리적 문제를 어떻게 검증해야 하는가? 윤리적 입장이 매우 다양하다는 점을 고려할 때 과연 타당한 윤리적 탐구가 가능한가? 윤리란 그저 개인적인 의견이 아닌가?

앞에서 주목하였듯이, 설명하는 것과 문제에 대해 도덕적으로 옹호할 수 있는 판단을 내리거나 평가하는 것은 서로 다른 문제이다. 성공적인 설명이나 해석은 어떤 일이 왜 일어나는지를 말하지만, 그런 일이 일어나야 하는지 또는 일어나는 일이 도덕적으로 가치가 있는지와 관련해서는 아무런 말을 하지 않는다. 우리가 지금 관심을 기울이고 있는 것은 후자이며, 그것은 우리가 다양한 상황에서 마땅히 '해야 할' 일과 어떤 행위가 '가치가 있는지' 그리고 어떤 이유에서 그런지에 관한 합리적인 논증을 요구한다.

이 책을 읽고 있는 여러분들 중 어떤 사람들은 우리가 윤리에 관하여 어떤 결론을 내렸을 때 실제로 그에 대한 타당한 이유를 찾을 수 있을지에 대해 회의적일 수 있다. 어쨌든, 사람들이 많은 도덕적 문제에 대해 서로 의견을 달리하고 있지 않은가? 스포츠와 관련해서도 사정은 다르지 않다. 앞에서 든 예의 경우, 자신이 맡은 팀의 선수가 손으로 공을 밀어 넣어 결승골을 얻게 된 것을 아는 축구 코치는 그 승리를 그냥 받아들여야 하는가? 부모들은 뇌진탕이나 다른 심각한 부상 위험을 안고 있는 것으로 보이는 축구를 자녀들이 하도록 허용해야 하는가? 우승하지 못한 시즌은 결국 실패로 끝난 것인가? 스포츠에서의 경쟁은 건전한 것인가, 아니면 일종의 이기심과 상대방에 대한 경멸 혹은 심지어 적개심만 마음속에 심어주는 것인가?

물론 사람들이 이런 문제에 대해 서로 의견을 달리할 수 있는 것은 사실이지만, 그렇다고 해서 곧 그것이 합리적인 입장과 비합리적인 입장으로 전혀 구분될 수 없다는 것을 의미하는 것은 아니다. 더더구나 스포츠의 경우를 포함한 모든 도덕적 문제들이 합리적인 논쟁의 여지가 있다는 것을 의미하는 것도 아니다. 예를 들면, 북아메리카 프로 미식축구 리그(NFL)의 뉴올리언스 세인츠 소속 코치들이 상대 선수들에게 심각한 부상을 가한 대가로 선수들에게 비리 혐의가 있는 포상금을 지급한 행위는 윤리적이라 할 수 있는가? 2012년에 발표된 북아메리카 프로 미식축구 리그(NFL)의 조사에 따르면, 세인츠 소속 코치들은 상대 선수들에게 심한 타격을 주고 결과적으로 심각한 부상을 가한 선수들에게 그 보답으로 포상금을 지급하였다. 운동선수들은 최고의 경쟁자들에게 고의로 해를 끼침으로써 그 스포츠가 제공하는 도전을 격하시키거나 심지어는 아예 사라져버리게 하는 것보다는 그 도전에 당당하게 응하여 상대 팀을 이기고 싶어 해야 하지 않는가?

여기서 우리는 스포츠에서 야기되는 주요 윤리적 문제들에 대하여 서로 다른 입장을 견지하는 유력한 논증들을 검토하고 분석하고자 한다. 때로는 어느 입장의 논거가 가장 확실한지 결정하기 어렵기는 하지만, 그렇다 하여 모든 입장이 이지적 차원에서 동등하다거나 우리가 더나은 추론과 더 나쁜 추론을 구분할 수 없는 것은 아니다. 다른 모든 입장들처럼, 스포츠와 관련된 문제들에 대한 윤리적 입장들도 나름의 방어가 필요하며, 따라서 우리는 그러한 이론적 근거가 비판적 검토의 시험에서 살아남았는지 면밀하게 조사해 볼 필요가 있다.[6]

논의를 진행하는 과정에서 윤리적 추론의 수단들이 자연스럽게 등장하겠지만, 우리는 애당초 몇 가지 사항들을 명심해 둘 필요가 있다. 우선, 무엇보다도 우리는 우리의 윤리적 주장을 사실에 근거하여 제기해야 한다. 예컨대, 어떤 경기에서 다시 보기를 하여 핸드볼 반칙으로 이겼던 것이 판명되었다면, 우리는 그 경기가 공정했다고 주장할 수 없다. 아울러 우리는 적어도 최소한의 의미에서 편파적이지 않고, 다른 사람들의 주장을 이해하며 평가하고자 노력해야 한다. 우리는 상대방을 모욕하고, 그들의 추론을 무시하거나, 혹은 우리 자신의 관점에 대한 비판을 기꺼이 고려할 의지 없이 논의에 참여하고자 하는 유혹에 저항해야 한다. 우리는 우리 자신의 관점이 단순히 우리 자신의 것이라는 이유만으로 이에 특혜를 부여하고자 하는 충동과 싸워 공평무사함을 입증할 필요가 있다. 사심이 없는 공평한 관점에서 수용될 수 있고, 마치 비중이 있는 상대 팀들을 끊임없이 패배시키는 팀이 우리가 그 팀의 팬이든 아니든 상관없이 탁월한 팀으로 관심을 받을만한 것처럼, 다른 사람들의 비판으로부터 방어될 수 있는 도덕적 관점은 우리가 어디에 마음을 두고 있든 상관없이 우리를 분명히 그 입장에 서게 할 것이다.

독자들이 보통은 스스로 최종적인 윤리적 판단을 내려야 하겠지만, 나는 많은 문제에 있어서 합리적인 의견 불일치가 예상된다고 하더라도 다양한 사례에서 합리적인 의견 수렴의 범위를 좁힐 수 있고, 어떤 경우에는 특정 해결 방법에 대한 강력한 논증을 할 수 있음을 이 탐구가 보여주길 기대한다.

하지만 스포츠 윤리와 스포츠의 본질에 관한 관점이 문화마다 서로 다르지 않은가?

분명히 다양한 윤리적 문제에 관한 관점은 문화마다 다를 수 있다. 예를 들면, 투우를 바라보는 도덕적 입장은 지역과 시대마다 매우 다르다. 아카데미상을 받은 영화 〈불의 전차〉는 19세기 영국에서 올림픽 육상경기에 희망을 품은 두 선수의 실화를 근거로 제작된 것으로, 우리에게 스포츠에 관한 도덕적 신념의 차이를 바라보는 창을 제공해 준다. 그 영화에서 한 육상선수인 해럴드 아브라함스(H. Abrahams)는 코치를 고용함으로써 그 당시 육상선수가 지켜야 할 신사로서의 윤리를 위반하였다는 이유로 옥스퍼드의 교사들과 동료 학생들로부터 크게 질책을 당했다. 그 당시 영국에서의 엘리트 스포츠는 많은 면에서 사회 계급에 의해 제약을 받았는데, 노동자들은 대부분의 엘리트 스포츠에서 경쟁하는 것이 금지되기도 하였다. 오늘날에는 누구도 그런 생각을 하지 않겠지만, 그 당시에 코치를 고용하는 것은 오로지 경쟁의 재미와 도전을 위해서 스포츠에 참가하는 것이 아니라 전문직업화의 상징이자 보상을 획득하는 데에만 신경을 쓰는 저급한 관심 정도로만 여겨졌다. 아브라함스의 행위는 당시의 많은 사람의 시각에서는 너무 지나치게 전문적이거나 심지어는 낮은 계층의 사람들이 하는 일로 여겨졌다. '진정한 운동선수'는 천부적인 능력과 성향에만 의존해야 한다고 생각하였다.[7] 오늘날 많은 사람은 코치를 두는 것에 대한 이런 태도를 기이하다고 생각하겠지만, 그것은 아브라함스가 살던 당시의 영국 상류층 엘리트들 사이에서는 하나의 규범이었다.

비록 윤리적 의견은 지역과 시대에 따라 다를 수 있지만, 그렇다고 모든 관점이 다 똑같이 타당한 것은 아니다. 사람들이 '그런가 보다' 하고 믿는 것과 그들이 믿기에 '타당하거나' 혹은 '정당한' 것, 그들이 비판적 탐구를 토대로 '마땅히' 믿어야 하는 것은 별개의 것이다. 윤리적 문제에 관한 문화적 불일치는, 스포츠에서 발생하는 그런 문제들을 포함하여, 항상 합리적인 해결을 인정하는 것은 아니다. 그러나 만약 사람들이 합리적인 해결을 인정하지 않는다면, 그것은 그들의 의견이 서로 다르기 때문만은 아니다. 오히려, 그것은 한 관점을 옹호하는 논쟁자들에게 널리 알려진 결정적인 추론이 존재하지 않기 때문이다. 그러나 어떤 해결책을 옹호하는 추론이 존재하는지 여부는 탐구에 앞서 미리 결정될 수 없다. 회의론을 수용하기 전에, 우리는 그런 추론이 발견될 수 있는지를 먼저 탐구해 볼 필요가 있다.

일부 사람들은 추론 그 자체의 기준이 문화마다 서로 다르다는 점에서 범문화적인 윤리적 논쟁을 해결할 수 있는 어떤 공통된 기준이 존재하지 않는다고 말한다. 우리의 탐구를 마무리하는 부분에서 윤리적 논쟁을 해결하는 이성의 힘을 논의할 때, 우리는 이 문제를 다시 다룰 것이다. 우선 우리는, 비록 잠정적이라 할지라도, 단순히 윤리적으로 불일치하다는 사실이 판단을 위한 정밀한 검토를 불가능하게 하지는 않는다고는 결론지을 수 있다.

윤리적 문제를 정밀하게 검토할 때 어떤 사항들을 고려해야 하는가?

한 번 더, 자신의 팀이 심판의 분명한 오심 때문에 이득을 보는 청소년 축구 코치의 경우를 생각해 보자. 설령 그 팀의 모든 선수가 자신들의 결승골이 규칙 위반과 터무니없는 잘못된 판단으로 이루어진 것임을 잘 알고 있다 하더라도, 코치가 아무 말도 하지 않고자 결정했다고 가정해 보자. 물론, 상황에 따라 많은 것이 달라진다. 예컨대, 그 심판이 단순히 실수를 저질렀던 것인가 아니면 고의로 이긴 팀을 편들었던 것인가? 이것이 챔피언십 경기였던가 아니면 초보자들을 위한 교육 리그에서 재미 삼아 했던 시합인가? 그 핸드볼 반칙은 고의적이었는가 아니면 우연적이었는가?

분명히 고려해야 할 하나의 요소는 그 행위에 따른 '결과'이다. 만약 그 코치가 팀에 아무런 말을 하지 않는다면, 발각되지 않는 경우 규칙(혹은 법률)을 위반하여 이득을 취하여도 괜찮다고 가르치는 것이 아닌가? 자기에게 유리하다 하여 나쁜 판정을 관행적으로 받아들였을 때 예상할 수 있는 일반적인 결과가 있다. 만약 모든 코치가 그와 유사한 방식의 행동을 한다면, 스포츠는 더 나아질까 아니면 더 엉망이 될까? 좀더 넓은 의미에서 볼 때, 그런 행동은 선수들과 관중들 모두에게 어떤 영향을 미칠 것인가?

제레미 벤담(J. Bentham, 1748~1832)과 존 스튜어트 밀(J. S. Mill, 1806~1873), 그리고 오늘날에 주로 프린스턴 대학교의 피터 싱어(P. Singer)가 주요 주창자들인 공리주의 철학은 도덕적으로 옳은 행위나 따라야 할 최고의 규칙은 그 행위로 인하여 영향을 받는 모든 사람에게 최선의 결과를 가져오는, 모든 사람을 비용편익분석에서 동등하게 계산하는 그런 행위라고 주장한다. 물론, 그런 분석은 실제로 정말 수행하기가 쉽지 않으며, 결과를 근본적으로 유익하거나 해롭게 만드는 것이 무엇인가에 대해 줄곧 논쟁이 이어져 왔다. 그 기준은 고전적 공리주의자들이 주장하였듯이 쾌락 대 고통인가, 혹은 일부 현대 공리주의자들이 주장하듯이 선호의 충족인가? 공리주의자들은 스포츠에 참가하는 것이 과연 품성을 형성하는 데 도움을 주는지, 그리고 만약 품성을 형성한다면 어떤 종류의 품성을 형성하는지를 유심히 살펴본다. 이는 경쟁 스포츠를 평가하는 것과 상당히 높은 관련이 있는 것으로, 한 사람의 품성은 스포츠 세계의 안팎으로 다른 사람들에게 큰 영향을 미치기 때문이다.

결과가 윤리에 있어서 전부인가? 많은 사람은 그렇지 않다고 말할 것이다. 코치가 승리를 받아들여 아무 말도 하지 않겠다는 결정이 선수들의 품성에 어떠한 영향도 미치지 않고, 그 경기 자체 이외에 어떤 중요한 결과를 초래하지 않을 것이라고 가정해 보자. 어떤 사람들은 그렇다 하더라도 그 승리는 '공정하게' 얻은 것이 아니라고 — 그리고 그것은 여기에서 더 중요한 윤리적 사항이라고 — 주장할 것이다. 그들의 관점에서 보면, 공정, 정의, 그리고 공평은 공리주의와 쉽게 조화되지 않는다. 이런 관점을 주창하는 사람들은 철학자 임마누엘 칸트(I. Kant, 1724~1804)로부터 영향을 받은 것으로, 단언컨대 그들은 노력하지 않고 얻은 승리를 받아들이는 것은 상대방을 외적 보상을 위한 단순한 수단으로 이용하는 것이며, 그런 행위는 그들을 도덕적 지위에서 자기 팀의 선수들과 동등한 자격을 갖춘 사람들로 대우하지 않는 것이라고 말할 것이다. 그리고 여러 규칙은 어떤 수준 혹은 최소한 공평한 운동장을 조성하는 데 그 의의가 있으며, 아울러 모든 관련자는 적어도 스포츠가 도덕률을 내포하기 위해서는 그 공평한 틀을 보호하는 것이 필수적이라는 점에서, 그것은 불공정하거나 불공평한 것으로 여긴다. 그런 관점은 사람을 어떤 결과보다 한층 더 가치 있는 존재로 존중할 것을 강조하며 공정, 정의, 그리고 타인들의 지위나 권리에 대한 평등한 존중과 같은 개념에 관심을 기울인다.

세 번째로 고려할 사항은 행위들이 용기, 정직, 연민, 타인들에 대한 배려와 같은 덕들의 전형적인 사례가 되는가에 초점을 둔다. 만약 스포츠가 품성을 형성한다는 생각을 받아들인다면, 이것은 결과들에 대한 단순한 공리주의적 계산 그 이상으로, 오히려 스포츠에 참가함으로써 산출된다고 알려진 품성의 내재적 가치에 중점을 둔다.

비록 이런 관점들은 각각 나름의 탄탄한 지지기반이 있지만, 이 관점들이 꼭 서로에게 배타적이지만은 않다. 어떠한 윤리적 평가에서 그 결과를 완전히 무시하기도 어렵지만, 이와 함께 어떤 사람들을 불공정하게 대우하거나 단순히 더 나은 결과를 얻기 위해 그들의 권리를 무시해서는 안 된다는 것 또한 중요하다. 예를 들면, 내 생각에는, 코치가 단순히 팀이 연습을 할 수 있는 충분한 선수를 확보하고자 하는 차원에서 어떤 선수를 팀의 일원으로 계속 남겨두면서 경기에서 의미 있는 출전시간을 부여받을 가능성에 대해 그 선수에게 이런저런 말을 하는 것은 거짓이기 때문에, 그것은 잘못이다.

서로 다른 접근법의 지지자들은 다른 학설의 요지를 그들 자신의 이론으로 흡수하려고 할 것이다. 예컨대, 공리주의자들은 정의와 개인의 권리가 중요하다는 데에 동의하지만, 개인의 권리와 정의의 원리를 최대의 유용성을 확보하는 방안으로 여긴다. 일반적으로, 이런 공리주의자들은 정의로운 사회가 그렇지 못한 사회보다 더 많은 인간의 행복과 더 적은 해악을 가져올 것이라고 주장할 것이다. 더욱이, 윤리에 대한 이들의 접근은 모두 우리가 오로지 우리 자신의 이익만을 고려하는 문제를 평가하는 것이 아니라 적어도 최소한의 의미에서 공평한 문제, 즉, 우리가 우리 자신뿐만 아니라 다른 사람들의 관점과 통찰을 똑같이 고려하는 문제를 평가하는 것을 전제로 한다.

다행스럽게도, 우리는 여기에서 오랜 세월 동안 논란이 이어지고 있는 윤리 이론의 쟁점을 해결해야 할 필요는 없다. 오히려, 우리는 어쩌면 우리의 검토와 관련된 것으로 입증될 수 있는 그런 고려사항들을 마음속에 간직하고 있는 것이 중요하다. 우리가 해야 할 일은 한쪽으로 치우치지 않는 공평함을 요구하고, 오로지 우리 자신의 이익만을 반영하지 않는 그런 고려사항들을 토대로 윤리적 문제를 검토하고, 그런 문제와 관련될 수 있는 윤리적 사항들을 균형적으로 고려하며, 마지막으로 우리 자신의 제안에 영향을 미칠지 모르는 비평들을 엄격하고 공정하게 평가하는 데 있을 것이다.

축구 코치는 승리를 받아들이고 그런 결과로 이어지게 한 터무니없고 나쁜 판정을 무시해야 하는가?

　우리는 이 질문에 대해 최소 세 가지의 대답을 생각할 수 있다. 그 대답을 고려할 때, 우리는 코치가 청소년 스포츠에서 해야 할 일이 무엇인가를 평가하고 있는 것이며, 그리고 그 문제는 대학 대항 혹은 프로 스포츠와는 매우 다를 수 있다는 것을 기억해야 한다.

　하나의 대답은 코치가 심판의 형편없는 판정도 경기의 한 부분일 뿐이며, 그런 잘못을 문제 삼는 것은 참가자들의 의무나 책무가 아니라고 판단하는 것이다. 이 코치는 경기의 과정이나 시즌이 이어지는 동안 그런 판정이 이 팀 저 팀에서 나올 수 있으며, 그럼으로써 결국은 모든 팀에 공정하게 된다고 생각할 수 있을 것이다. 내 강의를 수강하는 학생들 가운데 한 학생은 언젠가 수업에서 "저는 심판들이 제가 선수 생활을 하는 동안 저에게 수많은 나쁜 판정을 내렸으며, 그들은 나에게 이점을 빚고 있다고 생각합니다."라고 말한 적이 있다. 그러나 나쁜 판정들이 플레이오프와 같은 단기전이나 단기 시리즈 혹은 챔피언을 결정하는 연장전에서 일어나지 않는다는 법은 없다. 플레이오프 경기에서 일어나는 잘못된 판정은 중요성이 다소 덜 하는 시합에서 일어나는 판정보다 확실히 충격이 더 클 수 있다. 왜냐면 전자의 경우는 이를 만회하거나 상쇄할 기회가 그만큼 없기 때문이다.[8]

게다가 만약 그 코치가 선수들에게 아무런 말을 하지 않고 그냥 승리를 받아들인다면, 그들이 무엇을 배우겠는가? 만약 누군가 나쁜 짓을 하고도 은근슬쩍 그냥 넘어갈 수 있다면 그런 부정의로부터 이득을 얻는 것도 괜찮다는 것을 가르치는 것은 아닌가? 청소년 스포츠의 주된 목적은 경기에서 이기는 데 있는 것이 아니라 공정, 스포츠맨십, 그리고 훌륭한 경쟁 — 정당한 방식으로 승리를 하는 것 — 에 관한 중요한 가르침을 주는 데 있다. 적어도 우리는 그런 주장을 펼 수 있다. 그런데 만약 코치가 침묵한다면, 과연 그런 행위가 그와 같은 목표에 얼마나 도움이 되도록 이바지할지 의문이다.

그렇지 않으면, 코치가 심판에게 즉시 접근하여 정중하게 그 판정이 잘못되었다고 말하는 것이다. 그럴 경우 결정은 심판에 달려있으며, 코치의 행동은 윤리적이라 할 수 있을 것이다. 비록 팀 선수 가운데 일부 선수들은 자신들의 승리를 내버리고 있는 코치에게 분개할 수 있겠지만, 코치에게는 선수들에게 중요한 경험을 가르치는 좋은 기회일 수 있다. 코치가 그저 다른 사람들의 눈을 의식하기보다 진정으로 경기에 도전하는 것과 진정으로 누릴 자격이 있는 승리의 가치에 대하여 팀에 이야기할 수 있다.

코치에게는 아직 또 다른 선택이 있을 수 있다. 그것은 방어적일 수 있는데, 코치가 승리를 받아들이고 그렇게 한 이유를 팀에 말하는 것이다. 아마도 코치는 심판의 잘못을 들춰내어 그를 '무안하게' 하고 싶지 않거나 아니면 선수들이 자신들에게 유리하게 판정이 내려지든 불리하게 내려지든 상관없이 목적을 위해 악착같이 경기하는 것을 배울 필요가 있다고 생각할 수 있을 것이다. 나의 경우, 청소년 스포츠의 수준에서는 적어도 선수들의 발달 단계상 그들에게 경기에서 승리에 집착하도록 하는 것보다는 경기가 제공하는 도전에 전심전력함으로써 정직과 공정한 승리에 관한 교훈을 가르치는 것이 더 중요하다는 이유에서, 두 번째 관점을 선호한다.

다행스럽게도 이런 유형의 문제는 심판들이 가능한 한 판정을 정확하게 내리기 위한 차원에서 비디오를 즉시 재생하여 찾아보고 상의하기 때문에 일반적으로 엘리트 수준의 스포츠에서는 일어나지 않는다. 그러나 고등학교, 대학교, 그리고 낮은 수준의 프로 스포츠에서는 그런 기술을 이용할 수 없거나 규칙상 그의 활용이 제한되기 때문에 그런 유형의 문제들이 발생할 수 있다. 많은 사람은 청소년 스포츠와 비교하여 그런 수준에서는 승리가 더 중요한 것으로 간주되어야 한다고 주장할지도 모른다. 비록 그런 관점이 설득력이 있다 하더라도, 승리는 경기의 진행 과정에서 빚어지는 심판의 터무니없는 오심 때문이 아니라 진정으로 스포츠에 최선을 다하여 도전한 결과여야 한다는 것 또한 논리적으로 옹호될 수 있다. 어쨌든, 우리는 다음 제2장에서 승리에 주어져야 할 마땅한 지위에 대해 더 충분히 논의할 것이다.

스포츠 윤리는 단순히 규칙을 따르고, 그것을 공정하게 적용하는 문제에 불과한 것인가?

지금까지 우리는 논의 과정에서 스포츠의 구성 규칙들과 스포츠가 창조하는 도전을 강조해왔다. 그러나 스포츠에서의 윤리적 문제는 단순히 규칙을 따르는 차원에만 머무르지 않는다. 경쟁 스포츠에서 승리는 반드시 가장 유력한 가치여야 하는가? 코치들은 시합에서 이기는 것과 팀의 모든 선수에게 시합에서 뛸 공정한 기회를 주는 문제의 균형을 어떻게 맞춰야 하는가? 경기를 자기에게 유리하게 이끄는 능력, 즉, 규칙을 그야말로 누구나 알 수 있게 어기는 것이 아니라 상대방의 심리적 약점을 이용할 목적에서 하는 행위는 받아들일 만한가? 예컨대 테니스 경기에서 성질이 급한 선수를 대상으로 고의로 경기의 진행속도를 늦추는 그런 행위는 수용할 수 있는가?

때로는 규칙 그 자체가 윤리적 문제를 일으키기도 한다. 그럴 경우, 윤리적 이유를 들어 규칙 자체를 변경해야 하는가? 예를 들면, 배리 본즈(B. Bonds)나 알렉스 로드리게스(A. Rodriquez) 같은 야구 강타자들이 남긴 기록은 타격 솜씨를 발휘하기 위해 경기력 향상 약물을 사용했다는 혐의로 인해 진정한 기록으로 인정받는 데 의문이 제기되고 있다. 본즈와 로드리게스는 경쟁 우위를 차지하고자 하는 의도에서 경기력 향상 약물을 사용하는 것을 금지하는 규칙이나 다른 규범을 어겼을는지 모른다(본즈의 경우, 비록 이미 사실상 효력을 발휘하고 있던 다른 금지규정들로부터 그런 금지가 합리적으로 추론이 될 수 있었다 할지라도, 당시에는 어떤 경기력 향상 약물의 사용을 금하는 명백한 규칙들이 메이저리그 야구에서 공식화되지 않았었다).[9] 그렇다면 이런 규칙들 자체는 정당화가 가능한가? 경기력 향상 약물의 사용을 금하는 것은 시험해 보고자 하는 운동선수들의 자유를 부당하게 제한하는 것은 아닌가? 그들은 경쟁의 공정성을 반드시 지켜야 할 필요가 있는가? 우리가 이런 질문들에 답변하기 위해서는 단순히 규칙들 그 자체에 관해 이야기하는 데에서 벗어나 우리가 어떤 규칙들을 '정해야 하는가'를 물어야 한다.

규칙을 따르는 것은 단지 운동선수들이 어떤 잘못을 저지를 때에만 문제가 되는 것은 아니다. 많은 스포츠맨십 행위는 규칙에 의해 요구되지는 않지만 그럼에도 불구하고 확실히 감탄할 만하다. 예를 들면, 2000년에 열렸던 프리미어 리그 축구 경기에서 파올로 디 카니오(P. D. Canio)는 골키퍼 폴 제라드(P. Gerrard)의 부상으로 골문이 텅 비어있어 득점을 할 수도 있었지만 그렇지 않고 심판에게 경기를 중단할 것을 요청함으로써 골키퍼는 즉각 조처를 받을 수 있었다. 그런 그의 행동은 많은 갈채를 받았으며, 나중에 그는 국제축구연맹(FIFA)으로부터 페어플레이상을 받았다.

규칙의 범위 밖에 존재할 수 있는 문제를 평가할 경우, 우리는 이미 언급했던 예컨대 행위와 정책에 따른 결과, 품성과 덕에 관한 영향, 그리고 공정과 더불어 자율적인 인간으로서의 개인에 대한 존중 등과 같은 윤리적 고려사항들에 호소할 수 있다. 나를 포함한 많은 사람은 법이란 단순한 규정들의 집합 그 이상이라고 설득력 있게 주장했던 법철학자 로널드 드워킨(R. Dworkin, 1931~2013)의 입장을 따르고 있다. 이와 함께, 어떤 법률에 쉽게 들어맞지 않는 까다로운 사건의 경우, 판사들은 법의 기저를 이루고 있는 원리에 호소하기도 하는데, 때로는 그래야만 한다.

드워킨은 초기의 뉴욕주 사례인 릭스 대 팔머(Riggs v. Parmer) 사건을 인용함으로써 자기 입장을 분명하게 밝히고 있다. 전자의 사건은 주 최고법원이 유산을 상속받기 위해 자신의 할아버지를 살해했던 청년에게 실제로 상속을 받을 수 있도록 허용할 것인가의 문제를 숙고했던 사례이다. 법정의 다수는 그 유언장이 법적으로 타당하다는 데 동의하였다. 그 유언장은 법적으로 필요한 증인들의 서명을 갖추고 있었기 때문이다. 그렇지만, 법원은 누구도 자신의 잘못으로부터 이득을 보아서는 안 된다는 '원리'를 따름으로써 그 살인자는 상속을 받아서는 안 된다는 결정에 이르렀다. 이 원리는 공식적인 법 규정이 아니라 형법에서 유의미하게 전제되어야 할 매우 중요한 근거였다.

이런 관점에서 보면, 법은 단순히 규칙들의 집합체가 아니다. 오히려, 판사는 어려운 사례들을 판결할 때 단순히 법률에만 의지할 것이 아니라 그런 법률의 근간이 되는 원리에 호소할 필요가 있다. 즉, 그들은 법을 이해하기 쉽고 일관성 있게 하며, 가능한 한 도덕적으로 건전하게 만드는 법 분야의 이론이 필요하다.[10] 예컨대, 미국 헌법의 평등보호조항은 모든 시민에게 '법률의 평등한 보호'를 보장하고 있는데, 여기서 말하는 '평등한 보호'란 무엇을 의미하는가? 그 질문에 답하고자 한다면, 법정에서 판결을 내리는 사람들은 판례를 가장 잘 설명하고 도덕적으로 옹호할 수 있는 평등한 보호의 본질에 관한 이론적 해석을 마련할 필요가 있다. 그러한 해석의 기본적인 원리는 판사들이 미래에 사례들을 판결할 때 도움을 구하는 근거나 이유로 활용될 수 있을 것이다. 그런 원리들은 단순히 판사들의 개인적인 가치에 근거하여 나오는 것이 아니라 문제가 되는 법 분야의 최고 이론으로부터 논리적으로 도출된 것이다(이런 접근에 동의하지 않는 사람들은 판사의 개인적인 가치가 최고의 이론으로 간주된다고 주장하면서, 사법적 판단의 객관성을 부정한다. 이는 매우 그럴듯해 보일지 모른다. 그렇지만 결국 이런 관점을 가진 사람들도 그들 자신의 개인적 선호를 반영한 것이 아니라 객관적인 정당성을 가진 것이라고 주장한다).

논란의 여지는 있지만, 드워킨의 입장과 유사한 접근을 스포츠에 적용할 수 있다. 예를 들면, 농구에서 심판들은 신체 접촉을 금지하는 규칙을 어떻게 적용할 것인가, 다시 말해, 어느 정도로 신체 접촉을 했을 때 반칙으로 볼 것인가를 판단해야 한다. 매우 엄격해서 최소한의 우연적인 접촉마저도 반칙으로 보는 심판은 경기의 진행속도를 참기 힘들 정도로 늦추고, 창조적인 플레이를 할 기회를 제거하면서 경기를 자유투 시합으로 전락시켜 버린다는 비난을 받을 각오를 해야 한다. 반면에 너무 지나치게 신체접촉을 허용하는 심판은 경기를 레슬링 시합으로 착각하게 만든다는 비난을 받을 각오를 해야 한다. 이 경우 심판들은 신체접촉을 금지하는 규칙들을 어떤 원리에 근거하여 해석해야 할 것인가?

또 다른 예는 스포츠 철학자 존 러셀(J. Russell)이 야구 역사에서 인용한 것이다. 1887년에 루이빌과 브루클린 간에 있었던 아메리카협회 시합에서 루이빌 선수였던 레디 맥(R. Mack)은 홈 플레이트를 밟고 득점을 하였기 때문에 이제 자신은 베이스 주자가 아니므로 야수들을 방해하는 것을 금지하는 규칙은 자신에게 적용되지 않는다고 생각하였다. 그래서 그는 팀 동료가 득점을 할 수 있도록 상대방 포수를 방해하였다. 비록 당시에는 그와 관련된 방해 규칙이 마련되어 있지 않아 맥의 행동이 규칙으로 명백하게 금지된 것은 아니었지만, 러셀은 맥의 행동을 유효한 것으로 허용하는 것은 결과적으로 야구 경기를 레슬링 시합으로 전락시킬 것이라고 지적한다.

우리는 그와 같은 사례에 적용할 수 있는 원리를 어떻게 찾을 수 있는가? 드워킨은 판사들이 판결하기 어려운 사례에 직면할 때 호소해야 하는 원리는 자의적이지 않아야 하고 또한 자신들의 개인적인 가치를 반영하는 것이어서는 안 되며 법률의 핵심 특징들의 기저를 이루고 있거나 그들의 전제가 되어야 한다고 주장한다. 이러한 맥락에서, 존 러셀은 스포츠에서 활용할 수 있는 하나의 일반 원리를 제시하였다. 그가 제시한 일반 원리는 규칙을 해석하는 방식과 관련된 것으로, 우리는 탁월함을 시험하고자 하는 스포츠의 핵심 특징을 '유지 및 발전' 시킴과 동시에 도전을 보존하는 방식과 더불어 우리가 하나 더 추가할 수 있다면 스포츠의 아름다움을 보존하는 그런 방식에서 규칙을 해석해야 한다는 것이다.[11] 예컨대, 농구에서 각 팀이 슛하지 않고 볼을 소유할 수 있는 시간을 제한하는 공격 제한 시간(the shot clock) 규칙을 도입한 것은 단언컨대 러셀이 제시한 원리와 잘 들어맞는다. 왜냐면 그런 규칙이 없다면 이기고 있는 팀은 득점을 하려 하지 않고 볼을 잡고 계속 지연작전을 쓸 수 있으며, 그렇게 되면 농구 경기에서 분명히 시험하고자 설계되었을 중요한 기술을 상대 팀이 구사할 수 없도록 막기 때문이다. 마찬가지로, 만약 레디 맥이 이미 득점을 하였다는 이유만으로 상대 야수를 방해하는 것이 허용되었다면, 공을 던지고 받는 것과 같은 야구의 주된 기술이 아마도 야구에서 시험하고자 설계되지 않았을 상대 선수들을 돌격하는 능력으로 대체되었을지도 모른다.

일반적으로 원리는 글이나 문서로 나타나지 않은 합의이자 때로는 서로 비교 검토될 필요가 있다는 점에서 규칙과 다르다. "스트라이크 세 번이면 타자는 아웃이다."와 같은 규칙은 모 아니면 도와 같은 양자

택일 방식에서 적용된다. 그러나 예컨대 남자 아이스하키에서 보디 체크 *역주: 퍽을 가진 공격자에 대하여 방어자가 상대의 몸에 자기 몸을 대고 공격을 막는 것 를 보다 광범위하게 허용해야 할 것인지를 생각해 보자. 설사 결과적으로는 선수들이 탁월하게 보여주는 스케이팅 기술과 아름다움을 예전보다 덜 중요하게 여기게 될지라도, 이런 변화는 그 경기를 관중들이 더욱더 흥미롭게 관전할 수 있도록 만들 수 있을 것이다. 이 문제는 우리가 어떤 규칙을 만들어야 하는가와 관련된다는 점에서 규칙에 호소하여 해결될 수 있는 성질의 것이 아니다. 오히려 우리는 아이스하키에 관한 최선의 해석과 이론을 찾아 그를 지지하는 원리를 적용해야 할 것이다.

우리는 종종 스포츠의 기저를 이루고 있는 근본적인 원리들을 따르는 접근을 '포괄적 내재주의(broad internalism)'라 부르는데, 이는 규칙들로 창출되는 도전과 같은 스포츠의 내재적 특징을 폭넓은 관점에서 이해한다는 의미에서이다. 이것은 또한 '해석주의(interpretivism)'라 불리기도 하는데, 이는 스포츠의 근본을 이루는 탁월함에 관한 해석이 타당한 원리들을 도출하는 데 있어서 가장 기본이 된다고 보기 때문이다.

결국 원리의 선택은 자의적이거나 주관적이지 않은가? 사람에 따라 혹은 문화에 따라 타당한 해석으로 여겨지는 바가 다르지 않은가? 처리하기 어려운 사건을 맡은 판사들에게 원리를 적용하는 것을 허용할 경우 그들에게 자유 재량권을 너무 많이 주는 것은 아닌가 하고 우려되듯이, 스포츠에서 원리에 호소하는 것 또한 그렇지 않은가? 여러 원리 가운데 어떤 원리를 선택할 경우 이성에 호소하면 논리적으로 옹호가 될 수 있는가, 만약 그렇다면, 어느 정도로 그런가?

이런 의문들은 우리가 스포츠의 구체적인 문제들을 검토할 때 독자들이 곰곰이 생각해 볼 필요가 있는 것들이다. 그러함에도 불구하고, 아무튼 우리는 스포츠에서 일어나고 있는 구체적인 문제들을 검토하는 데 도움이 될 일련의 지침이나 도구를 개발하였다. 이런 지침에는 스포츠, 특히 경쟁 스포츠의 핵심 측면으로서 규칙들에 의해 창출되는 도전에 대한 올바른 인식, 행동이나 정책에 따른 결과 및 관련된 모든 사람에 대한 공정성과 같은 윤리적으로 관련된 주안점을 선택하기 위한 몇 가지 접근들, 그리고 우리가 스포츠 자체에 대하여 해석하거나 이해할 때 그에 전제되어 있다고 주장될 수 있는 원리에 대한 호소가 포함된다. 위에서 인용했던 원리, 즉, 우리는 각기 다른 스포츠가 도전을 통해서 시험하고자 설계해 놓은 탁월함과 기술을 보호해야 한다는 원리는 하나의 예이다. 우리는 이제 스포츠와 운동경기에서 실제 경쟁으로부터 발생하는 문제들을 검토함으로써 추상적인 논의에서 구체적인 논의로 전환할 수 있게 되었다.

제 2 장

승리, 부정행위, 그리고 경쟁의 윤리

제 **2** 장

경쟁 운동으로 인해 어떤 윤리적 문제들이 제기되는가?

앞 장에서 보았던 바와 같이, 스포츠에 직접 참가하거나 지원하거나 아니면 다른 방식으로 참여함으로써 얻을 수 있는 도덕적 혜택도 많지만, 그로 인해 제기되는 윤리적 의문들 또한 적지 않다. 그런 의문들 가운데 하나는 우리가 스포츠 윤리를 탐구하는 데 있어서 그의 본질에 해당하는 것으로, 결국 경쟁 운동이 긍정적인 효과를 낳는지 부정적인 효과를 낳는지 이다. 우리가 승리에 너무 많은 가치를 부여하고 있는 것은 아닌가? 경쟁이란 일반적으로 나쁜 것인가? 특히 스포츠에서 경쟁은 더 안 좋은가?

비평가들은 경쟁이 우리로 하여금 상대를 그 자체만으로도 의미 있는 사람으로 여기도록 하는 것이 아니라 단순히 우리 일에 끼어들어 방해하는 장애물로 간주하도록 가르친다고 비판한다. 예컨대 스포츠가 사람들에게 숙련된 운동기능의 아름다움이나 참가를 통해 우정을 고양할 수 있는 가치를 지니는 등 나름의 긍정적인 측면을 갖고 있다 하더라도, 비평가들은 경쟁을 강조하는 상황이 우리가 그런 가치들을 우선하여 생각하는 것을 막고, 심지어는 아예 생각조차 할 수 없게 만든다고 말한다.

이처럼 스포츠가 갖는 경쟁에 관한 논쟁은 하나의 큰 의문을 불러일으키는데, 그것은 곧 인간 본성에 관한 근본적인 개념과 관련된다. 만약 인간이 항상 혹은 적어도 일반적으로 순전한 사리사욕이나 이기심 — 그것은 우리의 관계가 악화되지 않고 또한 끊임없이 투쟁에 빠지지 않도록 조심해야 할 경향성이다 — 에서 행동하는 것을 걱정한다면, 스포츠에서의 경쟁은 우리의 타고난 최악의 경향성을 강화하는 것으로 보일 수 있을 것이다. 반면에, 만약 우리가 인간의 본성이 사리사욕 외에 다양한 가치들을 올바로 인식할 수 있는 여지가 있는 것으로 여긴다면, 이 장의 후반부에서 제시한 바와 같이, 우리는 운동경기의 경쟁을 탁월함을 성취하기 위한 협력적인 상호 탐색으로 바라볼 수 있을 것이다. 이제 본론으로 들어가 경쟁 스포츠와 관련한 몇 가지의 구체적인 윤리적 의문들에 대해 영향을 미칠 수 있는 논거들을 평가하면서 보다 면밀하게 검토해 보고자 한다.

일부 비평가들은 스포츠에서의 경쟁은 도덕적으로 변명의 여지가 없다고 주장한다. 그들의 논거는 무엇인가? 그런 주장은 타당한가?

비록 스포츠가 지역 놀이터에서 즉각 이루어지는 축구나 농구 경기처럼 때로는 재미로 이루어지기도 하지만, 스포츠는 흔히 상대를 무너뜨리고 경기에서 승리하기 위해 최선을 다하는 선수들이 서로 경쟁하는 가운데 이루어진다. 어떤 사람들은 우리가 여가활동 중심의 스포츠와 경쟁 운동 그리고 심지어는 각각의 경우에 적용하는 각기 다른 윤리적 원리를 구분해야 한다고 말한다.[1] 그러나 스포츠와 운동경기가 절대 넘어서는 안 될 어떤 명확한 경계선으로 구분될 수 있을지는 의문이다.

오히려 한쪽 끝에 친근하게 즉각 참여할 수 있는 경기에서부터 다른 한 쪽 끝에 프로, 올림픽, 그리고 엘리트 아마추어 경쟁이 있는 하나의 연속체가 존재할 가능성이 더 큰 것 같다(나는 그런 연속체를 믿기 때문에, '스포츠'와 '운동경기'라는 용어를 서로 구분하지 않고 사용할 것이다. 다른 문단에서 쟁점이 되는 경쟁의 수준과 관련해서는 내용에 따라 명확히 밝힐 것이다).

스포츠맨십과 너그러움이 묻어나는 사례들은 전 연속체에 걸쳐 발견될 수 있지만, 스포츠 윤리에 관한 모든 논의는 분명히 경기의 수준과 관련된 차이에 따라 그에 적절하게 접근할 필요가 있다. 프로 선수권대회에서 요구되는 적절한 경쟁의 정도는 스포츠의 기본을 이제 배우고 있는 유소년 팀에는 적절치 않다.

경쟁 스포츠의 비평가들은 경쟁하는 운동경기라면 그것이 어떤 수준이든 상관없이 경쟁과 승리를 강조하게 되어 윤리적으로 옹호될 수 없다고 주장한다. 어쩌면, 이는 경쟁에 대한 전면적인 혐오에 기인한다. 그런데 경쟁 스포츠를 비판하고 있는 많은 사람은 오늘날 운동경기가 경쟁에서 승리를 지나치게 강조하는 것으로부터 발생하는 특별한 문제들에 관심을 집중하고 있다.

그들이 반대하는 이유의 일부는 인간의 본성을 규정하는 가정에 기초하고 있다. 우리는 정치이론 분야의 대가인 토머스 홉스(T. Hobbes, 1588~1679)의 정치 철학을 통해 그런 가정을 더욱더 잘 알 수 있다. 홉스의 정치 철학은 극도의 무한 경쟁이 어떤 결과를 가져올 것인가와 관련이 있다는 점에서 우리가 나중에 검토할 운동경기의 경쟁에 대한 일부 비판을 이해하는 데 많은 도움이 될 수 있다.

홉스는 법과 질서를 옹호한 사람으로 특히 유명한데, 그런 그의 관점은 만약 법과 질서가 존재하지 않는다면 우리의 삶이 어떻게 될 것인가와 관련한 그의 암울한 시각에 기인한 것이었다. 1651년에 출판된 그의 주요 저작인 『리바이어던 *Leviathan*』에서, 홉스는 자신이 생각했던 그러한 자연의 상태 — 법이 없고, 규칙도 없으며, 따라서 누구도 그런 것을 집행할 수가 없는 상태 — 가 어떨지를 기술하였다. 그는 그런 상태를 인간의 어떤 필요도 충족될 수 없고, 사람들이 자신들의 안녕을 담보하기 위해 무슨 일이라도 하고자 할, 자원의 상대적 희소성이 극도로 높은 상황으로 이론화하였다. 다시 말해서, 홉스는 인간이란 원래 이기적 존재이며, 우리는 항상 우리 자신의 이익을 우선순위의 첫 번째로 놓는다고 생각하였다. 홉스가 그럴듯하게 가정했던 것은 설사 그 관점이 극단적인 면이 있다고 해도 각 개인은 다른 사람들이 이기적 동기에서 그들의 목적을 이루는 데 방해가 되는 사람들에게 기꺼이 해를 가하는 행동을 할지 모른다는 합리적인 두려움을 느낄 수 있다는 것이다. 그는 법과 질서가 부재한 상태에서는 모든 연합이 상호 이익에 토대를 둘 것이며, 그런 연합은 각자의 이익에 서로 도움이 되는 한에서만 유지될 것이라고 상정하였다. 달리 말하면, 정부가 없는 세계에 관한 홉스의 생각은 많은 독자가 『헝거 게임 *The Hunger Games*』 역주: 수잔 콜린스가 쓴 과학소설로, 경기장에 던져 놓고 한 명이 남을 때까지 서로 죽고 죽이게 하는 살인 시합 을 읽거나 영화를 보았던 것과 별반 다르지 않았다. 우리는 서로 끊임없이 전쟁 상태에 있을 것이며, 홉스의 유명한 말을 빌리면, 우리의 삶은 '괴롭고, 야만적이며, 잔혹하고, 짧을 것'이다.

홉스는 아마도 자연의 상태를 인류 역사에 실제로 존재한 시기가 아니라 가설적인 시기 아니면 상상의 시기로 간주했을 것이다. 그는 이 모델을 법체계와 국가의 권위가 왜 필요한지를 설명하기 위해 활용하였다(그러나 그는 국제정부가 부재한 상황에서 세계의 국가들은 실제로 서로 자국의 이익을 최고의 그리고 아마도 오직 정당한 목표로서 추구하는 일종의 자연의 상태에 놓이게 될 것임을 암시하였다). 홉스 학설에 따른 자연의 상태에 있는 개인들은 그들 자신의 사익추구를 우선으로 생각하고, 다른 사람들과의 경쟁에서 승리하는 데 더 큰 비중을 두며, 인류에 대한 인간애보다는 타인들의 지위를 그들의 개인적인 목표를 확보하는 데 방해가 되는 장애물로 인식하는 경향이 있다.

물론 운동경기의 경쟁에 대해 비판하는 사람들은 홉스가 말한 자연의 상태와 경쟁 스포츠는 중요한 차이가 있다는 것을 분명히 인식하고 있지만, 경쟁이 수반하는 것에 관한 그들의 관점은 홉스가 인간의 심리와 자연의 상태에 관하여 설정한 가설들을 일부 반영하고 있는 것으로 보인다. 따라서 이미 언급한 바와 같이, 그들의 요점 가운데 하나는 승리에 대한 강렬한 추구는 경쟁자들이 상대를 그들 자신과 똑같은 사람으로서가 아니라 기껏해야 거추장스러운 장애물로 생각하도록 이끈다는 것이다. 많은 사람은 경쟁하는 운동경기들이 상대에 대한 적개심, 증오, 그리고 심지어는 혐오감을 키운다고 염려한다. 참가자보다 관중을 우선하여 이야기하는 어떤 저자는 승자에 대한 팬들의 존중은 그 성격상 '파시즘과 유사한' 패자의 허약함에 대한 일종의 경멸을 마음속에 심어준다고까지 말한다.[2]

경쟁하는 운동경기에 대한 두 번째 비판은 경쟁에서 성공이나 승리를 강조함으로써 우리가 너무 성과 지향적이 된다는 것이다. 우리는 경쟁 그 자체와 더불어 경쟁을 위한 준비가 지닌 가치를 보지 못하고, 오로지 성과만을 생각하게 된다. 홉스가 말한 자연의 상태와 같이, 경기에서 이긴 사람들은 성공한 자들이며 진 사람들은 패배자들이다.

마지막으로, 아마도 이것은 가장 중요한 것이라 할 수 있는데, 비평가들은 운동경기의 경쟁이 우리 자신이나 우리 팀을 가장 중시하며 우리 자신이나 우리 팀의 이익을 모든 다른 사람들의 이익에 우선하는, 홉스의 이론에서 말하는 일종의 이기심을 반영하고, 증진하며, 강화한다고 주장한다. 비평가들의 관점에서 보면, 경쟁하는 운동경기는 이기심과 자기중심주의를 해로울 정도로까지 가르친다. 만약 우리가 인간의 본성 그 자체가 기본적으로 자기중심적이거나 이기적이라고 주장하는 홉스를 신뢰한다면, 운동경기의 경쟁은 자연 상태의 축소판이라 할 수 있을지 모른다. 비록 우리가 홉스의 관점까지는 아니지만 인간은 기본적으로 선하다는 관점에 대한 약간의 여지를 남겨놓는다 하더라도, 운동경기의 경쟁은 우리의 충동을 최악으로 강화하는 경향이 있다고 여겨질 수 있을 것이다.

운동경기의 경쟁은 그러한 비판에 맞서 옹호될 수 있는가?

운동경기의 경쟁에 대한 비판을 평가할 때, 우리는 서로 다른 관점을 함께 다루며 쟁점이 모호해지지 않도록 주의해야 하고, 또한 중요한 차이를 놓치지 말아야 한다. 특히, 우리는 경쟁하는 운동경기가 실제로 수행되는 방식과 운동경기가 항상 '반드시' 수행되어야 하는 방식이나 '마땅히' 수행되어야 하는 방식을 구분할 필요가 있다. 따라서 만약 스포츠가 특정한 방식으로 이루어진다면, 치열한 경쟁은 비평가들이 염려하는 결과를 실제로 낳을지도 모른다. 선수들은 상대 선수들이 단순히 다른 팀 소속이라는 이유만으로 싫어하게 되고, 팬이나 선수 모두 좀처럼 이기지 못하는 팀을 무시할지도 모른다. 성공은 오로지 승리로 규정되고, 예컨대 기술을 개발하고, 향상하며, 유지하는 것과 같은 운동경기의 다른 측면들이 갖는 가치가 승리보다 더 값진데도 불구하고 상실되어 버린다. 나는 언젠가 내 수업 시간 중에 학생들에게 한 시즌 동안 겨우 한두 경기에서 승리했던 지역 고등학교 팀의 선수들이 경기 참가를 기피하는 것에 대해 어떻게 생각하는지 물어본 적이 있었다. 대학 졸업 이후 전 세계를 돌며 프로선수로서 이름을 날렸던 한 학생은 '그건 정말 허튼짓'이라고 대답하였다.

그러나 만약 스포츠가 도전에 응하는 것이며, 우리가 그런 도전에 최선을 다할 때 배울 수 있는 바를 강조하는 가운데 경기가 이루어진다면, 승리는 여전히 성공의 중요한 한 가지 기준으로 남을 수 있겠지만, 다른 중요한 요소들 또한 더불어 인식될 수 있을 것이다. 하나의 예를 들어보자. 어떤 약한 팀이 운동적으로 더 재능이 있는 팀을 극단으로 몰아치며 경기를 했는데 운이 따르지 않아(예컨대, 그렇지 않았다면 그저 잘못 찬 볼이었을 텐데 갑자기 바람이 확 몰아치는 덕분에 그 볼이 골키퍼를 지나 골인이 된다) 패배할 경우, 결과가 그렇다 하더라도 그 약한 팀은 많이 자랑스러워할 수 있지 않은가?

대부분의 선수나 많은 팬이 정말로 그들의 상대를 증오하거나 싫어하는지 또한 의문이다. 이는 심지어 치열한 경쟁의식을 가진 팀들의 경우라 할지라도 마찬가지다. 예컨대, 2013년에 일어났던 보스턴 마라톤 폭발사고 이후, 양키 팬들이 보스턴에 대한 지원을 표명한 경우를 생각해 보라. 일부 유럽과 남아메리카 개최지에서 벌어지는 축구 경기는 중요한 예외일 수 있다. 그곳에서는 흔히 경쟁의식이 깊은 종교적 및 민족적 차이로 표출되고, 팬들 역시 상대 선수들을 인종차별적 구호로 공격한다. 그러나 관중들은 스포츠 현장에서 상대 팀이나 좋지 않은 성적을 낸 선수들에 대해 경멸의 감정을 지니기보다는 존중하고 격려하는 마음을 갖고 있다. 시카고 컵스 팬들이 비록 컵스가 오랫동안 경쟁에서 승리하지 못하고 있음에도 그들의 야구팀에 큰 애정을 보이는 것은 하나의 좋은 예이다. 많은 스포츠에서 경기가 끝날 때 악수를 하는 전통이 상징하듯이, 참가자들은 서로를 차별화하는 것보다는 공통점이 더 많다는 점을 기억하면서 서로를 존중한다. 전해 내려오는 말에 따르면, 훌륭한 아이스하키 선수였던 웨인 그레츠키(W. Gretzky)는 당시 아이스하키에서 자신이 소속한 캐나다 팀과 치열한 경쟁 관계에 있던 러시아 팀의 최고 선수들을 자기 집으로 초대하여 바비큐 파티를 열고 심지어는 그들 중 일부 선수들과 친구가 되기도 하였다. 그런 점에서 우리는 운동경기에서의 경쟁이 비평가들의 염려처럼 항상 상대를 무시하고 비인간적으로 대우하게 하는 것은 아니라는 점을 유념할 필요가 있다.

물론, 다음과 같은 윤리적 의문은 여전히 남는다. 어떤 방식의 스포츠가 도덕적으로 가장 옹호될 수 있는가? 우리는 어떤 경쟁을 촉진해야 하며 어떤 변화나 개혁을 추진해야 하는가? 만약 우리가 경쟁을 우리의 신체적 및 정신적 기술, 전략, 준비, 우리의 마음을 시험하는 하나의 방식, 그리고 성공과 실패 모두로부터 뭔가를 배우는 하나의 방식으로 간주한다면, 운동경기의 경쟁은 홉스와 같은 세계관을 반드시 답습할 필요가 없다.

예컨대 우리는 승리가 중요하긴 하지만, 진정으로 전부가 아니라는 것을 명심해야 한다. 내가 다른 곳에서 주장했던 바와 같이, 우리는 운동경기의 경쟁을 탁월함을 성취하기 위한 상호 탐색으로 이해할 필요가 있다.[3] 이 관점에서 보면, 운동경기의 경쟁은 여러모로 협력적이며 운동선수들은 홉스가 말한 자연 상태에 있는 그런 사람들과는 다르다.

오히려 우리는 상대가 시합에 나오는 것을 자유롭게 선택한 것으로 여길 필요가 있으며, 그럼으로써 쌍방은 그 스포츠의 구성 규칙들로 구조화된 경쟁의 도전을 통해 그들 자신을 시험할 수 있다. 상대는 시험에 임하고 있는 목표를 서로 달성하도록 도와준다. 따라서 상대는 경쟁 관계에 있을 뿐만 아니라 부분적으로는 협력적인 관계에 있는 것이다.

그러나 홉스가 옳다면 어떻게 될까? 인간의 본성이 기본적으로 그 근원에 있어서 이기적이거나, 아니면 스포츠가 드러내는 것이 그런 이기적 경향성이라면 어떻게 될까? 결국에는 스포츠가 탁월함에 대한 상호 탐색이라는 것 못지않게 느슨하게 통제된 일련의 치열한 경쟁이라면 어떻게 될까?[4] 만약 그렇다고 해도, 스포츠는 인간의 다른 어떤 관습보다 나쁘지는 않다. 왜냐하면, 홉스와 같은 관점에서 볼 때, 이기적 경향성이 끊임없이 억제되어야 하기 때문이다. 경쟁은 스포츠뿐만 아니라 사업, 과학, 학문, 그리고 예술에서도 치열할 수 있다. 더욱 중요한 것은, 실제로 상호 부조론(mutualism)의 모델이 강조된다면, 수단과 방법을 가리지 않는 승리는 수정되거나 통제될 수 있다는 것이다. 우리는 인간의 본성이 외부 영향에 둔감하다고 소홀히 생각하는 경향이 있다. 아마도, 운동경기에서 하는 경쟁이 모든 당사자가 혜택을 얻을 수 있고, 혜택을 얻는 활동이라는 인식이 중심적인 규범이 된다면, 제대로 수행되는 스포츠는 상대를 폭력으로 진압해서라도 승리가 전부라는 과도한 자기중심적인 '나 우선' 태도에 대한 하나의 중요한 억제력을 제공할 수 있다. 어쩌면 스포츠는 인간 본성의 추악한 측면을 드러내는 것이라기보다는 인간 본성에 이득이 되는 잠재력을 지니고 있을 수도 있다.

승리가 중요하지 않다고 말하고자 하는가? 승리가 중요하지 않다면 왜 점수를 매기는가?

물론 우리가 경쟁 스포츠에서 승리를 지나치게 강조하는 것에 주의해야 하긴 하지만, 승리는 중요하며, 상호 부조론 또한 그것을 부정하지 않는다. 승리는 일반적으로 경기에서 사용하는 기술 이상의 특별한 무언가를 요구한다. 승리는 보통 상대가 도전을 제기할 때 침착성을 잃지 않고 유지하는 능력 등을 포함한 적절한 전략의 선택과 자신이 원했던 대로 경기가 잘 풀리지 않을 때 포기하지 않고 오히려 필사적으로 노력하여 역전승을 이뤄내는 불굴의 의지 등을 요구한다.[5] 2015 슈퍼볼에서 북아메리카 프로 미식축구 리그(NFL)의 시애틀 시호크스는 경기는 잘했지만, 경기가 끝날 즈음에 활용했던 그들의 전략적 선택이 많은 논란을 불러일으켰고, *역주: 경기 종료까지 26초가 남았고, 시애틀은 터치다운까지 겨우 1야드만을 남겨놓은 상황이었다. 뉴잉글랜드의 버틀러가 시애틀의 쿼터백 윌슨의 패스를 가로채는 데 성공했고, 이후 뉴잉글랜드는 남은 시간을 지켜내어 결국 우승을 차지했다 어쩌면 이것은 그들이 경기에서 패배한 원인이 되었는지도 모른다. 그런 이유로, 그들은 경기에서 매우 탁월한 능력을 보여주었지만, 그 경기에서의 플레이를 전반적인 성공으로 간주하기는 어렵다. 전략적인 기술은 순수하게 신체적인 것으로, 경쟁 스포츠에서 우리가 무시해서는 안 될 중요한 요소이거나, 그보다 훨씬 더 중요한 것일 수 있다. 훌륭한 전략이나 경기 계획은 승리의 기회를 극대화해준다. 따라서 어떤 수준의 시합에서든 승리는 노력 없이 쉽게 얻을 수 있거나 얻어야 하는 그런 것이 아니다.

그러나 또한 승리와 패배는 적절한 관점에서 이해될 필요가 있다. 모든 승리가 자격이 없는 성공은 아니며, 모든 패배가 곧 완전한 실패는 아니다. 내 아들 중 한 녀석이 10살이었을 때, 그의 사촌 동생인 매튜와 레베카가 집에 왔다. 그들과 집에서 지내는 동안, 아들은 바깥에서 놀다가 집안으로 뛰어 들어와 큰 소리로 "제가 연속으로 다섯 번이나 레베카를 삼진 아웃시켰어요!"라고 외쳤다. 그래서 내가 "네 사촌 여동생은 이제 겨우 6살이야!"라고 대꾸해줬다.

승리는 분명히 그럴만한 가치가 있는 상대와 맞서서 얻었을 때 진정으로 의미가 있다. 그저 약한 상대들만 맞서 승리를 얻은 팀은 비록 승률은 낮지만 몇 번의 승리를 최고의 상대와 맞서서 얻은 다른 팀보다 오히려 그 성과에 긍지를 가질만한 그럴듯한 근거가 없을 것이다. 마찬가지로, 요행이나 터무니없이 잘못된 판정으로 얻은 승리, 혹은 수준이 낮은 상대들과 맞서 형편없는 시합을 하고 얻은 '추한 승리'는 강한 상대에 맞서 뛰어난 경기를 펼쳐서 얻은 승리보다 확실히 그 의미가 덜하며 자긍심을 가질 수 있는 근거 또한 더 약하다.[6]

이런 주장은 승리의 중요성이나 그 의미의 기반을 약화시키는 것은 아닌가? 참으로 탁월한 팀이나 운동선수는 불운이나 가끔 발생하는 잘못된 판정을 극복할 수 있어야 하는 것 아닌가? 일이 잘 안 되는 날에 약한 상대를 대상으로 승리할 수 있는 것도 탁월함의 증표 아닌가?

뉴욕 양키스와 피츠버그 파이리츠가 맞섰던 1960년 월드시리즈를 생각해 보자. 승부를 결정하는 마지막 7차전에서 8회 말에 피츠버그의 빌 버든(B. Virdon)이 평범한 땅볼을 쳤을 때까지만 해도 양키스는 분명히 승리를 눈앞에 두고 있었다. 그때 만약 수비수가 공을 잘 잡아서 처리했다면 그 경기는 끝났을 것이고, 우승은 양키스가 했을 것이다. 양키스에게는 유감스럽지만, 그 볼은 작은 돌에 부딪혀 엉뚱한 곳으로 튀어올랐다. 결과적으로 그 볼은 양키스의 유격수 토니 쿠벡(T. Kubek)의

목을 강타하면서 파이리츠에게 기사회생의 기회를 주었다. 피츠버그는 이 행운을 잘 이용하여 5점을 얻었으며, 9회 말에는 후에 명예의 전당에 헌액된 빌 마제로스키(B. Mazerowski)가 끝내기 홈런으로 경기를 마무리하고 월드챔피언십을 확정 지었다.

이 사례에 대한 두 가지 반응을 살펴보자. 첫 번째 관점에서 보면, 나쁜 운, 즉 작은 돌에 부딪힌 볼이 경기에서 결정적인 역할을 하였다. 비록 피츠버그가 이겼고 양키스가 졌지만, 양키스의 패배는 실패가 아니었으며 — 그들은 피츠버그만큼 경기를 잘했는데 단지 불운 때문에 패배했을 뿐이다 — 피츠버그는 행운으로 이득을 보았다는 점에서 다른 상황으로 우승했을 경우보다 그 의미가 줄어들었다.

두 번째 관점에서 보면, 피츠버그는 볼이 잘못 튀어 오른 이후에도 여전히 뒤쳐져있었으며, 이기기 위해 계속하여 5점을 득점해야 했다. 양키스는 그들의 득점을 막을 수 없었고, 패배한 것은 당연했다. 훌륭한 팀은 불운을 극복한다. 그리고 어쨌든, 일곱 번의 경기 중 한 경기에서의 단 한 번의 요행이 시리즈를 결정한 것은 아니었다.

내가 생각할 때, 이 경우에서는 불운이 그 이후에 일어났던 일, 특히 파이리츠의 극적인 역전 때문에 피츠버그의 승리가 근본적으로 폄훼되지는 않았다고 본다. 그러나 결승점이 쿠벡의 목을 강타했던 것과 연루된 바로 그 플레이에서 나왔다고 가정해 보자. 그 경우에, 우리는 가상적인 피츠버그 승리가 그럴만한 자격이 충분히 있었다고 말하거나 최소한 양키스가 실패했다고 주장하기에는 좀 주저해야 하지 않은가? 만약 그렇다면, 우리는 승리를 성공의 유일한 기준으로 여기지 않을 뿐만 아니라 승리가 어떻게 성취되고 어떤 요소들이 그 결과를 결정하는 데 작용하였는지를 고려한다고 보아야 할 것이다.

어쨌든, 우리는 경쟁하는 운동경기에서 승리가 중요하고 가장 의미 있는 성공의 기준이라는 것을 부정해서는 안 된다. 그러나 또한 우리는 경쟁의 질, 경기 중에 발휘하는 행동의 수준, 그리고 심판의 역할과 운 등을 고려해야 한다. 이런 요소들이 일부 상황에서는 승리의 중요성을 축소하거나 승리의 의미에 의문을 달게 할 수 있다. 그렇다면 우리는 흔히 유명한 미식축구 코치 빈스 롬바르디(V. Lombardi)가 했다고 전해지는(어쩌면 틀릴 수도 있다) "승리가 전부는 아니지만, 그것은 유일한 것이다."라는 주장은 그런 점을 놓치고 있음을 인정해야 한다.

유소년 스포츠에서 승리는 강조되어야 하는가?

유소년 스포츠는 이와 관련하여 많은 문제를 일으키고 있다. 나는 '유소년 스포츠'를 아직 고등학생 나이(미국에서는 보통 14세)에 이르지 않은 아동들을 위한 조직화된 경쟁으로 대략 정의하고자 한다. 리틀 리그 야구와 같은 수준에 있는 스포츠는 성인들이 조직하고 지도한다. 비평가들은 유망한 청소년들이 대학의 체육특기자 장학금을 받을 수 있을 것이라는 부모들의 희망적인 기대 때문에 아동들이 부모의 압력으로 일찍부터 하나의 스포츠만을 전문으로 접근하고 있다고 주장한다. 사실, 리틀 리그 월드시리즈는 현재 텔레비전으로 방송되고 있고, 가끔 전 세계로 중계되기도 한다. 2014년 리틀 리그에 돌풍을 몰고 온 어린 소녀 모네 데이비스(M. Davis)는 리틀 리그 시리즈에서 완봉승을 거둔 최초의 여자선수가 되었으며, 리틀 리그 선수로는 최초로 〈스포츠 일러스트레이티드 *Sports Illustrated*〉지의 표지 모델로도 등장하였다. 그녀가 보여준 고무적인 모범에도 불구하고, 리틀 리그 월드시리즈의 존재는 조직화된 아동들의 스포츠에 성인들이 개입할 수 있는 위험과 더불어 최고 수준의 경쟁에서 승리가 중심이 될 때 그러한 활동을 타락시킬 수 있는 압력을 분명하게 보여준다.

2015년 2월, 2014 리틀 리그 월드시리즈 미국 대표 선발경기에서 우승한 시카고 지역의 재키 로빈슨 웨스트(Jackie Robinson West) 팀은 원래는 그 팀에 소속될 수 없는 부적격자들을 임원들(성인들)이 지역 경계를 속여 팀에 몇몇 선수들을 소속시켰다는 의혹이 제기되어 진상 조사가 진행되었고, 이후 챔피언 자격이 박탈되었다. 이 사건은 팀의 그 누구도 그러한 사실을 알고 있었다는 주장을 제기하지 않아 더욱 가슴을 아프게 하였다. 그 팀은 수백만 명에 이르는 팬들의 상상력과 애정을 사로잡았으며, 대부분이 아프리카계 미국인들로 구성된 그 선수들의 동네를 고무시켰다. 불행히도, 이 사건은 성인들이 리틀 리그의 국가 대표 선발 경쟁에 개입한 첫 번째 위반 사례가 아니다. 예를 들면, 2000년도에 뉴욕 브롱크스 지역 팀은 리틀 리그 야구 선수로 출전하기에는 너무 나이가 많고 다른 제한 규정에도 해당하는 도미니카 공화국의 선수를 기용했던 것으로 밝혀졌다. 그 팀은 3위 입상 지위를 박탈당했으며, 부적격 선수를 포함하여 그 팀의 선수들이 세웠던 기록은 모두 삭제되었다.

물론, 다수의 아동은 코치들이 유소년 스포츠를 심각하게 받아들여 운용하는 팀에서 운동하고 있지 않으며, 그들은 야구와 농구부터 아이스하키, 라크로스, 그리고 축구에 이르기까지 다양한 종목에 걸쳐 조직화된 스포츠 리그에 참가하여 운동을 즐기고 있다. 흔히 매트 크리스토퍼(M. Christopher)처럼 아동과 청소년을 위한 글을 쓰는 작가들은 스포츠에 참가하여 문제를 극복해 나가는 과정을 통해 개인적인 성장과 성숙에 도움이 되는 고무적인 이야기를 하고 있으며, 많은 아동이 이에 감동하고 있는 것은 사실이다. 비록 경험적 연구들이 때때로 엇갈린 결과를 보여주긴 하지만, 아동들과 관련된 스포츠는 종목과 연령 집단에 따라 똑같은 방식으로 행해지는 것이 아니라는 점에서 그런 기대도 할 수 있을 것이며, 특히 여자아이들에게 의미 있고 긍정적인 도움이 된다는 증거가 있다(예컨대, 다음의 내용을 보라. http://www.aspenrpojectplay.org/the-facts).

그러나 여전히 의문은 남는다. 그렇다면 유소년 스포츠는 주로 재미있게 놀면서 기술을 배우는 것을 강조하는 차원으로 교육적인 것이어야하는가, 아니면 경쟁하여 이기는 성공과 승리 또한 강조되어야 하는가?

스포츠를 처음 시작하는 아동들을 대할 때, 교육과 재미는 분명히 중요하다. 아동들이 어떻게 경기를 하는지를 전혀 모른다면, 그들은 경쟁하는 시합을 할 수가 없다. 그러나 사람들은 그들이 점차 기술을 습득함에 따라 그들의 나이와 기술 수준에 적절한 경쟁의 정도에 대해 서로 다른 입장을 제시한다. 분명히 우리는 일어날 수 있는 모든 상황의 경우의 수를 전부 다룰 수는 없다. 그렇지만 여기에서 우리가 두 가지의 상반된 관점을 검토해 보고 혹여 그 두 가지 입장이 서로 적절한 절충안이나 중용의 방안을 발견할 수 있는지를 모색해 보는 것은 도움이 될 것이다.[7]

첫 번째 관점에 따르면, 스포츠의 참가는 삶에 대한 준비이며, 삶 그자체는 혹독할 수 있다는 것으로, 이는 아동들에게도 마찬가지라는 것이다. 이 입장을 옹호하는 자들은 스포츠의 주요 역할이란 유소년 운동선수들이 삶의 압박을 이겨낼 수 있도록 준비시키는 것이며, 따라서 패배의 고통과 이겨야 한다는 스트레스로부터 방패막이 되어 그들을 보호하는 것이 아니라고 주장한다. 이 관점에서 볼 때, 유소년 스포츠는 매우 경쟁적이어야 할 필요가 있으며 어린 참가자들은 최소한 스포츠의 기초 기능을 이해해야 하고 높은 수준의 동작과 함께 자신의 팀에 대한 헌신을 갖추고 있어야 한다.

두 번째 관점은 자신들이 아동 스포츠를 개혁하는 자라고 생각하는 사람들로부터 지지를 받고 있는데, 아동 나이 또래에 해당하는 집단의 스포츠는 주로 친구를 사귀고, 재미있게 놀며, 스포츠에 필요한 적절한 기술을 배우는 것이어야 한다고 주장한다. 개혁가들은 다수의 아동이 치열한 경쟁 스포츠의 압박을 이겨낼 만큼의 준비가 되어있지 않으며 또한 이러한 어린 아동들이 자신의 잘못으로 팀이 경기에서 패할 때 팀에 아무런 도움을 주지 못하고 패배만 안겼다고 느끼게 만드는 것은 잘못이라고 말한다. 더욱이 개혁가들은 아동들이 너무 이른 나이에 과도한 압박을 느끼게 되면 스포츠로부터 완전히 중도하차 하게 되는 주된 원인이 될 수 있다고 지적한다. 사실, 아동 스포츠에 참가하는 자들을 대상으로 한 여론조사에 따르면, 아동들은 승리를 스포츠에 참가하는 여러 이유 가운데 상위 순위로 꼽지 않으며, 주로 이기는 팀에서 후보선수로 벤치에 앉아있는 것보다는 자주 패하는 팀이라 하더라도 그 팀의 선수로 시합에 참여하기를 바란다고 일관되게 응답하고 있다.

비록 많은 참관인과 부모가 유소년 스포츠에서 승리와 경쟁을 너무 지나치게 강조하는 것을 비판하지만, 첫 번째 관점에도 나름의 타당한 이유가 있다. 이 관점을 옹호하는 자들이 주장하듯이, 왜 유소년 스포츠에서는 우아하게 이기고 지는 방법과 경쟁 상황에서 기술을 발휘하는 방법 등의 기술을 가르쳐서는 안 되는가? 스포츠는 아동들에게 경쟁으로부터 오는 압박을 다루는 방법을 가르치는 하나의 수단이 될 수 있다. 그러나 그 핵심은 참가자들의 나이와 기술 수준에 적절한 방식에서 그러해야 한다는 것이다. 코치들은 어린 제자들에게 흥분하여 윽박지르거나 괴성을 지르지 않고도 경기 도중의 실수를 지적하고 가르칠 수 있다. 코치와 부모들은 시합에서의 실수를 마치 그 아동이 실패자인 양 다루기보다는 그것을 다음에 더 잘 할 수 있는 방법을 가르치는 기회로 활용해야 한다. 아동들의 기술과 경험이 점차 성장함에 따라, 경기의 경쟁 강도 또한 그와 함께 증가할 수 있을 것이다.

물론, 재능이 매우 뛰어난 일부 유소년들의 경우, 때때로 부모와 코치가 가하는 압력이나 비판이 그들로 하여금 최선을 다하여 경기에 임하도록 하는 데 유효할 수 있다. 골프 스타 타이거 우즈(T. Woods)는 그의 부모로부터 뛰어나도록 강요받았다. 그러나 그들은 결코 그의 자존감을 훼손시키지 않았으며 그가 싫어하는 스포츠에서 그의 의지에 반하여 뛰어나도록 강요하지 않고 그가 좋아하는 것을 하는 데 노력을 기울이도록 지원해 주었다. 이는 마치 학교 교사들이 때때로 그들의 제자들이 능력을 더 발휘하도록 압력을 가하고, 그들이 각고의 노력과 전념 없이 자신들의 최고 성과를 얻을 수 있다고 생각하는 것을 허용하지 않는 것과 다르지 않다.

그럼에도 불구하고, 아동들에게 지나치게 승리를 강조하면 그들은 스포츠에 염증을 느껴 이로부터 완전히 멀어질 수 있다. 코치가 아동들에게 압력을 가하거나 불쾌한 말과 행동으로 윽박지르며 괴롭히는 행위는 일종의 아동 학대이며 이는 마땅히 금지되어야 한다. 그러나 아동들의 코치나 부모가 어느 정도 경쟁을 강조해야 하는가를 결정할 수 있는 엄격한 형식이나 규칙이 존재하는 것 같지는 않다. 우리가 의지할 수 있는 최선의 길은 좋은 판단에 있다.

유소년 스포츠에서의 과업은 아동들이 지나치게 열성적인 성인들에 의한 경쟁 압박으로 기가 꺾이거나 짓밟히지 않고, 경쟁 기술을 배울 수 있는 적절한 절충안이나 아리스토텔레스가 말하는 중용을 찾는 것이다. 아리스토텔레스 자신이 암시하였듯이, 이 중용은 모든 사람에게 똑같은 것이 아니라 상황에 따라 서로 다를 수 있다. 코치와 부모들은 경쟁의 스트레스를 재미와 더불어 기술의 발달이 갖는 가치와 균형을 맞추는 데 합리적일 필요가 있다.

스포츠에서 부정행위란 무엇이며 그것은 왜 도덕적으로 나쁜가?

누군가를 사기꾼이라 부르는 것은 보통 그 사람 혹은 그 사람의 행위를 도덕적으로 비난하는 하나의 방식이다(내가 '보통'이라 말하는 까닭은 부정행위라는 영리한 행위에 감탄하거나 혹은 일부 사람들이 부정행위라 할 수 있으나 화자가 허용하는 것으로 간주하는 것을 언급하는 데 그 용어를 사용하는 것이 가능하기 때문이다. 예컨대, 뉴잉글랜드 패트리어츠의 어느 팬은 "볼의 바람을 빼는 것은 부정행위지만, 나는 그것이 전혀 잘못된 일이라고 생각하지 않는다."고 말할지 모른다). 도대체 무엇이 부정행위이며 무엇이 그런 행위를 나쁘게 만드는가?

많은 도덕적 용어들이 그런 것처럼, '부정행위' 역시 규정하기 어렵고, 일부 사람들은 그것이 정의될 수 없다고 하면서 그 말을 확정된 내용이 없는 다목적용 비난 용어로 간주한다.[8] 이에 따르면, 어떤 행위를 부정행위라 말하는 것은 곧 그것을 도덕적으로 그르다고 말하는 또 다른 방식에 해당한다. 만약 우리가 그런 관점을 수용한다면, 어떤 행위를 부정행위라고 말하는 것은 그것을 도덕적으로 비난하는 독립적인 이유가 되지 않을 것이다. 이는 마치 우리가 그 행위는 부정행위이기 '때문에' 그르다고 말하는 것과 같다. 그러니까 그것은 부정행위를 잘못이라고 말하거나 정당화하기보다는 이미 말했던 바를 다시 반복하는 또 다른 방식일 것이다.

그런 회의적인 관점이 옳은지를 결정하기 전에, 최소한 우리가 부정행위를 상대적으로 정확하게 특징화할 수 있는지를 검토해 보자. 분명히, 부정행위는 단순히 규칙을 위반하는 것 이상을 포함한다. 왜냐면 많은 위반이 우연적이거나 비의도적으로 일어날 수 있기 때문이다. 상대 선수의 슛을 막기 위한 시도 과정에서 반칙을 범한 농구 선수는 규칙을 위반한 것이지만 속임수를 쓰지는 않았다. 게다가, 일부 의도적인 규칙 위반조차 속임수를 쓰지 않을 수 있다. 전략적 반칙, 혹은 전략적 이점을 얻기 위해 벌칙을 받을 각오를 하고 공개적으로 규칙을 위반하는 것은 단언컨대 속임수를 쓰는 것이 아니다.

속임과 비밀은 부정행위의 필요 요소들인가? 속임수를 쓰는 많은 사람은 들키지 않고 비밀리에 속이고자 하거나 적발되지 않기 위해 남을 현혹한다. 그러나 버나드 거트(B. Gert)가 자신의 저서 『도덕성 *Morality*』에서 지적하고 있는 바와 같이, 매우 효과적인 속임수를 쓰는 사람들은, 마치 배우자가 재정적으로 자신에게 의존하고 있다는 것을 아는 사람이 성적으로 드러내놓고 심지어는 자신의 부정을 과시하기까지 하며 속이는 것처럼, 감추지 않고 공공연하게 부정행위를 할 수 있다.[9]

거트는 자신의 분석을 근거로 부정행위에 관하여 다음과 같이 설명하고 있다. 이 접근을 대강 소개하면, 우리가 예외를 만들기 위한 일반적인 이유로서 합리적으로 허용되지 않거나 허용될 수가 없는 경쟁 이점을 차지하기 위해 관습의 중심을 이루는 공공 규칙의 체계를 위반할 경우, 우리는 부정행위를 저지른 것이다. 즉, 비슷한 상황의 모든 사람이 규칙에서 면제되도록 하는 것은 비합리적이다. 예를 들면, 골프에서 규칙이 허용하는 것보다 더 멀리 날아갈 수 있도록 설계된 볼을 사용하는 속임수를 쓰는 사람은 만약 모든 경쟁자가 똑같은 불법적인 볼을 사용한다면 패배할 것이다. 마찬가지로, 상대보다 더 나은 이점을 얻기 위해 자신의 손을 사용하는 축구 선수는 모든 사람이 그런 이점을 얻기 위해 자신의 손을 사용하기를 원할 수 없다. 왜냐면 자신이 얻는 이점이 상대가 사용하는 비슷한 동작들로 인해 상쇄될 것이고, 더욱 중요한 것은, 축구의 주된 기술 가운데 하나인 현란한 발기술이 사실상 경기에서 사라질 것이기 때문이다.

이 설명에서 부정행위를 옳지 않은 행위로 만드는 것은 부정행위자들이 자신을 위해 자의적으로 예외를 만든다는 것이다. 즉, 그들은 어떠한 타당한 이유도 없이 자신을 법 위에 위치시킨다. 상대는 불법적인 볼을 사용하는 것이 허용되는데 왜 나는 허용되지 않아야 하는가? 어떤 의미에서는, 속임수를 쓰는 사람들은 구성 규칙으로 설정된 도전에 응하여 공정하게 승리하는 것이 아니라 그 도전을 회피하는 것이다. 결과적으로, 그들은 상대를 인간 그 자체로 대우하는 것이 아니라 자기 자신의 이득을 향상하는 데 필요한 대상으로 대우하는 것이다. 이런 관점에 따르면, 속임수를 쓰는 사람들은 다른 사람을 오로지 단순한 수단으로 대우하지 말고 항상 목적으로서, 혹은 그 자체로, 동등한 인간으로 대우하라는 칸트의 명령을 위반하는 것이다.

물론 이런 설명은 매우 유용하다 할 수 있으나, 이 분석이 모든 부정행위의 사례를 다 포함할 수는 없다. 아마도 일부 부정행위는 해당 규칙에 문제가 없어서 공공 규칙 체계를 위반하지 않을 수 있다. 철학자

존 러셀(J. Russell)이 이를 실제로 보여주기 위해 인용하였던 예를 보면, 한 야구 코치가 상대 팀이 빠른 발을 활용할 수 없도록 자신의 홈구장에 물을 흠뻑 뿌려 적신다.[10] 어느 배구팀의 코치가 홈경기를 갖기 전에 자신의 팀을 불빛이 밝은 라커룸으로 들어가게 한 후 국가를 부르는 동안 체육관 안의 불을 끄는 가설적인 경우를 생각해 보자. 방문 팀의 선수들은 어둠 속에 서 있다. 그 홈 팀의 코치는 그때 상대 선수들이 밝은 불빛에 적응할 시간이 필요하고 그것 때문에 그들의 지각 판단이 방해를 받게 됨으로써 자신의 팀이 상대적으로 유리할 것이라는 희망에서 가능한 한 밝게 체육관 안의 불을 켜고 경기를 시작한다.

이와 같은 사례들은 부정행위에 관한 우리의 설명이 수정될 필요가 있음을 보여주지 않는가? 그런 예들도 '부정행위'의 개념이 어떠한 확정적인 내용을 담고 있지 않고 단지 문제의 행동이 그르다고 말하는 또 다른 방식일 뿐인가? 위 두 가지의 의문에 대해 아직 확실한 결론에 이르지 않았다. 이와 관련하여, 나는 우리가 이런 유형의 예들을 포괄하기 위해서는 여기에서 부정행위에 관한 설명을 수정할 필요가 있음을 제안하고자 한다. 그러나 이런 수정이 비판을 견뎌낼 수 있을지는 두고 보아야 한다. 특히, 비록 구장에 물을 뿌리는 것이나 체육관을 어둡게 하는 것도 야구나 배구의 구체적인 구성 규칙을 위반한 것은 아니지만, 그런 행위는 아마도 우리가 앞에서 논의하였던 스포츠에 적용되는 기본적인 '원리'를 위반할 것이다.

배구의 예는 홈 팀의 코치가 하나의 경기로서 배구에서 시험하고자 설계된 요소들, 예컨대 전략과 아울러 신장이 큰 선수가 스파이크를 하도록 볼을 적당히 올려주는 것과 같은 신체적 기술의 그런 요소들을 통해서가 아니라 다른 방식으로 유리한 위치를 차지하고자 한다는 점에서 부정행위로 간주되는 것이 타당해 보일 수 있다. 더 정확히 말하면, 경기와 아무런 관련이 없는 전략으로 상대의 기술을 무력화시키고자 하는 데 그 목적이 있다. 다시 말하면, 그 홈 코치는 자기 팀이 배구의 뛰어난 기술을 발휘하여 승리하고자 하는 것이 아니라 배구라는 스포츠에 의해 제시된 시험과 무관한 속임수로 상대가 기술을 발휘하는 것을 방해함으로써 승리하고자 하는 것이다.

물에 젖은 야구장의 사례는 더 복잡하다. 사실, 그런 경우는 정말 그것이 실제로 부정행위에 속하는 것인지 불분명하다. 왜냐면 물을 뿌린 운동장은 양 팀 모두에게 문제를 일으키기 때문이다. 더욱이, 그 홈 코치는 각 팀이 자기 팀의 특별한 장기와 기술을 향상할 수 있는 차원에서 자기 홈구장을 준비할 수 있다고 주장함으로써 이를 일반화시킬 수 있다. 그러나 체육관의 불을 끄는 것은 하나의 공공 행위로서 그 타당성이 많이 떨어진다. 왜냐면 팀들이 한 번 그것을 알게 되면, 그들 역시 경기가 시작되기 전에 밝은 라커룸으로 들어갈 것이기 때문이다. 더욱 중요한 것으로, 그런 행위는 우리가 제1장에서 주목했던 바와 같이 러셀에 의해 처음 형식화되었던 원리, 곧 우리는 특정한 스포츠에서 시험하고자 설계된 기술들을 보존하고 고양해야 한다는 원리를 위반하는 것이다. 이 원리는 단언컨대 자의적이 아니라 우리가 할 수 있는 최선의 판단에 기초하여 애초에 스포츠를 하는 바로 그 의미, 즉, 그 스포츠의 도전에 맞서 우리가 하는 자신에 대한 시험이라는 것을 음미해 볼때 이미 그에 전제되어 있다(비평가들은 스포츠에 관한 유일한 최선의 해석이란 존재하지 않는다고 말할지도 모른다. 이에 대해서는 나중에 논의할 것이다).

확실히 이러한 논의는 부정행위의 본질을 더 깊이 분석할 수 있는 출발점이 된다. 우리의 논의가 시사하는 바는 경계선에 걸쳐 있는 경우에 적용될 때는 논란의 여지가 있긴 하지만 보다 명확한 사례의 경우에서는 무엇이 문제인지를 포착하는 것으로 보이는 부정행위에 대한 핵심 개념이 존재한다는 것이다. 스포츠에서 부정행위를 저지르는 자들은 적어도 명확한 경우에는 합리적이고 공평한 사람들이 경쟁 이점을 얻고자 할 때 적용하기를 바라는 공공 기준들(규칙이나 원리와 같은)로부터 정당한 이유 없이 의도적으로 자신을 배제한다.

이런 분석은 스포츠와 분명히 관련이 있어 보이는데, 그렇다면 경기장 밖에서 일어나는 부정행위 사건들에는 어떻게 적용되는가? 그런 사건에 속하는 한 가지 경우를 보면, 2015년 봄에 국제축구연맹(FIFA) 감독기구의 핵심 임원들은 미국연방수사국(FBI)과 스위스 당국의 조사가 뒤따르는 각종 비리 관련 의혹을 받았다. 이 복잡한 추문들로부터 일어나는 의혹에는 국제축구연맹 회장 제프 블래터(S. Blatter)의 심각한 혐의를 포함한 다른 형태들의 비리뿐만 아니라 월드컵과 다른 주요 경기들의 개최지 선정과 관련한 대가 등 각종 뇌물수수 등이 포함되어 있다.[11] 월드컵은 아마도 경쟁 스포츠 가운데 가장 많은 사람이 관람하고 또한 가장 수익성이 좋은 행사이며, 국제축구연맹 임원들의 계좌로 윤리적으로 수상쩍은 돈이 이체되었다는 주장도 그랬지만, 경기 개최지 선정과 관련한 뇌물 혐의는 스포츠로서의 축구의 기반을 뿌리째 뒤흔들었다.

경기 임원들이 뇌물을 받고 경쟁의 결과를 조작하는 그런 부패행위는 우리가 폭넓게 이해했던 부정행위에 관한 설명과 잘 들어맞는다. 시합에서의 심판과 마찬가지로, 국제축구연맹의 임원들 또한 공정한 결과를 조성하기 위해 설계된 일련의 공공 규칙을 준수하며 맡은 역할을 해야 한다. 경기 개최지 선정에 따른 보상이나 경기를 조작하는 대가로 뇌물을 받는 것은 합리적인 사람들이 그런 행위를 합법적인 예외로 인정하지 않고 있는 공공 규칙 체계를 명백히 위반하는 것이다.

만약 월드컵 개최지의 선정 결과가 사실은 그의 경쟁이나 과정을 뒷받침하는 절차상의 규칙과 원리와는 관련이 없는 요소들에 의해 결정된다면, 월드컵 개최지 선정을 위한 경쟁이나 과정이 왜 필요한가? 스포츠에서의 부정행위는 경기장 내에서 일어날 때와 마찬가지로 경기장 밖에서 일어날 때도 심각할 수 있으며, 만약 여기에서의 논의가 타당하다면, 이는 거의 같은 이유로 두 가지 경우 모두에 적용된다.

때로는 부정행위가 참가자와 관중 모두에게 스포츠를 더욱 흥미로운 것으로 만들 수 있는 것은 아닌가?

자신의 배우자나 친구, 동업자, 소득세, 학교에서 치르는 시험 등에 대한 부정행위는 명백하게 심각한 문제이며 어떤 경우들은 범죄로 여겨진다. 그러나 스포츠는 상대에게 태클을 걸거나 충분히 상해를 입힐 수도 있을 정도로 누군가의 신체 가까이 야구공을 던지는 것처럼 외부 세계에서는 허용되지 않는 여러 행동이 허용될 뿐만 아니라 특정한 스포츠 체계 내에서는 오히려 장려되기도 하는 독특한 영역에서 열린다. 이런 유형의 행위들은 일부 경우에서 숙련된 동작의 특징을 드러내는 합법적 전략의 일부이기도 하다. 그러면 부정행위도 이와 유사하게, 즉, 스포츠 밖에서는 일반적으로 비난을 받는 어떤 행위가 스포츠 내에서는 합법적인 전략으로 채택되는 것처럼, 여겨질 수 있는가?

어쩌면, 누군가가 주장하였듯이, 부정행위가 때로는 관중들이 운동경기의 경쟁을 더욱 흥미롭게 관전하고 아마도 참가자들 또한 더욱 열심히 시합에 전념하도록 만들 수 있다는 점에서 항상 그른 것만은 아닐 수 있다.[12] 그렇다고 하여 야구의 투수가 볼이 비정상적으로 반응함으로써 타자들이 치기 어렵게 볼에 바셀린과 같은 불법적 물질을 바를 것인가? 주심이 위반을 탐지할 것인가? 북아메리카 프로 미식축구 리그(NFL)에 소속되어 있는 공격 선심이 다른 사람들에게 발각되지 않게 교묘하게 수비선수를 불법적으로 잡을 것인가? 농구 코치가 자유투를 잘 던지지 못하는 선수가 실제 반칙을 당했는데도 자기 팀에서 가장 자유투를 잘 던지는 선수를 아무도 눈치채지 않게 라인으로 내보낼 것인가? 스쿼시 선수가 볼이 아슬아슬하게 라인 안에 들어왔는데도 상대의 샷을 교묘하게 아웃이라고 외칠 것인가? 부정행위자들이 관중과 심지어는 동료 경쟁자들이 감탄할 수 있는 위트와 활기로 속일 수 있는가?

아마도 우리는, 예컨대 야구에서의 반칙 투구와 같은 일부 부정행위 유형의 경우 때때로 경기를 더욱 재미있게 만든다고 결론을 내려야 할 것이다. 사실, 게일로드 페리(G. Perry)와 같은 그런 몇몇 메이저리그 투수들은 그런 투구를 한다는 의혹 때문에 유명해졌다. 때때로 반칙 투구를 하고자 하는 투수의 의지와 능력은 타자가 타격을 위해 '준비'할 시간을 주지 않을 투구의 레퍼토리를 늘려주며, 그럼으로써 그런 투구를 하는 투수들은 유난히 만만찮은 상대로 떠오른다.

그러나 만약 우리가 스포츠 시합이란 그저 오락이 아니라 경쟁자들이 구성 규칙들의 틀 안에서 장애를 극복하는 일에 도전하도록 설계된 것이라는 관점을 받아들인다면, 우리는 매우 다른 결론에 이를 것이다. 만약 우리가 도전을 통해 탁월함을 향한 상호 탐색에 참여한다면, 이미 앞에서 개략적으로 언급했던 바와 같이, 우리는 어떤 선수들이 최고의 선수인지, 어떤 선수들이 최고의 부정행위자들인지를 간파하고자 해야 할 것이다. 따라서 야구 선수들은 보통 타격, 볼 던지기, 볼 잡기와 같이 그 경기에서 시험하고자 설계된 기술들에 대한 질을 토대로 평가되는 반면, 축구 선수들은 볼 다루는 솜씨, 수비, 속도, 그리고 슛 능력에 따라 순위가 결정된다. 어느 코치가 "비록 크리스티나(Cristina)는 농구 경기의 기술적인 면에서는 나의 최고의 선수지만, 속임수를 가장 잘 쓰는 엘레나(Elena)는 비록 농구 기술에서는 한 수 아래지만 실제적으로는 나에게 있어서 가장 귀중한 선수다."[13]라고 말하는 것을 생각해 보라.

물론 우리는 부정행위가 하나의 용인된 관습이 되도록 스포츠를 변화시킬 수도 있을 것이다. 최고로 속임수를 잘 쓰는 선수들은 규칙을 위반하는 행위가 너무 능수능란하여 보통은 발각되지 않는다는 점에서, 아마도 우리는 그들이 누군지를 결코 알아채기가 어려울 것이다. 그러나 그러한 변화의 진정한 대가는 우리가 어떤 경기에서 승리한 팀이나 개인이 진정으로 그들의 스포츠에서 가장 뛰어난 기술로 그런 결과를 가져왔는지, 아니면 그들은 단지 최고의 사기꾼이었을 뿐인지를 분간하기 어려울 것이라는 데 있을 것이다. 그 대가가 그야말로 너무 비싸지 않은가?

게임스맨십(gamesmanship)이란 무엇인가? 그것은 부정행위의 한 형태인가?

'게임스맨십'의 정의에 대해 이런저런 논란이 있겠지만, 그 용어는 일반적으로 상대의 집중을 방해하거나 불안하게 만들려는 목적에서 하는 규칙으로 금지되지 않은 시도들과 관련이 있다. 그 용어는 영국 작가

스티븐 포터(S. Potter)가 1947년에 『게임스맨십의 이론과 실제 *The Theory and Practice of Gamesmanship*』라는 풍자적인 책을 출간한 이후 많은 관심을 받게 되었다. 포터는 게임스맨십을 '실제로 부정행위를 하지 않고 경기에서 승리하는 기술'이라고 말한다. 게임스맨십의 행위에는 상대 팀에 모욕적인 말하기, 상대를 교란하고자 고의로 경기를 지연시키거나 속도를 더 내기, 예컨대 한 선수가 부상을 당한 것처럼 가장하는 것과 같이 거짓 정보를 제공하기, 위협하기 등이 포함된다.[14]

이와 같은 게임스맨십의 행위는 부정행위인가? 어떤 사람들은 만약 그것이 스포츠의 구성 규칙을 어기지 않는다면, 그것은 부정행위가 아니며 더 나아가 탁월함을 향한 상호 탐색에서 채택될 수 있는 합법적인 전략일 수 있다고 주장하곤 한다. 여기에서 우리는 부정행위는 보통 받을 자격이 없는 이점을 얻기 위해 아무런 타당한 이유도 없이 자기 자신을 면제시키는, 관습의 공공 규칙을 위반하는 것을 수반한다는 것을 기억할 필요가 있다. 그런데 게임스맨십은 경기의 규칙이나 원리를 위반하지는 않지만, 보통은 아주 교묘하게 심리적 혼란을 활용하여 상대의 정신력을 시험하는 하나의 시도이다.

따라서 만약 뉴잉글랜드 쿼터백 톰 브래디(T. Brady)가 상대 수비선수들이 정신적으로 집중하지 못하도록 할 목적에서 그들을 모욕했다면, 아마도 그의 행위가 비윤리적이라는 비난을 받을 수 있겠지만, 그가 부정행위를 저질렀다고 보기는 어려울 것이다. 고의적인 규칙 위반, 예컨대 규칙을 준수하는 사람들에 비해 더 이점을 얻고자 고의로 미식축구의 바람을 빼는 것은 부정행위일 것이다. 만약 소위 말하는 '디플레이트게이트'가 정말로 그렇게 하여 발생된 것이라면, 그 역시 부정행위에 해당한다고 볼 수 있다.

하나의 관점에 의하면, 게임스맨십은 부정행위와 달리 경기의 합법적 일부이다. 이 관점에서 보면, 경쟁 스포츠는 우리를 신체적으로뿐만 아니라 정신적으로도 시험한다. 우리는 경기가 팽팽한 접전을 이어갈 때 거기에서 오는 스트레스를 견뎌내며 여전히 우리의 잠재력을 발휘할 수 있는가? 우리는 상대가 우리의 주의를 산만하게 하려고 할 때 집중력을 유지할 수 있는가? 게임스맨십은 경쟁자들의 절제력과 집중력을 시험하며 심지어는 비웃는 말에 분발하여 경기에 더 집중하는 경우처럼 오히려 그들에게서 최선의 능력을 끌어낼 수 있다.[15]

게임스맨십의 행위가 단지 규칙을 위반하지 않기 때문에 우리는 그것을 윤리적으로 수용할 수 있는가? 그런 행위들이 비록 규칙을 위반하지는 않는다 하더라도 경쟁자들 사이의 일련의 암묵적인 합의, 곧 참가자들에 의해 광범위하게 수용된 사회적 관습으로 때로는 '경기의 정신'이라 불리기도 하는 그런 합의를 위반할 수 있다. 그런 맥락에서, 골프에서 상대에 대해 모욕적인 말을 하는 것(아마도 친구들 간에 재미 삼아 하는 시합은 예외)은 상대에 대한 존중이라는 기본적인 관습과 일치하는 행위가 아니라는 점에서 도덕적으로 문제가 될 수 있다. 왜냐면 상대에 대한 존중은 골프에서 가장 중요한 정신이라 할 수 있기 때문이다. 반면에, 농구 경기가 종료할 시점에 상대 팀의 자유투를 던지는 선수의 신경을 건드리기 위해 일련의 타임아웃을 부르는 것은 모든 경쟁자에 의해 광범위하게 수용되고 있으며, 따라서 그렇게 하는 것은 그 스포츠의 관습을 위반하는 것이 아니다.

관습보다 더 중요한 것은 경쟁에 적용되어야 하는 원리이다. 왜냐면 관습이라는 것은 때로는 그 자체가 도덕적으로 문제가 될 수도 있기 때문이다. 이 주제는 상황과 문제의 스포츠, 그리고 플레이의 미묘한 차이에 따라 많이 달라질 수 있어 명확하게 선을 그어 구분하기가 어렵다. 다른 원리가 다른 경우에 적용될 수 있고, 혹은 같은 원리가 스포츠마다 다르게 적용될 수도 있을 것이다. 이와 관련하여 게임스맨십의 하나의 특수한 형태인 상대에 대해 모욕적인 말하는 것과 관련하여 좀 더 깊이 고찰해 보면 도움이 될 것이다.

상대에 모욕적인 말을 하는 것은 경쟁 스포츠에서 허용될 만한가?

상대를 언어적으로 모욕하는 것을 옹호하는 자들은 그런 행위를 통해 목표로 삼는 대상의 정신력과 집중력을 합리적으로 시험할 수 있다고 주장한다. 더욱이 시합에 참여하는 모든 당사자가 모욕적인 말을 할 수 있고, 따라서 그것은 선수들 간의 평등을 훼손하지 않는다는 것이다.[16]

우리는 경쟁 스포츠가 신체적 평등뿐만 아니라 심리적 평등을 시험한다는 것에 대해서는 분명히 인정해야 한다. 사실, 집중하고, 좋은 결정을 내리며, 압박감에서도 침착성과 자신감을 유지하는 능력은 흔히 탁월함을 성취하는 데 있어서 신체적 기술보다 더 중요할 수 있다. 그러나 이것이 곧 모욕적인 말을 하는 것이 상대의 심리를 시험하는 합법적 방법이라는 것을 입증해 주는 것은 아니다. 우리는 확실히 성적 지향, 외모, 가족 특성, 그리고 관련된 비슷한 특성들에 입각한 모욕뿐만 아니라 인종적, 민족적, 종교적 비방은 결코 넘어서는 안 될 금기 사항이라는 것을 기정사실로 받아들이고 있다. 운동선수들은 모든 사람과 마찬가지로 존엄한 인간으로서 존중받아야 한다. 더욱이 우리는 운동시합을 경쟁이라는 시련의 장을 통해 자신을 시험하는 것으로서 선수들 간에 암묵적 혹은 가정적으로 합의한 결과라고 생각할 수 있다. 운동선수들이 시합에 참여하는 것에 대해 자발적으로 동의했다고 가정할 수 있다 하더라도, 그들이 비방과 개인적인 모욕의 대상이 되는 것까지 동의했다고 가정할 어떤 근거가 없고, 가설적이지만 운동선수들이 누구나 선택할 수 있어서 공정하기 때문에 그런 전략에 동의'할 것이라고' 믿어야 할 어떠한 이유도 없다.

그러면, 모욕적이긴 하지만 상대의 능력을 겨냥하거나 특정한 상황의 압력을 지적하는 조금 더 부드러운 형태의 그런 말은 어떤가? 예컨대, 미식축구 경기에서 수비선수가 아주 중요한 시점에 볼을 받는 리시버에게 "이번은 아주 중요한 경기이니 망치지 말게." 혹은 "작년에 이 상황에서 볼을 놓쳤던 걸 개의치 말게."와 같은 말들을 할 수 있을 것이다. 그 경우 그런 말을 들은 리시버는, 특히 엘리트 스포츠에서 뛰고 있는 자라면, 오히려 정신을 더 집중하고자 하지 않을까? 이처럼 정신집중을 방해하고자 하는 시도들이 오히려 상대가 정신을 집중하게 만드는 것은 아닐까? 만약 그러한 모욕을 당하는 선수들이 집중할 수 없다면, 그것은 운동선수로서 그들의 약점을 입증하는 것이 아닌가? 그들이 만약 마음의 혼란을 조절하지 못한다면, 그들은 승리할 자격이 없다.

부드러운 형태의 모욕적인 말하기의 경우는 그런 행위가 공식 규칙이나 혹은 해당하는 스포츠에서 광범위하게 받아들여지고 있고 또한 윤리적으로도 수용 가능한 관습을 위반하지 않을 때는 받아들이기 어렵지 않다. 그러나 당연히 이의가 없을 것 같은 그런 설명에 대해 최소한 다음과 같은 세 가지의 반론이 제기되고 있다.

첫째, 부드러운 혹은 수용 가능한 형태의 모욕적인 말하기와 결코 받아들일 수 없는 모욕적인 말하기 형태 간의 경계가 너무 불분명하다는 것이다. 그런 경계가 규정집에 없고, 또한 비공식적인 대화에서도 널리 합의되고 있지 않은데, 경기 심판들이 어떻게 그것을 적용하고 집행할 수 있는가? 선수 자신들도 그 경계가 어딘지 서로 다르게 이해할 수 있을 것이며, 그래서 어느 한쪽이 받아들일 수 있다고 믿는 말이 다른 쪽에서는 폭력적인 반응을 조장한다고 합리적으로 예상될 수 있는 말, 곧 '싸움을 거는 말'이 될지도 모른다.

둘째, 상대에 모욕적인 말을 하는 것은 양쪽 모두가 그런 말을 사용할 수 있어서 경쟁의 평등에 일치한다는 주장은 뭔가 구린 데가 있다는 것이다. 비록 양쪽 상대가 서로 모욕적인 말을 주고받는 것이 사실이라 하더라도, 일부 선수들은 다른 선수들보다 훨씬 더 노련하고 언어적으로 능숙할 수 있으며, 그런고로 언어 구사력이 떨어지거나 좀 더 교묘하게 굴지 못하는 선수들과 비교했을 때 경쟁 이점을 더 취할 수 있다. 물론, 불평등이 스포츠의 합법적인 일부라는 것은 사실이다. 예컨대, 우리는 어느 선수 혹은 팀이 더 잘하는지를 보기 위해 시합을 한다. 그러나 '더 잘한다.'라는 것이 그 스포츠에서 시험하기 위해 설계된 기술에 있어서 더 우월하다는 것으로 이해되어야 하는 것 아닌가? 소프트볼의 경우에는 시험되는 기술이 타격, 던지기, 주루일 것이지만, 축구에서는 속도, 발놀림, 그리고 경기장 곳곳에서 상황이 어떻게 진행되는지를 이해하는 능력일 것이다. 만약 어떤 주요 스포츠가 시험 되는 하나의 기술로서 모욕적인 말을 하는 능력을 포함한다고 한다면, 그런 해석은 잘해야 억지스러워 보이고 최악의 경우에는 정말이지 터무니없어 보인다. 어느 소프트볼 코치가 한 선수를 지적하며 "그 여자선수는 볼을 치고, 수비하고, 혹은 던지는 일은 잘하지 못하나 상대에게 모욕적인 말을 하는 데 매우 뛰어나기 때문에 훌륭한 소프트볼 선수이다."라고 말하는 경우를 생각해 보라. 모욕적인 말을 하는 행위가 이 선수의 소속 팀이 승리하는 데 도움을 주는 것이 사실이라고 하더라도, 그것이 진정으로 소프트볼에서 필요로 하는 하나의 기술이라 할 수 있을까?

부드러운 모욕주기 형태의 말투 정도는 받아들일 수 있다는 견해조차도 부정하는 세 번째 이유는 그런 행위들이 스포츠의 기술을 시험하는 것이 아니라 스포츠와는 아무런 관련이 없는 단순한 자질일 뿐이라는 것이다. 그런데 그것은 바로 모욕적인 말투를 옹호하는 자들이 부인하는 것이 아닌가? 그들은 상대의 모욕적인 말을 오히려 경기에 집중하고 심지어는 이에 자극을 받아 경기를 더 잘하는 능력을 지니게 함으로써 경쟁자들을 더 훌륭한 운동선수로 만드는 하나의 심리적 기술로 여긴다. 결국, 스포츠는 우리의 신체적 능력뿐만 아니라 정신적 능력 또한 시험하는 것이 아닌가!

물론 이를 옹호하는 자들은 분명히 그에 관한 논거를 확보하고 있겠지만, 나는 조롱에 해당하는 상황에 직면해서도 마음을 흐트러뜨리지 않고 집중하는 능력을 시험하는 것이 정말 스포츠를 올바로 이해하는 것인지 의문이다. 정신력은 훌륭한 운동선수들이 어떤 압력 아래서도 입증해야 하는 중요한 심리적 특질임에는 분명하다. 그렇지만 정신력은 상대가 아주 잘나갈 때 침착성을 유지하거나 상대가 예상치 못한 플레이를 할 때 현명한 선택을 하는 것과 같이 분명히 그 경기 안에서 이루어지는 플레이에 따른 반응이어야 한다. 주요 스포츠의 형식적인 체계 — 예컨대, 구성 규칙들 — 에는 상대를 비웃음으로 속상하게 만드는 기술이나 그들을 무시하는 능력이 그 스포츠에서 시험 되어야 하는 특성임을 암시하는 그 어떤 것도 존재하지 않는다. 비록 상대를 모욕하는 말을 하는 행위와 관련하여 찬반 양쪽 모두에 나름의 타당한 논증이 제시되고 있어 이와 관련한 논쟁이 여전히 일어나고 있는 것은 분명하지만, 여기에서 나는 그런 행위가 아무리 엘리트 스포츠에서의 시합이라 하더라도 문제가 있으며 운동경기의 경쟁에 적절치 않다는 입장을 표명하고자 한다.

정의를 회복한다는 생각은 스포츠에서 어떻게 전개되는가?

우리가 지금까지 검토한 기술 중심의 논지에 따르면, 경쟁하는 운동경기의 결과는 전적으로 혹은 주로 시합이 벌어지고 있는 스포츠와 관련된 경쟁자들의 기술에 의해 결정되어야 한다. 우리는 보통 전자의 입장을 '엄격한 입장', 후자의 입장을 '유연한 입장'이라고 부른다. 따라서 만약 임원이나 선수가 경기 결과를 조작하기 위해 뇌물을 주고받았다면, 만약 상대 선수가 기술을 발휘하는 것을 막기 위해 고의로 부상을 가했다면, 만약 그 경기가 터무니없이 잘못된 판정으로 인해 결정되었다면, 혹은 어떤 경기가 행운에 의해 결정되었다면, 그 경기는 엉망이 되어버린다(유연한 입장의 사람들은 만약 행운의 요행수, 부상, 혹은 나쁜 판정이 결정적이지 않고, 경쟁자의 능력이 행운을 이용할 수 있을 때와 같이 그 경기의 결과가 여전히 기술의 결과로써 결정될 수 있었다면, 적어도 그 경기의 결과를 우리가 받아들일 수 있다고 여길 것이다).

그러나 예컨대 만약 어떤 개인이나 팀이 미식축구에서 매우 위험한 불법적인 충돌, 야구에서 타자의 머리를 향해 곧장 던진 볼(bean ball), 혹은 아이스하키에서 '인포서(enforcer)'(신체적 접촉을 통해 상대 선수들에게 겁을 주는 집행자라는 의미의 전문 싸움꾼 선수)에 의해 가해진 특히 위험한 하이 스틱(퍽보다는 상대 선수를 치고자 하는 의도에서 스틱을 상대 어깨보다 높이 드는 행위)과 같은, 그런 폭력을 통해 상대를 신체적으로 위협하고자 한다면, 우리는 이에 대해 어떻게 말할 수 있을까? 그러한 경우에 앙갚음은 정당화될 수 있는가? 예컨대, 여러분의 투수가 우리 타자들의 몸을 맞추려고 한다면, 우리 투수 또한 여러분 팀의 타자들을 향해 똑같이 그렇게 해야 하는가?

경기 임원, 심판, 혹은 주심의 관점에서는 어떤가? 심판은 자신이 나쁜 판정을 내렸다는 것을 알았다면, 상대의 편을 들어 비슷한 실수를 저지르고자 해야 하는가? 어떤 사람들은 이러한 유형의 조치가 이전의 잘못을 바로잡는 혹은 보상적인 정의 — 달리 말하면, 애초의 실수가 일어나지 않았었다면 벌어졌을 상황을 복원함으로써 우리가 피해자에게 온전한 보상을 하고자 하는 조치 — 의 합리적인 형태일 것이라고 주장하고자 할 것이다. 이런 입장을 좀 더 구체적으로 검토해 보자.

앙갚음은 스포츠에서 도덕적으로 받아들일 만한가?

메이저 아이스하키 경기에서, A팀 소속의 한 선수가 목표 대상에게 겁을 주고 이후의 플레이에 영향을 미치고자 하는 시도로 뒤에서 불법적으로 상대 선수를 들이받는다. 어떤 야구 투수는 상대 선수들이 홈플레이트 가까이에 '완강하게 버티고' 서 있지 못하도록 하고자 계속하여 홈플레이트 안쪽으로 볼을 던진다. 전략이 먹혀들지 않으면, 그는 경쟁 우위를 확보하기 위해 다음 타자에게는 고의로 몸을 향하여 공을 던진다. 한 축구 선수는 벌칙의 위험을 감수하고 반칙으로 상대 팀 주득점원을 무력화시킴으로써 그 선수가 이후에는 골문 안쪽으로 정확하게 공을 차 넣는 것을 어렵게 만든다.

위의 각각의 경우, 선수들은 규칙으로 금지된 방식에서 상대가 하는 앞으로의 플레이에 영향을 미치고자 신체적 힘을 사용하고 있으며, 이로 인해 상대 선수들이 중요한 경기 상황에서 부상의 위험 때문에 플레이를 주저하게 되고, 또한 그럼으로써 경기에서 그들의 능력을 최고도로 발휘하는 데 지장을 주고 있다. 흔히, 그런 행동의 목표 대상이 되는 팀이나 선수는 이에 앙갚음을 하고자 할 것이다. 피해를 본 팀의 투수는 상대 타자에게 몸을 향하여 공을 던지고자 할 것이고, 그 하키팀은 자기 팀의 '인포서' 선수를 경기에 출전시키고자 할 것이다.

상대 팀의 플레이가 폭력적이라는 것이 인지되면, 많은 엘리트 운동선수들이 그에 대해 앙갚음을 하는 것은 일종의 관례가 되었다. 과거 다저스 팀의 스타 투수였던 돈 드라이스데일(D. Drysdale)이 "네가 우리 선수 한 명을 맞히면, 나는 네 팀 선수들의 두 명을 맞힐 것이다. 그만하고 싶을 때 나한테 알려줘."[17]라고 한 것처럼, 보복은 관행의 일부가 되고 있다.

그런데 과연 이런 앙갚음은 도덕적으로 받아들일 만한가? 고의로 상대 선수들에게 부상을 가해서는 안 된다는 도덕적 명령이 엄연히 존재한다. 상대에게 고의로 부상을 가하는 것은 상대를 그 자체만으로도 의미가 있는 소중한 인간으로서 대우하기보다는 그저 하나의 수단으로서 대우하는 것으로, 이는 우리가 제1장에서 지지하였던 상대를 평등한 인간으로 존중하라는 칸트의 규범을 어기는 것일 뿐만 아니라 경쟁 스포츠에 관한 상호 부조론의 관점에서 그의 핵심을 이루는 주요 원리를 위반하는 것이다. 상호 부조론에 따르면, 운동선수들은 도전할 만한 가치가 있는 상대와 시합하기를 원해야 하고 고의로 그 상대에게 부상을 가해 그가 경기에 참여할 수 없도록 함으로써 도전할 만한 가치 있는 상대를 제거하는 것이 아니라 그런 상대와 시합을 하는 과정에서 자신의 우월성을 입증하고자 해야 한다.

그러나 위협을 주는 많은 행위는 상대에게 손상을 가하고자 하는 고의적인 시도들이라기보다는 오히려 상대측이 경기의 과정에서 이점을 확보하길 주저하거나 포기하도록 만들어 경쟁 우위를 차지하고자 하는 의도에서 비롯된 것이라 할 수 있다. 예를 들면, 타자가 본능적으로 자기 몸을 향해 날아오는 공을 의식하여 몸을 휙 뒤로 젖히게 만드는 그러한 투구(타자 몸을 맞히는 빈볼)와 달리, 타자 몸 쪽 가까이 던지는 투구는 타자가 홈플레이트로부터 다소 떨어지게 함으로써 홈플레이트의 바깥쪽 혹은 안쪽 구석으로 던진 투구를 치기가 더 어렵게 만들고자 하는 의도가 있다. 타자 몸 쪽 가까이 던지는 타구는 단언컨대 야구에서 합법적인 전략에 속한다. 왜냐면 훌륭한 타자들은 분명히 그런 타구들을 피할 수 있는 반사적인 동작을 할 수 있을 것이며, 몸을 뒤로 젖혔다가 곧바로 세우며 자신이 서 있는 자리를 굳건히 지키면서 투수와 도전을 이어갈 강인한 정신력을 지니고 있을 것이기 때문이다. 그런 투구의 도덕적 지위는 의도적이거나 적어도 타자를 맞힐 가능성이 있고 심각한 부상을 입힐 수 있는 빈볼의 도덕적 지위와는 사뭇 다르다.

만약 팀이 목표 대상이 되어 상해를 입을 수 있는 폭력적인 시도로 합리적으로 의심되거나 적어도 그런 결과를 낳을 수 있는 심각한 위험을 수반하는 행위를 당하면 어떻게 되는가? 그와 같은 행위들에 대한 앙갚음은 정당화될 수 있는가? 그에 대해서는 최소한 세 가지의 주장이 있는 것으로 보인다.

우선, 만약 애초의 행위가 그 행위자에게 이점을 제공한다면, 앙갚음은 교대로 비슷한 이점을 제공하기 때문에 현상이 복원된다는 것이다. 앙갚음은 원래의 위협적인 행동이 일어나기 전에 존재했던 경쟁의 균형을 복원해 주기 때문에 일종의 시정 정의로 간주될 수 있다. 이 주장은 아이스하키나 축구에서 불법적으로 일격을 가하는 반칙을 범할 때, 가해자가 명백히 부당한 방식으로 이점을 확보하는 경우에 특히 강력한 힘을 발휘하는 것으로 보인다.

또한 앙갚음은 앞으로 일어날 수 있는 위험한 행동에 대한 억지력으로 기여할 수 있다는 것이다. 만약 운동선수들이 상대를 신체적으로 위협하는 자신들의 시도가 결국에는 자신들에게 비슷한 행동으로 되돌아온다는 것을 안다면, 그들은 불법적이고 위험한 규칙 위반을 하려고 하는 생각의 빈도수가 점차 감소하면서 그런 행동을 하는 경향을 덜 보일 것이다.

세 번째 주장은 선수들이 상대에게 앙갚음하는 것은 동료들을 위하여 당연하다는 것이다. 만약 우리 팀의 투수가 상대 타자들의 몸을 맞히는 투구를 함으로써 나를 지켜주지 않는다면, 상대 팀 투수는 나와 함께 우리 팀의 동료들을 맞히는, 그럼으로써 우리를 매우 위험에 빠트리는 투구를 계속할 것이다. 우리 팀의 투수는 자신의 성공이 팀 동료들에게 많이 달려있다는 인식을 바탕으로 특별한 유대감을 가져야 하는 자신의 동료인 우리를 보호할 필요가 있다. 마찬가지로, 만약 하키 경기에서 우리 팀의 인포스가 상대 팀의 대응 관계에 있는 선수가 가하는 위협 행위에 대해 앙갚음을 하지 않는다면, 우리 팀의 선수들은 부상의 위험에 그만큼 많이 노출될 것이다. 그러나 적어도, 우리 팀의 그런 행위는 상대로부터 또 다른 폭력 행위를 멈추게 할 수 있으며, 일이 일단 그렇게 일단락되고 나면 그 경기에 참여하는 모든 선수가 안전하게 시합에 열중할 수 있을 것이다.

첫 번째 주장은 정의의 저울을 적절한 균형으로 복원하는 데 호소하는 반면, 두 번째 주장은 위험한 행동, 혹은 상대측을 위협함으로써 최소한 스포츠에서 요구되는 기술의 발휘를 제한하는 행동을 줄이는 데 초점을 두고 있는 것이 거의 분명하다. 마찬가지로 우리는 범죄자들의 처벌과 관련한 근거를 두 가지로 구분할 수 있는데, 하나는 범죄자에게서 법을 위반해서 얻었던 모든 이점을 박탈함으로써 정의의 저울을 원상회복하는 것이며, 또 하나는 처벌의 공포를 고취함으로써 앞으로 일어날 범죄를 막는 것이다.

그러면 이런 주장들은 스포츠에서의 앙갚음을 정당화하기에 충분한가?

니콜라스 딕슨(N. Dixon)은 이 문제에 관한 논의에서 그 주장들은 자경주의 정의(vigilante justice) *역주: 법을 무시하고 개인이 직접 정의의 실현을 위해 행동하는 것 에 호소하는 것과 마찬가지라고 명쾌하게 지적한다. 만약 우리가 범죄에 대해 시민들이 직접 스스로 나서서 이를 처리하는 것을 허용할 경우 법과 질서가 허물어지는 것과 똑같이, 스포츠 또한 만약 선수들이 앞으로의 부정의를 막기 위해 그들 스스로 정의를 실현하고자 한다면 모두가 자기 이익만을 위해 싸우는 무질서 속으로 빠져들어 사태가 더 악화될 수 있을 것이다. 딕슨의 관점에서 보면, 강력한 정부는 형법을 시행해야 하는 것과 같이, 스포츠 당국도 폭력적인 경기 운영으로부터 선수들을 보호하고 위반자들에게는 반드시 그에 적절한 처벌이 뒤따르는 절차를 갖추고 있어야 한다.[18]

이와 더불어, 앞에서 인용했던 앙갚음에 대한 세 가지 주장들은 모두 나름의 약점을 지니고 있다. 앙갚음의 행위는 애초에 폭력 행위가 실제로 발생하지 않았다면 존재했을 경쟁의 균형을 실제로 복원할 수 있는가? 보복자는 아마도 똑같은 유형과 강도로 균형적으로 반응하고사 하는 경향이 있을 수 있다. 그러나 보복자마다 비슷한 폭력 행위를 각기 다르게 수행한다. 결과적으로, 그럼으로써 비슷한 '범죄'가 서로 다르게 처벌될 것이다. 이는 딕슨이 제안했던 바와 같이, 보복자마다 발끈한 상황에서 개인적으로 하는 판단보다는 스포츠에서의 폭력 행위를 다루는 균일하고, 널리 알려졌으며, 일관되게 시행되는 절차에 의존하는 것이 더 낫다는 것이다. 더욱이, 폭력 행위에 따른 공식적인 벌칙에 대한 일반인들의 인식은 적어도 보복자들이 될 대로 되라는 식의 행동을 하지 않도록 저지할 가능성이 높다.

팀 동료들에 대한 의리는 어떤가? 그런 행동이 기대되고, 또한 팀 동료들을 보호하기 위한 앙갚음을 제대로 시행하지 못하면 때로는 팀 내에서 처벌을 받기도 한다. 2006년 메이저리그 야구 경기에서 시카고 화이트삭스의 투수 션 트레이시(S. Tracey)는 화이트삭스의 한 타자가 상대 투수로부터 데드볼을 맞은 것에 대한 보복으로 텍사스의 스타 선수인 행크 블레이락(H. Blalock)의 몸을 볼로 맞히는 데 실패한 후 그 경기에서 강판당했다. 화이트삭스 매니저인 아지 기옌(O. Guillen)은 트레이시를 질책하고 바로 다음 날 그를 마이너리그로 강등시켜버렸다.

만약 범죄에 적용될 경우 그것이 어떻게 작용할 것인지를 검증함으로써 스포츠에서의 앙갚음과 관련한 주장의 약점을 알 수 있다는 딕슨의 제안을 상기해 보면, 우리는 위의 주장이 지닌 문제점을 알 수 있다. 범죄적 맥락에서 보면 이런 논리는 가족들이 법률에 의존하지 않고 자신들의 친척을 해쳤던 사람들을 가족 간 의리의 표현으로 공격하는 것을 정당화할 것이다. 그렇다면 왜 우리가 스포츠에서 그런 행동을 용납해야 하겠는가? 사실, 최악의 경우, 끊임없는 앙갚음은 스포츠를 홉스가 말한 그 유명한 자연의 상태, 즉 삶이 위험하고, 잔혹하고, 야만적이며, 짧은, 만인의 만인에 대한 투쟁과 유사한 상태로 전락시킬 수 있다.

스포츠에서의 앙갚음에 대한 이런 비평은 매우 설득력이 있으며, 딕슨의 관점뿐만 아니라 나의 관점에서도 매우 중요한 위치를 차지한다. 그러나 스포츠 조직들이 폭력에 대해 실제 적용할 수 있는 일련의 벌칙을 담은 명확한 규정을 정비하고 있지 않다면, 혹은 설령 그런 규정이 마련되어 있다 하더라도 집행자들과 규칙 담당 임원들이 그런 규정을 기껏해야 대충 느슨하게 적용한다면 어떻게 되겠는가? 많은 사람은 바로 이런 경우가 북아메리카 프로 아이스하키 리그에서 한동안 있었으며, 그래서 '인포서들'이 팀 동료들을 보호할 필요성이 오늘날에도 여전히 존재한다고 주장한다.[19]

그런 경우, 다시 말하면 폭력을 제한하고 처벌하기 위한 조직 체계가 제때 공정하고 엄격하게 규칙을 적용하지 않으면, 앙갚음이 더 강하게 이루어진다. 물론 논쟁의 여지는 있지만, 그래도 운동선수나 팀에게 각자 알아서 스스로 제재를 가하도록 맡겨두는 것보다는 조직의 조치가 운동선수들 간의 폭력을 제한하고 처벌하는 데 영향력을 행사할 수 있도록 하는 것이 도덕적으로 더 나은 접근일 수 있다.

심판들이 내린 나쁜 판정은 어떤 경쟁자가 다른 경쟁자보다 이득을 얻지 못할 수 있다. 그때 심판들은 그 경쟁자의 이익을 위하여 똑같이 나쁜 판정을 내림으로써 잘못된 상황을 바로잡아야 하는가? 그러한 상황에서 '보상 판정'은 수용 가능한가 아니면 더 나아가 그런 판정이 마땅히 필요한가?

심판이나 주심은 일반적으로 어려운 경쟁, 특히 엘리트 수준의 경쟁 스포츠에서 올바른 판정을 내린다. 그러나 심판들도 인간이며, 그렇기 때문에 그들 역시 판정을 잘못하기도 한다. 그럼으로써 그들은 윤리적 문제에 봉착하게 된다. 그들이 자신들의 실수를 인지할 경우, 그들은 다른 상대편을 위하여 똑같이 나쁜 판정을 내림으로써 자신들이 내린 나쁜 판정을 보상해 주어야 하는가?

그렇게 하는 주요 논거는 우리가 앞에서 말했던 수정 혹은 보상 정의, 즉 교정의 이념에 기초하고 있다. 예컨대, 어느 여성 노동자가 자신의 성 때문에 차별당하고 있다고 가정해 보자. 그녀는 승진할 만한 능력과 자질을 갖추고 있음에도 거부당했고 오히려 자질이 훨씬 더 떨어지는 남성 후보자가 승진하였다. 교정 정의의 목적은 이전의 잘못을 바로잡는 것이다. 따라서 이런 경우에는 만약 차별이 없었다면 그녀가 있었어야 할 개략적인 위치에 그 여성을 복원시키는 것이다. 예컨대, 부정행위자, 차별했던 자는 그녀에게 최소한 승진을 했었더라면 그녀가 벌었을 액수와 그녀가 실제로 받았던 액수의 차액을 지급해야 한다. 또한 그녀는 승진해야 하고, 만약 그것이 불가능하다면, 손실을 보상하기 위해 더 많은 손해배상금이 지급되어야 한다.

이 주장은 그럴듯해 보이지만 스포츠에 적용될 때 결정적이지 못하다. 잠깐 살펴보았지만 보복에 대한 주장이 설득력이 더 떨어진 것으로 판명되었기 때문이다. 우선 한 가지 이유는, 일부 잘못된 판정은 결코 보상을 받을 수 없기 때문이다. 프랑스와 아일랜드의 2009 월드컵 경기를 다시 생각해 보자. 프랑스 선수 티에리 앙리(T. Henry)가 프랑스에 결승골이 되었던 득점을 올릴 때 명백하게 자신의 손을 사용하였지만, 당시의 심판은 규칙 위반 판정을 내리지 않았다는 것을 기억해 보자. 아일랜드는 그 경기에서 졌으며 그들이 승리를 도둑맞았다는 인식은 아일랜드 전역에 널리 퍼졌을 뿐만 아니라 심지어 일부 프랑스 사람들 또한 그렇게 생각했었다. 그러한 경우에 우리는 무엇을 보상 판정으로 여길 수 있겠는가?

마찬가지로, 2010년 6월에 열렸던 메이저리그 야구 경기에서 디트로이트 타이거스의 투수 아르만도 갈라라가(A. Galarrage)는 자신이 맞닥뜨렸던 26명의 클리블랜드의 타자들을 모두 아웃시키고 이제 달성하기 매우 힘든 퍼펙트게임을 완성하는 데 한 명의 타자만 남겨놓았다. 불행히도, 구심인 짐 조이스는 클리블랜드의 그 타자를 1루에서 세이프로 잘못 선언하였다. 조이스 자신이 나중에 그 판정이 실수였다고 인정했다. 조이스는 자신의 잘못을 사과하였고, 갈라라가 또한 그의 정중한 사과를 받아들임으로써 훌륭한 스포츠맨십을 보였다. 그렇기는 하지만, 놓쳐버린 퍼펙트게임이 상대 팀인 클리블랜드 인디언스에 그와 똑같은 나쁜 판정을 내린다고 해서 올바로 시정될 수는 없는 일이다. 퍼펙트게임은 이미 지나가 버렸기 때문이다.

보상해야 한다는 주장은 기껏해야 이미 기회를 놓쳐버린 판정들의 일부 경우에만 적용된다. 규칙을 집행하는 임원이나 심판들이 현장에서 어떤 판정이 바로잡힐 수 있는지 그리고 어떤 것들은 그럴 수 없는지를 즉각 결정할 수 있을지는 아주 긍정적으로 생각하더라도 불분명하다. 그러나 어쩌면 더욱 중요한 문제는 경기가 진행되는 과정 중에 일어난 나쁜 판정을 규칙 집행자들이 보상을 할 수 있는 적절한 위치에 정말로 있는가이다. 더 정확히 말하면, 그들은 그 보상 판정이 만약 애초에 나쁜 판정이 내려지지 않았다면 존재했을 그 상황을 실제로 복원할 수 있는지를 정말로 알 수 있을까? 어쩌면 그 보상 판정은 애초에 나쁜 판정으로 인하여 발생한 불리한 점에 버금가는 이점을 완전히 제공하지 못하거나, 혹은 과잉 보상이 될 수도 있다. 아울러 보상 판정이 내려지는 경기 상황이 애초의 나쁜 판정이 내려졌던 맥락과 중요한 측면에서 서로 다를 수 있다.[20] 예컨대, 농구 경기에서 10분의 경기 시간이 있을 때 잘못된 트래블링 판정은 경기 시간이 2분 남아서 어떻게든 공을 소유하는 것이 매우 중요할 때 주어지는 트래블링 보상 판정보다 그 효과가 더 적다.

보상 판정과 관련하여 훨씬 더 심각한 경우는 심판의 역할에 초점을 맞출 때 나타날 수 있다.[21] 심판의 역할과 관련하여 보상 모델을 채택하는 심판들은 사실상 규칙을 집행하고 올바른 판정을 내리는 일에 훈련된 전문가에서 자신들에게 어울리지도 않고, 훈련도 되지 않은 역할인 정의의 균형을 잡는 결정권자로 자신들을 탈바꿈시킨다. 만약 이것이 그들의 적절한 역할이라면, 내가 이에 덧붙이고 싶은 것은 그들은 잘못 내린 판정이나 규칙을 잘못 해석한 그 일 때문이 아니라, 정의의 저울을 적절하게 균형을 잡지 못한 일 때문에 비판에 열려있을 것이라는 점이다. 그래서 심판들에 대해 그들의 보상 판정이 자신들이 이전에 했던 나쁜 판정을 실제로 얼마나 잘 보상해 주는가에 따라 그들의 등급이 매겨져야 할까?

이것은 곧 규칙을 집행하는 심판들은 규칙을 해석할 때 윤리나 정의를 고려해서는 안 된다는 것을 의미하는 것은 아니다. 제1장에서 지적했던 바와 같이, 스포츠는 단언컨대 규칙뿐만 아니라 원리에 의해 좌우된다. 원리는 규정집에 들어있지 않다. 그러나 규칙을 명확하게 적용하기 어렵거나 해석이 필요한 경우에 심판이 어떤 식으로든 결정을 내리게 하는 이유로서 기능한다. 그러나 규칙을 해석한다는 것은 이전에 내렸던 나쁜 판정을 보상하고자 고의로 규칙에 맞지 않는 결정을 내리는 것과는 매우 다르다.

이러한 고려사항들은 규칙을 집행하는 심판들이 잘못된 판정 결정을 수정하려는 시도를 하지 않아야 하는 것을 강력히 시사한다. 그러나 더 모호할 때도 있다. 심판이 정확한 판정을 내리기가 애매한 플레이의 경우는 어떤가? 예를 들어 소프트볼 경기에서 투구가 스트라이크 존의 가장자리에 걸쳤다. 농구 경기에서 순간적으로 일어난 충돌이 반칙인가 저지인가? 미식축구 경기에서 수비수가 패스 간섭을 저지른 것인가? 공격수가 자기 손을 사용했는지의 여부를 경기장에 있는 심판의 위치에서 정확히 판정하기가 어려운 경우는 어떤가? 축구 선수가 실제로 오프사이드였는가? 심판이 그 상황에서 어떤 일이 있었는지를 정확히 알 수 없는 경우 취할 수 있는 적절한 조치는 무엇인가?

첫 번째 단계는 주최 측의 다른 심판들과 상의하는 것이다. 아마도 다른 심판 중 한 사람은 이를 정확히 알고 있을 수 있다. 즉시 비디오 재생이 가능하다면, 그에 대한 논의도 가능할 것이다. 그러나 여전히 어려운 경우들이 있다. 예컨대 야구에서 볼과 스트라이크를 판정하는 심판보다 더 나은 위치에 있는 다른 심판들이 없고 비디오 재생이 유용하지 않거나 결정적이지 못하는 경우다. 드물지만 이처럼 불확실성이 존재할 경우, 규칙을 적용하는 심판은 판정의 균형을 맞춰서 한 상대방이 자신에게 유리한 결정의 우위를 얻지 못하도록 시도해야 하는가?

더 고려할 가치가 있는 하나의 관점은 다음과 같은 것이 될 수 있다. 심판은 항상 옳은 판정을 내리기 위해 마땅히 노력해야 하지만, 어떤 판정이 옳은 판정인지 분명하게 알 수 없는 그런 플레이들이 많은 시합 (혹은 어쩌면 똑같은 상대 간의 일련의 시합)의 경우, 심판은 어느 한 경쟁자가 판정이 불확실한 플레이로부터 오는 이득을 불균형적으로 많이 얻지 않도록 해야 한다. 비록 위와 같은 관점이 옳지 않을 수도 있겠지만 ─ 아마도 심판들은 결과가 어찌 되든 소신껏 최선을 다하여 자신들의 판정에 정확성을 기해야 할 것이다 ─ 불확실한 가운데에서도 경쟁 균형을 위해 노력하는 경우는 고의적인 보상 판정을 해야 한다는 주장보다는 훨씬 반론에 덜 직면할 것으로 보인다. 물론 이 두 문제에 대한 논의는 분명히 더 필요하다.

스포츠맨십이란 무엇인가? 운동선수들은 너그러운 사람들이어야 하는가? 승리를 쟁취하고자 하는 것은, 특히 엘리트 수준의 경쟁에서, 주된 의무가 아닌가?

1936년 베를린 하계 올림픽에서, 흑인 육상선수 제시 오언스(J. Owens)는 나치당의 민족 우월의식을 무너뜨리는 역사를 썼다. 그것은 아돌프 히틀러(A. Hitler)가 친히 참석한 경기에서 나온 대단히 용감한 행위였다. 그러나 아쉽게도 오언스가 멀리뛰기 결승에 진출할 수 있도록 해 준 독일 육상선수 루츠 롱(L. Long)의 스포츠맨십에 대해서는 그리 알려지지 않았다. 오언스는 예선전에서 이미 두 번의 도움닫기 반칙을 범하여 만약 세 번째 마지막 시도에서도 반칙을 범한다면 결승에 진출할 수 없었다. 그가 마지막 시도를 앞두고 있을 때, 롱은 오언스에게 출발선 조금 더 뒤에서 도약하면 실격을 당하지 않을 수 있다고 충고해 주었다. 오언스는 그의 충고를 받아들였고 결승 진출자격을 획득하게 되었다. 그는 나중에 롱이 보여준 스포츠맨십과 히틀러와 다른 나치 간부들이 바로 보는 앞에서 자신의 친구가 되어준 용기를 발휘한 그의 행동을 칭찬하였다.

우리는 특히 경쟁이 치열한 스포츠 시합(아마도 올림픽보다 더 심한 경기는 없을 것이다!)에서 롱이 보였던 바와 같은 그러한 행위들을 칭찬할 수 있다고 하더라도, 스포츠맨십에 관하여 중요한 물음들을 제기할 수 있다. 무엇보다 우선, 스포츠맨십은 우리가 단지 격려해야 하는 것인가 아니면 도덕적으로 요구되는 것인가? 그것은 대체로 윤리학자들이 필요 이상, 혹은 의무의 한계를 넘어선 것으로 말하는 것을 의미한다. 어쩌면 스포츠맨십이 더 친절하고 온화한 시대에는 가치가 있었을지 모르나, 오늘날의 엘리트 스포츠에서는 존재가치가 없는 그런 것인지도 모른다. 르브론 제임스(L. James)가 미국프로농구 플레이오프가 시작되기 바로 직전에 자신의 경쟁 스타에게 그의 슈팅기술의 약점에 대해 지적해 주는 것을 상상해 보라. 아스날의 코치가 중요한 경기를 바로 앞둔 시점에 상대 축구팀이 사용했던 작전의 약점을 지적하며 그것을 개선할 수 있는 쉬운 방법을 제시한다고 상상해 보라. 나의 추측으로는 아마도 그런 행위들은 오늘날 팬들로부터 엄청난 경악과 분노의 반응을 유발할 것으로 보인다. 마치 롱이 오언스로부터는 많은 칭찬을 받았으나 당시의 독일 팬들로부터는 엄청난 비판을 받았던 것처럼 말이다.

그러나 스포츠맨십의 윤리로 되돌아가기 전에, 우리가 지금 이야기하고자 하는 바를 좀 더 명확히 할 필요가 있다. 특히 '스포츠맨십'이라는 용어가 여기에서는 남성과 여성 모두의 행동에 적용하는 의미로 사용되고 있다는 것을 확고히 해 둘 필요가 있다. 물론 그 용어는 '스포츠퍼슨십(sportspersonship)'으로 대체될 수 있다. 그러나 '스포츠맨십'이 전통적으로 사용되어 왔고 또한 그 제목으로 광범위하게 논의되어 왔기 때문에, 여기에서 나는 그 용어를 그대로 고수하고자 한다.

'스포츠맨십'이란 용어는 의무 수행을 넘어서 윤리적으로 허용 가능한, 도덕적으로 옳은, 혹은 윤리적으로 칭찬할 만한 가치가 있는 그런 행동을 지지하고 지칭하는 방식으로 폭넓게 사용되어서는 곤란하다. 만약 우리가 '스포츠맨십'의 개념을 그런 방식으로 융합한다면, 우리는 어떤 행위가 스포츠맨답기 때문에 윤리적이거나 도덕적으로 옳다고 말할 수 없을 것이다. 왜냐면 그렇게 말하는 것은 단순히 같은 말을 반복하는 것과 같기 때문이다. 따라서 스포츠맨십에 대한 주장이 구체적이어야 할 필요가 있다. 그러기 위해서는 그 용어가 어떤 행위의 일반적인 선함을 끌어들일 것이 아니라 문제의 그 행동을 찬양하고, 칭찬하며, 긍정적으로 평가할 독립적인 이유를 제공해야 한다.[22]

　제임스 키팅(J. Keating)은 스포츠맨십에 관한 매우 통찰력 있는 논의에서 우리가 스포츠라는 제목 아래에서 종종 모호해지는 두 가지의 별개 행위를 구분해야 한다고 주장하였다. 첫 번째는 레크리에이션 놀이의 의미에서 말하는 '스포츠'이다. 키팅의 말에 따르면, 여기에서 스포츠맨십은 상대를 향한 너그러움 등을 포괄한다. 이 경우의 스포츠는 심각한 혹은 격렬한 경쟁을 수반하지 않으며, 친구들 간에 하는 일종의 게임이다. 그가 제시한 예를 인용한다면, 친구 간에 우정을 나누는 테니스 경기에서는 서브한 공이 실제 라인 안으로 떨어졌는지 밖으로 떨어졌는지 불확실할 경우 이를 모두 '인'으로 부름으로써 판정의 불확실성에서 오는 이득을 상대에게 주고자 한다. 반면에, '운동경기'는 치열한 경쟁을 지칭하며 여기에서는 너그러움이란 기대되지도 않을 뿐만 아니라 베풀어지지도 않는다. 키팅의 말에 따르면, 운동경기라는 상황에서의 스포츠맨십은 규칙을 준수하고 공정하게 시합을 하는 것 그 이상 그 이하도 아닌, 규칙이 규정하는 딱 그만큼으로 너그러움이 줄어든다. 역시 키팅의 주장에 따르면, 우리가 범하는 주요 실수는 치열한 경쟁에 뛰어든 운동선수들에게 스포츠가 좋아서 혹은 기분전환을 위해 하는 게임에서 친구들끼리 하는 것과 같은 그런 행위를 기대한다는 것이다.[23]

간단해 보일 수도 있겠지만, 스포츠와 운동경기가 뚜렷하게 구분된다는 생각은 우리가 이 장 앞에서 검토했던 것처럼 심각한 비판에 시달려왔다. 나를 포함한 많은 평론가는 그 둘이 뚜렷하게 구분된다기보다는 하나의 연속체 위에 있는 것으로 이해한다. 그래서 우리는 1936년 올림픽에서 롱이 보여준 사례와 같이, 스포츠맨십의 행위들을 그 연속체를 따라 찾아볼 수 있다.

스포츠맨십의 윤리는 어떤가? 스포츠맨다운 행동은 참가자들에게 도덕적으로 요구되는 어떤 것인가, 단순히 허용되고 격려되는 것인가, 혹은 최고 수준의 경쟁에서는 그저 어리석은 짓인가? 실제로 스포츠맨십이란 무엇인가?

스포츠맨십이 정확하게 정의될 수 있는지는 의문이다. 스포츠맨십은, 마치 가족들이 어떤 하나의 공통 특징을 공유하지 않고 다양한 방식에서 서로 닮을 수 있는 것처럼, 어떠한 공통된 특징이 없이 다양하게 중복되는 방식에서 서로를 닮은 각기 다른 사례를 가진 소위 가족 유사성이라 일컬어지는 개념이라 할 수 있다.

그러나 어느 정도 두드러지는 특성이 있을 수 있다. 하나의 관점에서 보면, 스포츠맨십의 행위는 아리스토텔레스의 황금률, 즉 운동 경쟁에서 두 극단의 중용을 반영하는 하나의 태도라 할 수 있다. 이 관점에 따르면, '좋은 스포츠'란 경쟁에 진지하면서도 또한 "그것은 단지 하나의 경기일 뿐이다." — 소위 말하는, 우주관에서 볼 때, 결과는 그리 중요치 않다 — 를 여실히 보여준다. 따라서 좋은 스포츠는 열심히 하지만 운동 경기를 죽고 사는 문제로 보지 않기 때문에 경쟁자들을 존중한다.[24]

이 관점은 매력적이긴 하지만 좀 더 정교한 보완이 필요하다. 우선, 이러한 관점은 훌륭한 스포츠의 태도를 규정지을 수 있지만, 반드시 스포츠맨다운 행동을 통상적인 경기 과정과 구분해 주지는 않는다. 우리는 문제의 경기가 지닌 상대적 중요성을 염두에 두지 않고 경기 규칙에 따라 그냥 통상적으로 경기를 치르는 경우를 상상해 볼 수 있다. 만약 루츠 롱(L. Long)이 제시 오언스가 구사하는 기술의 약점을 알아차리지 못하였다면 스포츠에 대한 그의 태도가 적절한 중용을 유지하였다 하더라도 결코 그의 경쟁자의 발전을 도울 기회가 없었을 것이다. 더욱이, 아리스토텔레스 자신이 말하였듯이, 중용이나 절충안이 위치하는 곳은 상황에 따라 다를 것이기 때문에 우리는 특수한 상황에서 그것을 확인하기 위해서는 또 다른 기준이 필요할지 모른다.

추구할 만한 가치가 있는 하나의 제안은 스포츠맨십이 지닌 근본적인 측면 한 가지가 경쟁의 이상에 대한 존중이라는 것이다. 여기에서 말하는 '경쟁의 이상'이란 각 경쟁자가 그 경기의 틀 안에서 상대를 능가하기 위해 도전하는 것, 즉 우리가 탁월함을 향한 상호 탐색이라 칭했던 바와 같다. 이 관점에 의하면, 상대는 그럴만한 가치가 있는 상대와 겨뤄서 시험을 받기 위해 자신의 경쟁자가 최선을 다해 경기에 임하길 원해야 한다. 예컨대, 루츠 롱은 단순히 너그러움에서 혹은 올림픽이 생사가 달린 문제가 아니기 때문(비록 1936년 나치 독일에서는 올림픽이 분명히 엄청난 정치적 의미가 있었지만)이 아니라, 탁월함을 향한 시험으로 좋은 경쟁이 갖는 가치를 존중함으로써 오언스에게 도움을 줄 타당한 도덕적 이유가 있었다.

이 관점에 의하면, 스포츠맨십은 좋은 경쟁이 갖는 가치를 특징짓는 기본적인 원리에 대한 존중과 같은 것이다.[25] 그것은 단순히 규칙을 준수하고 공정하게 경기를 하는 것을 넘어서 경쟁 그 자체의 가치를 존중하고 고양하는 적극적인 행위를 포함한다. 보통은 스포츠맨다운 행동을 보이지 못할 때 그것이 비난받을 만한 일은 아니며 도덕적으로 요구되는 것도 아니다. 롱은 반드시 오언스를 도와야 할 의무가 없었다. 그렇기 때문에 그의 행위는 그렇게 특별하다.

그러나 좋은 경쟁과 좋은 상대에 대한 존중을 드러내는 것은 운동 시합을 무자비한 경쟁과 구별하는 데 도움을 준다. 이런 점에서, 스포츠맨십은 분명히 장려되어야 할 필요가 있다. 이 관점에 의하면, 스포츠맨십의 행위는 운동경기의 경쟁이 서로 받아들일 만한 관습이 될 수 있다는 것을 확실하게 보여준다. 왜냐면 그런 경쟁에서는 경쟁자들이 그 자체로 인간으로서 대우받으며, 또한 각 스포츠에 내재되어 있는 도전은 승리의 외적 보상 때문이 아니라 활동 그 자체의 가치 때문에 소중한 것으로 여겨지기 때문이다. 그러나 무엇이 권장되어야 하는가의 경계는 분명하지 않다. 앞에서 들었던 예로 되돌아가면, 르브론 제임스(L. James)는 미국 프로농구 플레이오프가 열리기 직전, 상대의 슈팅 방식을 개선해 주도록 어떤 기대나 권유를 받지 않았을 것이지만, 경기가 없는 비수기에 연습할 때는 어떨까? 아리스토텔레스가 말했듯이, 상황에 따라 달라진다. 명백하게 스포츠맨다운 행동의 경우는 경쟁 스포츠에 함축된 가치에 대한, 겨뤄볼 만한 가치가 있는 상대에 대한, 그리고 좋은 경쟁의 원리에 대한 존중을 보여준다. 비록 스포츠맨십의 경계가 불분명하지만, 우리의 논의는 그 개념이 도덕적으로 중요한 것임을 시사하고 있다. 보통은 스포츠맨십의 행위가 도덕적으로 요구되지 않으며 스포츠맨다운 방식으로 행동하지 않을 때 처벌을 받지도 않지만, 스포츠맨과 같은 행동은 현재의 경기 수준과 상황에 적합한 방식에서 장려되어야 한다.

나쁜 스포츠맨십은 어떤가? 스포츠맨답지 않은 행동은 언제든 처벌을 받아야 하는가?

우리는 앞에서 훌륭한 스포츠맨십을 나타내는 행동이 권장을 받기는 하지만 요구되는 것은 아니라는 점을 지적하였다. 그러나 예외가 있을 수 있다. 예를 들면, 많은 스포츠에서 사람들은 운동선수들이 시합이 끝난 후에 존중의 표현으로 상대와 악수하기를 기대한다. 만약 어떤 팀이 경기 후에 단순히 시합에 졌다는 이유로 상대와 악수하기를 거부한다면, 물론 비판과 대중의 비난이 공식적인 처벌보다 훨씬 더 좋은 개선책이 될 것이지만, 제재는 정당할 것이다.

그러나 적절한 경우, 공식적인 제재는 훌륭한 스포츠맨십을 보여주지 못한 행위보다는 나쁜 스포츠맨십의 행위에 더 적합하다. 훌륭한 스포츠맨십을 보여주는 행위는 보통 권장을 받기는 하지만 경쟁 상황에서 운동선수에게 무엇을 기대하거나 요구해야 하는지를 예상하기 어렵다는 점 때문에라도 요구되지 않는다. 그러나 나쁜 스포츠맨십을 보이는 행위는 때로는 공식적인 제재를 통해서 다루어질 필요가 있다. 결국에는 전략적 이득을 확보하기 위해 '일부러 져주기'를 하거나 고의로 경기를 포기하는 행위가 아마도 바로 그런 경우일 것이다.

일부러 져주기가 윤리적일 때도 있는가?

2015 정규 고등학교 농구 시즌이 끝날 무렵, 테네시 주의 리버데일 여고 농구팀과 스머나 여고 농구팀은 포스트시즌 경기에서 더 약한 상대를 고르기 위해 서로 경기에서 지려고 노력했다는 이유로 두 팀 모두 포스트시즌 플레이오프에서 실격당했다. 이와 유사하게, 중국, 인도네시아, 한국의 배드민턴 선수들은 향후 더 좋은 시드를 얻기 위해 경기에서 최선을 다하지 않고 일부러 지려고 했다는 이유로 런던 올림픽에서 실격당했다. 2015년에, 나는 미국프로농구 로스앤젤레스 레이커스와 북아메리카 프로 아이스하키 리그의 버펄로 세이버스의 일부 팬들이 다음 시즌을 대비하여 새로운 선수들을 뽑는 드래프트에서 유리한 상황을 점유하기 위해 자기 팀이 고의로 경기에서 지도록, 혹은 소위 말하는 '일부러 져주기'를 강력히 촉구하는 것을 몇몇 웹사이트에서 목격하였다(종국적으로 팀들 간에 팽팽한 경쟁력을 조성하기 위한 노력의 하나로, 이전 시즌에서 최악의 성적을 거둔 팀에게 새로운 유망 선수를 뽑는 우선권이 부여된다. 일부러 져주는 팀에게 우대책을 부여하는 것은 그런 제도가 의도한 것과는 거리가 멀다). 져주기를 한다는 소문은 경기에서 더 많이 진 팀들이 선수 선발에서 전략적 우위를 차지할 수 있는 다른 프로 리그에도 널리 퍼져 있다.

져주기가 실제로 프로 수준에서 일어나는지는 불확실하다. 어쨌든 선수들과 코치들은 그들의 시장 가치를 보호하기 위한 장려책을 갖고 있고, 그것은 그렇게까지 부적절해 보이지도 않는다. 그런 점에서 고의로 경기에 지는 그런 행위가 때로는 필요할 수 있다. 그런데도 그러한 행위가 윤리적인지를 고려해 보는 것은 의미가 있다. 일부러 져주는 일이 만약 어떤 잘못이 있다면 그것은 왜인가? 그것은 왜 좋은 전략이라고 할 수 없는가? 프로급 스포츠 팀은 일종의 사업이다. 만약 지금 몇 경기를 지는 것이 미래에 훨씬 더 큰 성공으로 이어진다면, 왜 그렇게 하지 않아야 하는가? 결국에는 모든 사업의 목표가 이익을 내는 데 있는 것이 아닌가? 그러려면 현재의 별 의미 없는 승리에 초점을 맞추기보다 장기적으로 바라볼 필요가 있지 않은가? 사실, 그렇게 하지 않는 것은 자기 팀이 향후 경쟁에서 밀리게 되는 불행한 결말을 맞게 됨으로써 결국에는 팬들을 실망하게 하는 것 아닌가!

하지만 이 주장에는 또 다른 측면이 있다. 우선 첫째로, 고의로 경기에 지는 것은 서로 최선을 다하는 경기를 할 것으로 기대하며 이를 보고자 입장료를 내고 거기에 참석한 팬들을 속이는 것이다. 두 팀이 서로 고의로 경기에 지려고 노력하는 경우를 생각해 보자. 그리고 이런 의도가 간파당하지 않았다고 가정해 보자. 어느 누가 경쟁에 반하는 그런 시합을 보기 위해 돈을 내고자 할 것인가? 더 나아가, 팬들을 우롱하는 것뿐만 아니라, 일부러 져주기는 스포츠 경기의 핵심적인 이상이라 할 수 있는 도전의 윤리를 근본적으로 훼손시킨다. 사실, 우리는 지려고 애쓰는 팀들 간의 '경기'는 결코 진정한 시합이 아니라고 주장할 수 있다. 왜냐면, 그런 경기의 목표는 구성 규칙들로 창안된 장애를 극복하고자 하는 것이 아니라 지려고 하는 데 있기 때문이다. 일부러 져주기는 좋게 생각할 경우 윤리적으로 문제가 되는 것이며, 나쁘게 생각할 경우 팬들을 속이는 것이자 경기를 멸시하는 행태이다.

우리가 내릴 수 있는 주요 결론은 무엇인가?

이 장에서, 우리는 상호 부조론이 경쟁 스포츠가 수행될 수 있는 방식과 관련하여 윤리적으로 지지 될 수 있는 모델이라고 제안하였다. 우리는 또한 운동경기의 경쟁이 미심쩍은 방식에서 수행된다면 무엇이 잘못될 수 있는지를 부정행위를 주요 사례로 검토하였다. 스포츠맨십을 적극적으로 발휘하는 행위는 저울의 균형을 잡는 데 도움을 줄 수 있다. 그런 행위는 스포츠에서의 경쟁이 스포츠 그 자체의 가치를 뒷받침하는 기본 원리를 보호하고 강화해야 할 의무를 넘어서는 행동을 드러낼 수 있음을 분명히 보여준다.

제 3 장

경쟁 스포츠에서의
건강, 안전, 그리고 폭력

레크리에이션 및 엘리트 스포츠의 사회적 영향과 관련하여 건강과 안전에 대해 제기될 수 있는 우려 사항은 무엇인가?

이 질문에 대한 응답으로 다루어질 수 있는 여러 가지 우려가 있다. 여기에서 우리는 세 가지에 초점을 맞출 것이다. 첫째, 스포츠가 공중보건과 개인 건강에 대해 기여하는 바를 평가할 때 어떤 문제가 유발되는가? 둘째, 위험성이 많은 스포츠, 예컨대 참가자들과 더불어 때로는 관중에게도 매우 큰 부상 위험을 수반하는 등산과 같은 그런 스포츠에 만약 있다면 어떤 도덕적 가치를 부여해야 하는가? 셋째, 우리는 많은 관전자가 본래 폭력적인 것으로 간주하는 권투와 격한 격투기부터 미식축구와 같은 스포츠에 이르기까지 상대를 겨냥하여 폭력을 행사하는 스포츠가 제기하는 주요 도덕적 문제를 확인하고 평가할 수 있는가? 스포츠에서 직면할 수 있는 다른 분야의 위험에는 예컨대 자동차 경주에서의 관중들에 대한 위험, 개 경주나 닭싸움에서의 동물들에 대한 위험, 미국 남서부의 골프 코스에서 물을 사용하는 것에서 오는 환경에 대한 위험 등이 포함된다. 그러나 이 장에서는 위에서 말한 세 가지 주요 분야에 초점을 맞추고자 한다.

스포츠와 신체 활동은 참가자의 전반적인 건강에 기여하는 주요 요소인가?

최근 자료에서 특히 미국인들의 경우에 조기 당뇨병, 비만, 그리고 심장병 발병 위험이 점차 증가하고 있으며 발병 시기의 연령 또한 차츰 낮아지는 것을 볼 수 있다. 예를 들면, 미국 질병통제예방센터(CDC)는 지난 30년 동안 소아 비만이 아동들에게서 2배 이상, 청소년들에게서는 4배 이상 증가하였고, 2012년에 미국 아동들의 3분의 1 이상이 과체중이거나 비만이었으며, 그들의 건강에 위험을 주는 다른 조건 가운데 비만이 심혈관계 질병과 당뇨병 유발의 주요 위험 요소라고 보고하였다. 사실, 내가 자랄 때는 거의 듣지 못했던 질병인 소아 당뇨병의 발병 비율은 지난 20년 동안 급등하였다. 운동 부족과 당분, 탄수화물의 함량이 높은 식습관은 이런 질병의 발병에 기여하는 요소들 가운데 주요한 것으로 여겨지고 있다.

많은 자료가 스포츠 참가 등과 같은 여러 형태의 운동이 아동들에게 더 강한 뼈와 근육의 조성, 제2형 당뇨병 발병 위험의 저하, 혈압과 콜레스테롤의 감소, 그리고 심지어는 수면 증진을 포함하여 상당한 이점이 있다는 것을 입증해 주고 있다. 여자아이들이 스포츠에 참가하여 얻는 이점은 약물 사용 감소와 높은 학업성취 등을 포함하여 특별한 의미를 지닐 수 있다. 한 연구는 아동들이 건강상의 이익을 극대화하기 위해서는 매주 거의 날마다, 하루 60분 동안 신체 활동을 할 것을 권장하고 있다. 많은 아이가 날마다 자신의 전자 기구를 꼭 붙들고 건강에 이롭지 않은 시간을 보내고 있다. 아이들이 운동하도록 하는 최선의 길 가운데 하나는 텔레비전이나 스마트폰 등 전자 기구를 보는 것과 같은 앉아서 하는 활동의 시간을 제한하는 것이다. 부모들은 자녀들이 반드

시 충분한 운동을 하도록 해야 한다.[1]

물론, 우리는 스포츠와 운동을 구분할 필요가 있다. 러닝머신 위에서 뛰기, 윗몸일으키기, 저항력 훈련은 모두 운동의 한 형태이며 보다 건강한 생활양식에 기여한다. 그러나 그것들은 스포츠가 아니다. 우리가 확인했던 바와 같이, 스포츠는 보통 구성 규칙들로 인해 생성된 없어도 되는 불필요한 장애와 그 장애(상대를 포함하여)가 창출하는 도전을 수반한다. 스포츠는 일반적으로 신체 기술의 경기이기 때문에 운동을 수반하나 구성 규칙들로 만들어진 도전을 극복하는 것을 포함한다는 점에서 그저 단순한 운동과는 구별된다.

스포츠는 또한 스포츠마다 일련의 위험 요인을 수반하기 때문에 위험할 수 있다. 미식축구, 럭비, 권투와 같은 신체 접촉 스포츠, 등산, 극한 스포츠에서 부상의 위험이 특히 더 크다. 종합격투기를 하는 사람들과 등산가들은 자주 팔다리나 생명에 대한 심각한 위험에 직면한다. 아동들은 그들의 신체가 중압감을 견뎌낼 수 있을 만큼 충분히 발달되기도 전에 유소년 스포츠에서 남보다 뛰어나도록 지나친 강요를 받을 수 있다. 그래서 참가에 따른 보상과 위험에 맞서는 일 사이에 균형을 맞추는 것이 중요한데, 이 장에서 나중에 논의할 때 알겠지만, 그것은 그리 간단하지 않다.

공중 보건을 촉진한다는 이유로 사람들에게 운동하도록 고무하고, 설득하며, 심지어는 요구해야 하는가? 부모는 자녀들이 스포츠에 참가하는 등 반드시 충분한 운동을 하도록 해야 할 의무가 있는가?

결정권을 가진 성인이 그들 자신의 이익을 증진하기 위하여 선택에 개입하는 것을 후견주의(paternalism)라고 한다. 우리가 다음에서 좀 더 충분히 논의할 것이지만, 한 국가나 체계가 개개인의 이익을 위해 후견적 지위에 위치하는 후견주의의 법령은 개인의 자유에 위협을 가하는데, 때로는 그럴만한 이유로 상당한 반대에 직면하기도 한다. 건강에 좋은 음식이라며 이를 끊임없이 먹으라는 요구를 받고, 오로지 안전하다고 판단되는 것만 하도록 하며, 위험을 수반하는 선택은 절대 하지 못하도록 한다면 누가 좋아하겠는가? 후견주의의 사회는 여러 면에서 간섭하고 참견하기 좋아하는 아주 불쾌한 사회와 유사하다.

물론, 예외가 있을 수 있다. 예컨대 오토바이를 타는 사람은 반드시 안전모를 쓰도록 하고 자동차를 운전하는 사람은 좌석벨트를 매도록 요구할 수 있다. 그런데 이러한 요구가 다른 사람들에게 해를 끼치는 것을 방지하기 위해서가 아니라 그들을 자기 자신으로부터 보호하기 위해서라는 것을 입증해야 할 책임은 분명히 판단에 필요한 정보를 가지고 결정을 내릴 능력이 있는 성인들의 선택에 개입하고자 하는 자들에게 있다. 하나의 예외는 소위 말하는 연성 후견주의(soft paternalism)일 수 있는데, 그 경우에는 우리가 문제의 사람들이 진정으로 결정을 내릴만한 능력이 있고, 그 결정에 따른 결과에 대해 잘 아는지를 확인할 수 있을 정도까지 충분히 오래 개입한다.

그러나 사람들이 그들의 선택에 따라 행동하는 것을 막는 일, 특히 그 행동이 문제라는 이유로 벌칙을 부과하는 법률을 통해서 막는 일은 사람들이 어떤 행동을 하지 않도록 설득하는 것과는 전혀 다른 문제이다. 따라서 담배를 피우는 행위는 타인들을 2차 흡연으로부터 보호하기 위해 어떤 제한이 필요할 수는 있겠지만 법률로 금지되지는 않는다. 그러나 사람들을 흡연하지 않도록 설득하기 위해 거의 모든 종류의 비강압적인 방안이 동원될 수 있을 것이다. 그런 방안은 담배 제품의 포장에 넣는 경고문부터 흡연이 건강에 미치는 효과를 아주 생생하게 보여주는 광고에 이르기까지 매우 다양하다.

마찬가지로 사람들이 적절한 운동을 하지 않으면 법적 제재를 부과하겠다고 위협하는 것은 우리가 옹호하기는 어렵다. 하지만 다양한 방안을 활용하여 사람들이 운동하도록 설득하는 것은 단언컨대 합법적이다. 좌식 생활방식은 흡연만큼 위험이 따를 수 있다. 공적 자금을 투입하여 광고를 내거나 여러 형태의 공교육을 통해 운동의 이점을 알리는 것도 만약 그런 방도가 미래의 질병과 그의 관련 비용을 예방하며 공중보건에 기여할 수 있다면 타당해 보인다.

아동들의 경우는 확실히 다르다. 아동은 아직 독자적으로 결정을 할수 있는 성인이 아니어서, 자유와 개인적 자율성에 대한 반후견주의적인 방어를 10대를 포함한 어린 아동에게 완전히 적용하기는 어렵다. 학교 아동들은 설령 본인이 좋아하지 않는다 하더라도 수학, 과학, 문학, 사회 등을 포함하여 많은 교과를 공부해야 한다. 정규 체육수업이 때로는 하나의 장식품으로 여겨지기도 하지만, 사실 체육수업은 단지 건강상의 이유에서만 꼭 필요한 것은 아니다. 몸을 많이 움직이지 않고 주로 앉아서 생활하는 아동은 자라서 건강하지 못한 성인이 될 수도 있는데, 그들은 다른 사회 구성원들에게 그 비용을 부과할 뿐만 아니라 공개적인 담론과 대화에 전적으로 참여하는 데 필요한 신체적 단련이 부족할 수 있다. 제5장에서 더 자세하게 주장하겠지만, 설령 대학 수준의 경쟁이 아니라 하더라도 스포츠의 참가를 통해 배운 교훈은 다양한 집단의 사람들과 잘 어울리는 능력, 공동의 목적을 추구하기 위해 노력하는 팀워크와 같은 가치를 증진할 수 있다.

만약 그런 관점이 타당하다면, 부모는 당연히 그들의 자녀들이 최소한 운동의 이점을 경험할 수 있도록 해야 하고 또한 그들이 스포츠에 참가하도록 강력하게 권장해야 할 의무가 있다. 자녀들을 조직화된 스포츠에 참가하도록 강요하는 것은 정도가 지나치다 할 수 있지만, 최소한 그들이 참여를 시도하도록 하는 것은, 마치 자녀들이 새로운 음식이나 건강한 음식을 먹어보며 즐길 것을 권유하듯이, 매우 바람직해 보인다. 그들이 모든 자유 시간을 전자 기구를 가지고 노는 데 소비하는 카우치 포테이토들(couch potatoes) *역주: 하루 내내 집 소파에 누워 감자 칩 따위를 먹으면서 텔레비전을 보며 빈둥대는 사람들을 이르는 말 과 같은 행동을 하는 것을 허용하는 것은 자녀들에게 오로지 건강에 해로운 음식만 먹이거나 그들을 2차 흡연에 끊임없이 노출시키는 것과 마찬가지로 비난을 면하기 어려울 것이다.

만약 이런 논평이 타당하다면, 우리는 운동과 레크리에이션 스포츠를 포함하여 신체적 활동을 수반하는 시합을 위한 편의를 제공할 사회적 책임이 있는지를 검토해 볼 필요가 있다. 여기에는 운동장, 학교에서의 정규 체육수업, 그리고 어쩌면 레크리에이션 센터들을 통하여 다양한 나이와 기술 수준에 적절한 스포츠에 참여할 수 있도록 하는 것이 포함될 것이다. 이런 일은 어느 정도 비용을 수반하겠지만, 부모가 시간이 없을 수도 있고, 도시가 아니면 적극적 놀이를 할 수 있는 시설에 접근하기 어려울 수 있다. 더욱이, 신체 활동을 통한 적극적 놀이를 권장하지 않아 아동들의 건강이 나빠진다면 그런 자산을 제공하는 데 드는 비용보다 훨씬 더 큰 비용을 미래에 쏟아부어야 할지도 모른다.

스포츠를 보는 것도 우리를 카우치 포테이토들이 되게 하는가?

우리가 스포츠에 참가하는 것보다 스포츠를 보는 데 너무 많은 시간을 보내게 되면 건강에 어떤 해로운 결과가 발생할 수 있는가? 이 물음은 주로 사실적이거나 경험적인 것이지 어떠한 철학적 물음이 아니다. 우리가 보는 시합이나 스포츠 경기가 아무리 치열하더라도, 결국 우리는 다른 사람들이 하는 힘든 운동으로부터 우리 자신의 신체적 이득을 얻을 수는 없는 노릇 아닌가!

그러나 훌륭한 운동선수들이 보여주는 동작은 많은 사람, 특히 청소년들이 밖으로 나가 시합을 하도록 고무하며, 심지어 대스타들의 기술을 모방해 보고자 하는 충동을 일으킬 수 있다고 생각하는 것은 타당해 보인다. 미국 농구 코트에 있는 아동들이나 10대는 그들이 우상으로 여기는 대학이나 프로선수들의 동작을 그대로 따라 하는가 하면, 전 세계의 아이들은 스타 선수들의 축구 동작을 연습한다. 아마도 사람들이 엘리트 스포츠에 관심을 많이 기울이는 것은 그들의 스포츠 참가를 늘리는 효과를 발휘하고 있어 전반적으로 긍정적이라 할 수 있을 것이다.[2]

게다가 문화 비평가인 크리스토퍼 래쉬(C. Lasch)가 주장했던 바와 같이, 스포츠 팬들은 아는 것이 많을 뿐만 아니라 전략과 기술의 문제를 가지고 끊임없이 논쟁한다.[3] 예술과 같은 다른 분야의 애호가들이 그저 수동적인 자세를 고수하는 사람들이 아닌 것처럼, 스포츠 팬들도 역시 마찬가지다. 그들은 경기를 보는 동안에는 칼로리를 소모하지 않을 수 있다. 그러나 그들은 경기를 보면서 지적 보상을 받는다. 이는 특히 많은 스포츠 팬이 좋아하는 미시적 분석에 참여할 때 더욱 그렇다. 많은 팬은 스포츠의 내재적 자산 — 우리가 그 진가를 알아보기 위해서는 그 경기에 대해 어느 정도의 지식이 필요한 것으로, 예컨대 농구에서 완벽하게 진행된 속공, 야구에서 훌륭하게 실행된 더블 플레이, 축구에서 전략적인 크로스 패스, 그리고 골프에서 핀으로 완만하게 빨려 들어가는 컷 샷과 같은 뛰어난 운동 수행을 통해 창출하는 탁월함 — 을 감상하는 법을 배운다.

스포츠를 할 때 수반되는 위험은 무릅쓸 가치가 있는가?

신체를 활발히 사용하는 적극적 놀이와 레크리에이션 스포츠는 앞에서 언급했던 것처럼 그 자체로 즐길만한 활동일 뿐만 아니라 공중 보건에도 중요한 이점을 제공해 준다. 그러나 운동선수들이 경쟁 운동에 더 많이 참여하면 할수록, 그들의 부상 위험은 그만큼 더 커진다.

한 객원 강사는 내가 최근에 스포츠의 윤리적 문제에 관하여 가르쳤던 학생들 가운데 대학팀에서 운동선수였던 몇몇 학생들이 부상으로부터 회복하고 있는 것을 보았다. 한 학생은 목발을 짚고 있었고, 다른 학생은 눈에 띄게 다리를 절었으며, 강사가 학생들에게 뇌진탕에 관하여 물었을 때, 또 다른 학생은 농구 연습을 하면서 당했던 뇌진탕으로부터 회복 중에 있다고 알려주었다.

그 강사는 그때 학생 운동선수들에게 부상의 위험이 있음에도 불구하고 왜 시합을 하였는지 물었다(내가 소속한 기관인 해밀턴 대학은 미국대학체육협회(NCAA)의 디비전 III에서 경쟁한다. 그리고 체육특기자 장학금이 존재하지 않는다. 학생 운동선수들은 주로 자신이 그 스포츠를 사랑하기 때문에 시합에 참여하며 운동을 계속할 수 있는 금전적 혜택을 받지 않는다). 그에 대해 젊은 여자 운동선수 한 명은 비용편익

분석의 문제라고 대답하였다. 즉, 시합에 참여하여 얻는 이득이 위험보다 더 크기 때문에 위험을 무릅쓸 만하다는 것이다.

　스포츠에 참가하여 직면할 수 있는 위험은 실재하며, 꽤 심각하다. 최근 자료를 보면, 여러 스포츠에서 뇌진탕이 자주 발생하는데, 그 가운데에서도 특히 럭비, 미식축구, 축구 선수들이 자주 당한다는 것을 알 수 있다. 미국질병통제예방센터는 미국에서 시즌마다 일어나는 160만에서 380만 건의 스포츠 관련 뇌진탕 사고가 고위험 스포츠에 참가하여 충격을 당하는 사람들의 5~10%에서 발생한다고 추산하고 있다. 몇몇 조사연구는 프로 미식축구 선수들이 매 시즌 머리에 900회 이상의 충격을 받을 수 있다고 밝히고 있다. 조사연구는 이제 뇌진탕, 특히 여러 차례의 뇌진탕은 인지 능력과 일반 건강 모두에 장기적인 영향을 미칠 수 있다는 점을 분명히 하고 있다.[4]

　사실, 뇌진탕의 위험은 운동선수, 코치, 학생 운동선수의 부모뿐만 아니라 다양한 분야의 연구자들이 접촉 스포츠의 가치를 재평가하도록 하는 원인이 되고 있다. 심지어 그 문제에 대한 인식은 최고 수준의 프로 운동경기들에 대해서조차도 재평가하고자 하는 움직임으로 이어졌다. 예를 들면, 샌프란시스코 포티나이너스의 라인 배커 *[역주: 상대 선수들에게 태클을 걸며 방어하는 수비수]인 크리스 볼랜드(C. Borland)는 신인 선수로서 첫 미식축구 시즌을 성공적으로 마치고 앞으로 프로 운동선수로서 수백만 달러를 벌어들일 꿈에 부풀었지만, 머리에 반복적으로 충격을 받게 되면 뇌진탕 등 장기적으로 심각한 영향이 우려되어 자신의 은퇴를 방송으로 알리는 경기를 뒤로하고 떠났다. 2015년에 북아메리카 프로 미식축구 리그(NFL)와 전직 선수들 간에 합의에 이르렀던 7억6천5백만 달러는 프로 미식축구에 장기간 참여함으로써 발생하는 운동선수들의 건강 손상에 대한 일종의 보상 형식으로 널리 알려졌다. 그 합의에 따라 치매와 만성 외상성 뇌병증 혹은 CTE(흔히 머리에 반복적으로 가해진 강한 충격이 원인이 되어 사망한 이후에 진단된 신경 병리학적 발견)의 특정 경우를 포함한 다양한 질병이 진단될 경우 그에 대한 보상금이 지급된다. 배우 윌 스미스(W. Smith)가 주연을 맡고 2015년에 개봉된 영화 〈뇌진탕〉은 CTE를 발견한 의사의 이야기를 다루었는데, 이 영화는 이를 통해 프로 미식축구 경기의 위험에 대한 진실을 파헤치는 것에 대하여 북아메리카 프로 미식축구 리그(NFL)가 완강히 저항한 혐의가 있음을 널리 알렸다.

스포츠에 참가할 경우의 이점과 비용을 어떻게 비교해야 하는가? 스포츠의 위험을 평가할 때 비용편익분석 외에 어떤 다른 방법을 사용할 수 있는가?

아마도 이 물음에 대해서는 어떤 일반적인 대답을 기대하기가 어려울 것이다. 우선 한 가지 이유는, 비용편익분석 자체가 각기 다르게 수행될 경우 서로 다른 방향을 향하는 복합적인 특성이 있기 때문이다.

예컨대, 럭비 경기를 해야 하는지의 여부를 결정하는 선수 개인의 비용과 혜택을 계산하고 있는가? 아니면 럭비가 학교 대항 및 대학 대항 대표 팀 스포츠로 만들어질 경우 사회 전반에 걸친 전체적인 비용과 편익을 계산하고 있는 것인가? 다시 말해서, 우리는 비용과 편익을 모든 사람에 대해 검토하고 있는가 아니면 한 개인에 대해 검토하고 있는가?

두 번째로, 우리는 경기의 결과에 대한 각 개인의 주관적인 평가 — 가령 각 개인이 그 스포츠의 도전에 응하는 것에 대해 부여하는 중요성 — 를 받아들이는가? 만약 그렇다면, 우리는 그들의 실제 선호도를 고

터하는가, 아니면 충분히 정보를 얻고 객관적이라면 그들이 가질 선호도를 고려하는가? 비용과 편익을 확인하고 비교할 수 있는 객관적인 준거 — 모든 사람에게 적용되는 하나의 기준 — 가 존재하는가?

마지막으로, 우리는 럭비를 할 때의 편익, 예컨대 우정의 형성과 같은 것은 훨씬 덜 위험한 스포츠를 하거나 운동경기와 전혀 관련이 없는 활동을 통해서도 얻을 수 있기 때문에 무시해야 하는가? 경기 중에 발휘되는 탁월함과 더불어 스포츠의 특별한 도전에 응할 때의 기술과 같은 스포츠를 할 때에 본래 들어 있는 편익이라 할 만한 것에 얼마만큼의 중요성이 부여되어야 하는가?

스포츠에 참가하는 가치는 운동의 가치와 그에 따른 건강상의 편익에 그치는 것이 아니라 그보다 훨씬 더 광대하다. 많은 사람은 스포츠에 참가하는 것이 단순히 운동하는 것보다 더 재미있다고 생각한다. 여러 이유가 있겠지만, 스포츠에 잠재된 도전에 응할 때 그들이 느끼는 흥미가 한몫한다. 요가, 댄스, 장거리 달리기와 같은 여러 신체적 활동의 형태도 이와 유사하게 강렬한 흥미를 유발할 것이다. 물론 나는 이 세 가지가 단순히 러닝머신 위에서 뛰거나 실내 운동용 자전거를 타는 것과는 다르다고 생각하고 있다. 특히 장거리 달리기는 단순히 러닝머신 위에서 뛰는 것과는 달리 스포츠에 매우 가까울 수 있다. 경기를 하는 동기가 단순히 재정적 이득을 얻는 데 있는 프로선수들조차도 스포츠에 내재된 장애를 극복해야 한다. 그렇게 하는 가운데, 그들은 우리에게 드라마와 흥분을 선사할 뿐만 아니라 완벽한 플레이의 실행이나 고도의 경쟁 상황에서 쉽지 않은 동작 같은 그 스포츠의 내재적 자산 혹은 탁월함을 선보일 수 있다.

비용편익분석에 관한 우리의 논의는 몇 가지 의미 있는 결론을 뒷받침한다. 첫째, 그런 분석에 관하여 여러 사람이 선호하는 단 하나의 개념은 존재하지 않는다. 즉, 각기 다른 비용편익분석의 형태는 서로 갈등을 일으킬 수도 있다. 예컨대, 한 럭비 선수는 오로지 자신의 주관적인 선호도에 따라 자기 자신이 순위를 정하여 럭비를 하는 것이 합리적이라고 생각할 수 있을 것이다. 그러나 럭비를 대학 대항 혹은 학교 대항 스포츠로 만드는 사회적 비용에 대한 전반적인 비용편익분석은 아주 다른 결론에 이르게 할 수 있다. 바로 그 명칭 — 비용편익분석 — 이 의사결정을 위한 하나의 객관적인 공식임을 암시하지만, 그와 반대로 우리는 실제 비용편익분석을 적용하면 쉽게 해결할 수 없는 많은 문제가 발생한다는 것을 알게 된다.

내가 말하는 바와 같이, 비용-편익 분석이 너무 많은 복잡한 문제를 발생시켜 스포츠의 위험 평가에 대한 확실한 해결책, 실제로는 사실상 어떤 해결책도 내놓지 못한다고 가정해 보자. 나는 우리가 다른 접근 방식을 취하고 위험을 무릅쓰고도 경기를 하는 것과 관련된 가치에 더 분명하게 초점을 맞추려고 노력할 것을 제안한다. 그럴 경우, 판단할 능력이 있는 성인은 인생 계획을 선택할 권리가 있고, 최소한 그들의 선택이 다른 사람들에게 해를 끼칠 수 있는 부당한 위험을 부과하는지와 같은 반대의 중요한 고려 사항들이 없다고 가정한다면, 우리는 특별히 위험한 스포츠에 내재된 가치들이 그런 스포츠에 참가하고자 하는 선택을 합리적인 것으로 만들거나, 아니면 최소한 이해할 만한 것으로 만든다는 것을 알 수 있다. 만약 그렇다면, 그런 결론은 우리가 복잡한 비용편익분석을 철저하게 검토하지 않고도 그런 스포츠를 평가하는 데 도움이 될 것이다. 그러면 이제 특히 위험하고, 모험적인 스포츠에 대한 분석으로 돌아가 보자.

우리는 등산이나 권투와 같은 위험한 스포츠에서 발생하는 위험을 정당화할 수 있는가? 그런 위험은 묵인되어야 하는가?

만약 스포츠 참가에 따른 이점의 대부분이 안전한 스포츠를 함으로써 얻어질 수 있다면, 매우 위험한 스포츠에 참가하는 것을 정당화해 줄 수 있는 근거로는 무엇이 있을까? 만약 우리가 참가자들이 심각한 부상이나 심지어 사망에 이르는 것을 막기 위해 위험한 스포츠를 금지하거나 규제한다면, 그것은 정당화될 수 있을까?

우리는 여기에서 두 가지 의문을 구분해야 한다. 첫째, 개인이 자기 자신의 이익을 위해 위험한 스포츠에 참가하는 것을 금지한다면, 그것은 정당화될 수 있는가? 둘째, 그런 스포츠에 참가하는 것은 운동이나 위험이 덜한 스포츠에 도전함으로써 얻을 수 있는 일반적인 가치 외에 그 자체의 어떤 특별한 가치를 함축하고 있는가? 그렇다면 그러한 가치는 위험한 스포츠 참여를 허용할 뿐만 아니라 감탄하거나 지지하는 것을 뒷받침하는가?

우리가 보아온 바와 같이, 개인이 자신의 이익을 증진시키거나 해를 입지 않도록 보호하는 자유를 제한하는 것은 논란의 여지가 있다. 19세기의 영국 철학자 존 스튜어트 밀(J. S. Mill)은 개인의 자유에 관한 고전적인 옹호 입장을 피력한 『자유론 *On Liberty*』(1849)에서 해악의 원리라 불리게 된 바를 설파하였다. 이 원리에 따르면, 개인의 자유를 제한하는 유일한 근거는 다른 사람들에게 해를 끼치는 것을 방지하는 것이다. 만약 우리가 해악의 원리를 받아들인다면, 우리는 개인의 이익을 위한다고 그의 행동을 제약하는 일이 금지될 뿐만 아니라, 개인이 다른 사람을 불쾌하게 하거나 대다수가 비도덕적이라 여기는 방식에서 행동하는 것을 방지하기 위해 개인의 행동을 제약하는 일 또한 금지될 것이다. 밀은 그 원리가 판단 능력이 있는 성인들에게만 적용되는 것이지 아동이나 혹은 스스로 결정을 내릴 수 없는 어떤 사람에게도 적용되어서는 안 된다는 것을 분명히 하였다. 그 또한 우리가 앞에서 언급하였던 연성 후견주의를 허용하였다. 즉, 밀은 개인의 선택이 자유롭고 정보에 입각하도록 보장하기 위해 일시적으로 개인의 자유를 제한할 수 있음을 허용한 것이다. 따라서 우리가 어느 개인이 반복적으로 머리에 충격을 가했을 경우 일어날 수 있는 뇌 손상의 위험을 제대로 인식한다는 것을 확신하는 오직 그때까지 권투를 하고자 하는 그 사람의 선택을 제한하는 것은 정당화될 수 있다.

등산과 같은 상당히 위험한 스포츠를 단순히 등반가를 부상으로부터 보호하기 위한다고 금지하는 것은 적어도 결정 능력이 있는 성인과 관련되는 경우에는 해악의 원리에 배치된다. 더욱이, 우리는 그 원리를 지지하는 타당한 근거가 있다. 우리가 우리의 삶의 방식을 선택하는 자유는 우리의 기본적인 자산 중의 하나이며, 만약 그 중요도가 상대적으로 덜할 수가 있다면, 그것은 오로지 가장 중요한 유형의 가치들과 갈등하는 경우뿐이다.

만약 우리가 후견주의의 입장을 따른다면, 밀의 입장을 지지하는 자들은 우리가 어디에서 멈춰야 하는지를 물을 것이다. 예컨대, 우리가 너무 위험해서 허용할 수 없는 스포츠는 어떤 것인가? 우리는 좌식 생활양식과 부실한 식사 또한 건강에 심각한 위협이 되기 때문에 적당한 운동과 건강에 좋은 균형 잡힌 식사를 의무적으로 해야 하는가?

설령 이러한 극단적인 경우가 아니라 하더라도, 우리는 여전히 위험한 활동에 참여하고자 하는 사람의 능력을 통제하는 것에 대해 주의할 필요가 있다. 위험을 감수하고자 하는 자유는 그 자체로 중요한 것이다.

이와 함께, 위험한 스포츠에 참가함으로써 인식할 수 있는 특별한 가치가 있을 수 있다. 이러한 특별한 가치에는 보다 안전한 활동에서는 경험하기 어려운 수준의 용기를 발휘할 수 있고 등산에서 발견되는 자연적인 장애물이 제시하는 것과 같은 특별한 도전에 대처할 수 있는 기회가 포함될 수 있다. 또한 그런 가치는 자기 자신을 위험한 스포츠의 극단적인 상황에 몰아넣음으로써 성장, 자기 이해, 그리고 자기 확인을 인식하는 기회를 포함한다.[5] 이 관점에 의하면, 그런 스포츠는 우리를 우리 자신의 한계까지 밀어 올리며 때로는 위험한 활동에서 인식되는 것을 훨씬 넘어선 정도까지 이르도록 우리의 모든 능력을 동원한다. 더욱이, 그런 스포츠는 다른 사람들에게 상당한 신뢰감을 줄 수 있다. 예컨대 각자 맡은 임무를 수행하는 등반팀 구성원들에게는 서로 자신의 생명을 좌우할 수 있다는 점에서 팀 구성원 간의 깊은 신뢰감은 매우 중요하다. 등반가들은 등산을 통해 상호 간에 그런 신뢰감을 쌓을 수 있다.[6]

사실, 조 심슨(J. Simpson)이 집필한 『터칭 더 보이드 *Touching the Void*』와 그것을 토대로 한 다큐멘터리 영화는 심슨과 그의 동료 사이먼 예이츠(S. Yates)가 1985년에 페루의 안데스산맥에 있는 시울라 그란데에서 하산할 때 직면했던 여러 위험 상황을 상세히 묘사하고 있다.[7] 그들의 하산은 극한의 날씨 조건으로 이미 하나의 새로운 도전이 되어 힘겨운 사투를 벌이는데, 예이츠가 그만 크레바스에 빠졌고 큰 부상을 당했다. 심슨은 자신의 동료가 죽은 줄 알았고 그래서 자신과 동료를 함께 묶어 연결하고 있던 밧줄을 잘랐다. 기적적으로, 두 사람은 생존에 성공했다. 그들의 이야기는 등반가들에게 요구되는 신뢰와 팀워크, 그리고 뭔가 일이 잘못됐을 때 그들이 직면하는 고통스러운 도덕적 딜레마를 여실히 보여주고 있다.

하지만 주목하지 않을 수 없는 혹은 그 안에 내포된 위험을 감수할 만한 그런 가치에 사람들이 별다른 관심을 보이지 않는다면, 우리가 삶에서 무엇이 중요한가에 대한 우리의 신념을 다른 사람들에게 강요할 권리가 있을까? 개인의 자유와 해악의 원리를 지지하는 자들은 우리가 그런 권리를 갖지 않는다고 말한다. 그러나 앞에서 확인했듯이, 위험한 스포츠에 참가하는 것을 허용하는 데에는 적어도 두 가지의 중요한 이유가 있다. 첫 번째 이유는 후견주의적 간섭이 수반하는 개인적 자율성의 축소이다. 두 번째 이유는 단언컨대 위험한 활동 그 자체에서 인식될 수 있는 가치이다. 이 둘을 종합해 보면, 우리는 여러 위험한 스포츠의 참가가 비이성적인 것이 아니라 사실은 진정한 의미에서 긍정적인 가치를 내포하고 있다는 결론에 이를 수 있다. 분명히, 등산, 자동차 경주, 그리고 위험수위가 매우 높은 몇몇의 극한 스포츠와 같은 그러한 스포츠에 참가하는 것을 금지하는 것은 정당화되기 어려울 것이다.

그러나 이것이 그런 스포츠가 모든 외부 규제의 범위 밖에 존재한다는 것을 의미하는 것은 아니다. 예컨대, 등산은 환경을 위협할 수 있다. 이는 베이스캠프에서 나오는 쓰레기들이 산더미처럼 쌓이고 오염되지 않았던 산비탈이 온통 어질러진 것을 보면 알 수 있다. 네팔 정부는 에베레스트산이 점차 쓰레기로 뒤덮여감에 따라 등반가들에게 자신의 쓰레기를 되가져오도록 요구하는 조치를 하고 있다. 물론 이런 조치가 얼마나 강제력을 확보하고 시행될지는 두고 볼 일이다.

마찬가지로, 스포츠 당국은 여러 스포츠에서 부상의 위험을 줄이기 위해 보호 장비를 갖출 것을 합법적으로 요구할 수 있다. 그러나 이런 움직임은 때로는 참가자들이 안전모나 패드와 같은 장비를 갖춤으로써 선수들을 더욱 공격적으로 만들고, 그리하여 부상의 위험을 낮추기보다는 오히려 증가시킨다고 주장하는 등의 논란을 일으키기도 한다. 따라서 고등학교와 대학 수준의 여자 라크로스 경기에서 안전모 착용을 요구하는 것은 생각할 필요도 없어 보인다. 왜냐면 스틱을 휘두르며 빠른 속도로 움직이는 선수들은 참가자들에게 심각한 머리 부상을 안길 위험이 있기 때문이다. 그럼에도 불구하고 많은 선수와 코치들은 보호 장비를 갖춤으로써 이미 적용되고 있는 신체 접촉과 관련한 기존의 제약들이 약화되고, 오히려 실제로는 그 경기를 더욱 위험하게 만들 것이라는 이유로 안전모 착용을 요구하는 규정에 반발하고 있다.

그러나 그러한 논거의 장점이 무엇이든 간에, 위험한 스포츠에서 보호 장비를 사용할 것을 요구하는 규정은 타당해 보인다. 적어도 그런 규정은 그와 같은 스포츠에 참가하는 것을 금지하는 것보다는 개인적 자율성을 훨씬 덜 침해한다.

아동들이 위험한 스포츠에 참가하는 것을 허용해야 하는가?

미국에서는 약 3천만 명의 아동들이 스포츠에 참가하고 있으며, 이들 가운데 약 3백 5십만 명의 아동들이 매년 부상을 당하고 있다. 그리고 그들이 당하는 주요 부상은 팔목이나 발목을 삐거나 근육 등에 좌상을 입는 것이다. 뇌 부상 같은 심각한 부상은 흔히 자전거, 스케이트, 스케이트보드를 타는 운동에서 발생한다. 부상의 대부분은 흔히 조직화되지 않은 시합이거나 비공식적인 시합에서 넘어지고 충돌하면서 일어난다. 앞에서 지적했던 바와 같이, 몇몇 스포츠는 다른 스포츠보다 훨씬 더 위험하지만, 어린 선수들은 어떤 스포츠에서도 이런저런 부상의 위험에 직면한다.[8] 그럼에도 불구하고 아동들이 매우 위험한 스포츠에 참가하도록 고무하거나 혹은 더 나아가 참가하고자 할 때 이를 허용해야 하는가?

이 물음에 대해 어떤 확정적인 대답을 하기는 어렵다. 우선 한 가지 이유는 위험한 스포츠와 안전한 스포츠가 뚜렷하게 구분되지 않는다는 것이다. 오히려 비교적 안전한, 덜 안전한, 위험한, 매우 위험한 스포츠로 이어지는 하나의 연속체가 존재한다고 해야 할 것이다. 어떤 경우에도 주어진 스포츠가 그 연속체의 어디에 해당하는지를 확정적으로 말하기가 어려울 것이다. 두 번째로는, 그리고 아마도 더 중요한 이유가 될 것으로 보이는데, 아동들이 스포츠 활동에 참여하는 것을 금지하는 것은 부모의 재량권과 충돌할 수 있으며, 그럼으로써 아동들의 안전을 위한 관심과 가족의 자율성에 대한 존중 사이에 균형을 잡아야 하는 문제를 수반할 것이다.

이 문제는 아동들이 위험을 평가하거나 심각한 부상이 수반될 수 있다는 것을 제대로 인식할 수 있는지에 대해 의문이 들기 때문에 더욱 복잡하다. 사실, 몇몇 연구는 우리가 위험을 평가할 때 이용하는 뇌의 중심부가 보통 20대 초반까지는 비교적 미발달된 상태로 남아있음을 시사하고 있다. 따라서 우리는 아동들이 여러 가지 위험이 도사린 극한 스포츠에 대해 갖는 열정을 세심하게 살피지 않으면 안 된다.

긍정적인 측면에서 보면, 아동들은 위험한 스포츠에 참가함으로써 자신감을 얻고 그렇지 않을 때보다 더 원숙하게 발달할 수 있다. 한 연구에 따르면, 마약 문제가 있는 노르웨이 아동들이 스카이다이빙 프로그램을 권유받고 이에 참가한 이후 마약 사범을 저지르거나 공공기물

파손에 개입하는 경향이 줄어들었다. 또한, 어떤 아동들은 많은 부상으로 고통을 겪으면서도 부모의 지원을 받아 위험한 스포츠를 다시 시작하였다. 노르웨이 아동들에 관한 연구에서 알 수 있듯, 그런 부모들은 그들의 자녀가 그 결과로 더 좋은 학생 그리고 더 좋은 사람이 되었다고 말한다.[9]

비록 나는 나 자신의 결론을 지지하는 결정적인 논거를 갖고 있지는 않지만, 우리가 스카이다이빙이나 극한 스케이트보드를 타기보다는 더 안전한 다른 스포츠에 참가하여 그와 비슷한 긍정적인 결과를 성취할 수는 없는지 고려해 볼 필요가 있다고 생각한다. 그러나 나는 우리가 모든 위험으로부터 아동들을 보호할 수는 없으며, 부상으로부터의 자유를 지나치게 강조하는 것은 기회를 이용하고 어느 정도의 위험을 감수하는 데서 오는 중요한 자산을 아동들에게서 박탈하는 것이라고 이해한다.

이러한 갈등하는 모든 가치 간의 균형을 유지하기 위해서는 경쟁의 비용과 편익을 균형적인 방식(앞에서 언급했던 아리스토텔레스의 중용을 발견함으로써)에서 견줘볼 수 있는 분별력 있는 부모와 코치가 필요하다. 그러나 우리가 금지하거나 최소한 막을 수 있는 것은 문제가 되는 스포츠에 대해 어떤 전문적인 지식이 없을 수 있는 부모의 관리만 받고 아동들이 매우 위험한 스포츠에 참여하는 것을 허용하는 것이다. 뇌진탕의 위험에 관한 교육과 적절한 처치 협약은 위험한 스포츠에서뿐만 아니라 아동 스포츠 세계의 전 영역으로 더 광범위하게 확산되어야 한다. 스포츠가 위험하면 위험할수록, 성인들은 아동이 그런 스포츠에 참가해도 된다는 확실한 정당성을 입증할 책임이 그만큼 더 커진다.

권투는 참가자들에게 심각한 뇌 손상과 심지어 죽음에까지 이르는 위험이 가해질 수 있는 특히 위험한 스포츠이다. 권투는 금지되어야 하는가?

권투는 위험한 스포츠에 참가할 때 얻을 수 있는 많은 미덕을 분명히 내포하고 있다. 권투선수들은 신체적 용기, 끈기, 시합을 위한 준비와 격투 그 자체에 대한 헌신 등을 발달시킨다. 더욱이, 권투선수는 자신의 한계와 그 너머를 스스로 시험하고 이윽고 앞에서 말하였던 자신의 존재가치를 확인함으로써 더욱 성장할 수 있다. 권투의 매력과 위험, 이 두 가지 요소 모두가 영화 〈밀리언 달러 베이비〉(2004)에 고스란히 담겨 있는데, 그 영화에서 힐러리 스웽크(H. Swank)가 멋지게 역할을 소화한 정상급의 한 여자 권투선수는 링 안에서의 성공을 통해 자신의 존재가치를 확인하지만, (스포일러 주의!) 링 안에서의 안타까운 부상으로 고통을 겪는다. 그러나 권투는 고려해 볼 만한 가치가 있는 여러 특별한 논점을 안고 있다.

첫째, 권투선수들이 권투가 내포한 위험을 사전에 인지하고 이를 무릅쓰겠다는 동의를 실제로 했는지가 불분명하다. 둘째, 권투는 참가자들의 의도가 상대에게 손상을 가하거나 해를 끼치는 데 있다는 점에서 도덕적 문제를 일으킨다. 널리 잘 알려진 바와 같이, 권투선수의 펀치 드렁크(뇌세포손상증) 현상은 오늘날 흔히 머리에 충격이 쌓여 뇌세포가 손상을 입은 결과로 인식되고 있는데, 잘못하면 링 안에서 사망에 이를 수도 있으며, 일반적으로는 치매와 같은 인지 결핍으로 이어진다. 위대한 권투선수이자 문화적 우상인 무하마드 알리(M. Ali)는 파킨슨병으로 고통을 겪었으며 권투선수들이 머리에 충격이 누적되면 어떤 위험한 결과에 직면하게 되는지에 대한 사례로 널리 인용되고 있다.[10]

기술이 능한 권투선수의 펀치로 전달되는 힘은 대략 시속 24km로 나아가는 7kg의 볼링 볼로 맞는 것과 같은 것으로 추산되고 있다. 권투선수들의 90%는 선수 생활을 하는 동안 최소한 한 번은 뇌 손상을 경험할 것으로 추정되며, 몇몇 연구에 따르면, 전직 권투선수들의 15%에서 40%에 이르는 선수들이 만성 뇌 손상 증후군을 앓고 있는 것으로 나타났다.[11]

이런 통계들이 충격적일 수 있지만, 오늘날 프로 권투선수들은 과거보다 시합 횟수가 훨씬 줄었고 더 나은 의료관리를 받고 있어서, 만약 뇌에 대한 손상의 정도가 개인이 참가하는 시합의 횟수에 비례한다면, 손상의 비율이 개선될 것이다. 그런데도 권투선수 중 특히 프로 권투선수가 시합 도중에 머리에 받는 충격으로 심각한 뇌 손상의 위험에 직면한다는 것은 사실상 의심의 여지가 없다.

이런 고려 사항은 어떤 윤리적 문제를 일으킬까? 권투는 권투선수를 보호하기 위한다는 후견주의적 이유로 금지되어야 하는가? 해악의 원리를 옹호하는 자들은 우리가 다른 위험한 스포츠에 참가하는 것을 막을 수 없거나, 스포츠 이외의 일반적으로 발생하는 중대한 위험으로부터 우리를 보호할 수 없듯이, 권투선수가 자유롭고 충분한 정보에 근거하여 결정을 내리고 다른 사람들에게 해를 끼치지 않는 한, 우리는 직업적으로 시합을 하고자 하는 그의 결정을 막을 권리가 없다고 주장할 것이다.

그런데 권투선수는 자유롭고 충분한 정보에 근거하여 선택하는가? 많은 사람은 권투선수들의 대부분이 경제적으로 어려운 환경 출신이 많고 또한 권투가 어쩌면 가난으로부터 그들 자신을 벗어나게 할 뿐만 아니라 심지어는 엄청난 부를 안기는 유일한 기회를 제공해 주기 때문에 프로 권투에 들어선다고 주장할 것이다. 그렇다면 이는 곧 그들의 선택이 강압의 결과라는 것을 의미하는가? 다시 말해서, 그들은 자신의 사회경제적 환경으로 인해 어쩔 수 없이 권투를 한다는 것인가?

만약 강압이 내포되어 있다면, 권투선수들은 자유로운 선택을 행사한 것이 아니다. 우리는 후견주의로 분류되거나 해악의 원리를 훼손하지 않고 권투가 금지되어야 한다고 제안할 수 있다. 그러나 그런 입장이 함축하고 있는 것이 모두 매력적인 것만은 아니다. 권투선수들이 가난으로 인해 어쩔 수 없이 권투에 입문했다는 주장은 위험한 직장에서 일하고 있는 불우한 환경 출신의 사람들 또한 어쩔 수 없이 강요에 의한 것이었다는 것을 암시하는 것인가? 예컨대, 어쩌면 많은 사람이 어쩔 수 없었던 것으로 간주할 것 같은 광부들은 어떤가? 또, 위험한 직장에서 일하는 건설 노동자들이나 그 밖의 사람들은 어떤가? 경제적 지위가 사람을 이른바 자유가 없는 존재로 만든다고 할 경우, 우리는 사람들의 선택을 어느 정도까지 자신의 자발적인 의지에 따른 것으로 받아들여야 하는가? 경제적 궁핍이 사람들의 선택 범위를 제한한다는 입장은 어떤 상황의 특수성을 고려하지 않은 채 보통 생각하는 것보다 더 많은 상황에 적용되고 있는데, 그런 입장을 무차별적으로 적용할 경우 경제적으로 불우한 사람으로부터 결정을 내릴 수 있는 존재로서의 인간의 존엄과 자율성을 박탈하고 그의 지위를 격하시킬 위험은 없는가? 그러니 우리 자신과 맞서고 있지 않을까?

우리가 권투선수들의 자율적인 선택 능력을 함부로 부정해서는 안 된다는 것은 명백하다. 물론, 연성 후견주의 시각에서 본다면, 우리는 그들이 정보를 충분히 인식한다는 것을 확인할 때까지 일시적으로 그들의 선택에 개입할 수 있다. 때때로 어떤 권투선수들은 어쩔 수 없이 권투를 할 수밖에 없다고 말할 만한 특별한 이유를 알게 될지도 모른다. 그러나 투사가 되어 빈곤을 탈출하고자 하는 권투선수의 역량에 대한 전면적인 부정은 너무 광범위해서 정당화가 어려워 보인다.

두 번째의 관심은 권투 자체의 윤리에 초점을 맞춘다. 권투는 싸움을 수반하는 종합격투기와 같은 다른 스포츠와 마찬가지로 상대에게 의도적으로 해를 가한다. 프로 권투선수들은 가능하다면 상대를 녹초가 되게 만들고 싶어 한다.

미식축구와 같은 스포츠는 선수들이 상대에게 의도적으로 해를 가해야 할 필요가 없으며, 그런 의도가 입증될 수 있는 증거가 있을 때는 엄중한 벌칙이 적용된다. 예를 들면, 2012년 북아메리카 프로 미식축구 리그는 뉴올리언스 세인츠가 슈퍼볼에서 우승했던 해인 2009년부터 2011년까지 수비 코치의 유도에 따라 여러 명의 세인츠 선수들이 상대에게 특별히 심각한 타격을 가하거나 고의로 부상을 가하면 상여금을 받았던 장려금 제도에 관여했음을 입증하는 조사결과를 공표하였다. 그 제도에 참여하지는 않았으나 그에 관하여 알고 있었던 것으로 알려진 션 페이튼(S. Payton) 감독은 1년간 자격정지 처분을 받았다. 그리고 이 제도를 시행한 수비코치 그레그 윌리엄스(G. Williams)는 무기한 자격정지 처분을 받았다. 그리고 프런트 사무실 직원들을 포함한 여러 사람이 정직 처분을 받았다. 북아메리카 프로 미식축구 리그는 상대에게 고의로 부상을 가하고자 하는 시도를 경기의 윤리적 한계를 훨씬 넘어서는 명백한 금지 행위로 간주하고 있다.

이제 이미 작고한 사회평론가 어빙 크리스톨(I. Kristol)이 사용한 가설적인 사례의 경우를 빌려와 검토해 보자.[12] 투자자들이 검투사 리그를 시작했는데, 참가자들이 금전적 보상을 위해 칼, 창, 곤봉 같은 무기를 사용하여 죽음에 이를 때까지 싸운다고 가정해 보자. 메이헴(Mayhem)이라 불렸던 검투사 경기에서, 앞으로 검투사가 될 가능성이 있는 잠재적 선수들은 그 경기가 지닌 위험에 관하여 충분히 잘 알고 또한 사회적으로나 경제적으로 불우한 처지에 있지 않을 때만 시합에 참여할 수 있었다. 투자자들은 선수 모두가 충분한 정보에 근거하여 동의하였고 해악의 원리를 위반하지 않았으므로 국가는 그 '경기'를 금지할 권리가 없다고 주장한다.

그렇다면 우리는 메이헴을 받아들일 수 있는가? 우리가 해악의 원리를 훼손하지 않고 그것을 금지할 어떤 근거를 발견할 수 있는가 혹은 크리스톨이 말하는 것처럼, 그렇게 하려면 밀이 말한 자유주의와는 다른 타당한 이유가 필요한가?

해악의 원리를 지지하는 사람들은 잠재적 참가자가 진정으로 정보에 근거하여 동의하는지 의심하는 것은 분명히 타당하다고 주장할 것이다. 잠재적 검투사는 정말 스스로 결정할 만한 능력이 있는가? 어쨌든, 죽음을 맞이하거나, 팔다리가 절단되거나, 기타 다른 심각한 위험이 매우 높으며, 이러한 피해는 분명히 이성적인 사람이라면 어떤 결정적인 이유가 없을 경우 고통받고 싶어 하지 않는 기본적인 악이다.[13] 다른 한편으로는, 위험보다 더 중요한 자산으로서 그에 수반될 수 있는 명성과 부는 말할 것도 없고, 싸움의 전율과 함께 앞에서 위험한 스포츠와 관련하여 논의했던 자신의 존재가치를 인식하는 일종의 자아 확인의 기회가 제공될 수 있을 것이다.

그러나 메이헴은 다른 사람에게 의도적으로 부상을 가하려는 의지와도 관련이 있으며, 이는 시합의 주요 목적이기도 하다. 따라서 우리는 정신적으로 안정적인 사람이라면 정말 그런 시합을 하려고 할 것인지 충분히 의심해 볼 수 있을 것이다. 왜냐면 그와 같이 위험한 스포츠를 통해서 얻을 수 있는 이득은 다른 사람들에게 고의로 해악을 가하지 않고도 등산이나 자동차 경주 등과 같은 다른 수단을 통해서도 얼마든지 얻을 수 있기 때문이다.

그런 것들을 고려해 보면 해악의 원리에 근거하여 메이헴을 금지할 수도 있어 보이는데, 일부 독자들은 그 근거가 좀 약하다고 생각할지 모른다. 아마도 참가자들이 다른 것들로부터는 얻을 수 없는 메이헴만의 내재적인 자산, 예컨대 특정한 싸움의 기술과 같은 것이 있다고 주장하거나, 아니면 자신들이 어쨌든 자유롭고 충분한 정보에 근거하여 선택한 것이라고 주장할 수 있을 것이다.

메이헴을 금지하는 또 다른 일련의 근거는, 어쩌면 권투도 이에 해당할 수 있는데, 밀의 자유주의를 넘어 공동체 자체의 가치와 본질에 미치는 영향에 호소하는 것이다. 만약 메이헴이 대중적인 스포츠가 된다면, 공동체는 현재보다 폭력에 더 둔감해지고, 더욱 노골적이고 거칠어지며, 그 결과 많은 아동이 문제를 안고 자라게 되지 않을까? 예를 들면, 내가 자랄 때 또래들이 야구 카드를 수집하곤 했던 것과 같이, 최고의 검투사를 주인공으로 다룬 카드를 수집하는 아동들을 상상해 보자. 전형적인 카드에는 아마 다음과 같이 적혀있을 것이다. "알렉스 밀즈(A. Mills)는 검과 도끼를 능수능란하게 다루고, 큰 부상 없이 내리 여섯 번의 시합에서 살아남았으며, 사망률 통계상 자신과 겨뤘던 상대의 12%를 죽였고 작년 리그 최상위 10위 안에 든 상대의 20%를 불구로 만들었다." 과연 이것이 우리가 역할 모델로 삼기를 바라는 것인가?

권투 또한 이와 유사한 경우라 할 수 있는데, 적어도 프로 권투는 그런 시합이 벌어지는 공동체를 더욱 거칠게 만들고, 어떤 문제에 대한 민감성을 둔화시킬 수 있다. 다른 격투기 스포츠와 마찬가지로 권투에는 상대에게 의도적으로 상해를 입히고자 하는 의지가 포함되어 있다는 점에서, 상대에게 직접 신체적 힘을 사용하는 것을 허용하지만 원래 상해를 입히고자 하는 의도가 없는 미식축구 같은 스포츠와는 다르다.

권투가 사회를 타락시킨다는 주장은 개인의 자율성에 호소하는 것이 아니라 좋은 공동체의 본질에 어필하는 것이다. 다시 말하면, 공동체가 갖추어야 할 기준을 보호하는 것은 다른 사람들에게 해를 끼치는 것을 방지하기 위해 개인의 선택적 자유를 제한하는 것과는 다른 이유를 제공해 준다는 것을 시사한다. 결국, 우리가 어떤 공동체에서 생활하는 가는 우리가 어떤 사람이 되는가에 매우 주요한 영향을 미칠 수 있으며 어쩌면 개인이 하는 선택도 그들이 생활하고 성장하는 사회의 맥락과 무관하지 않기 때문에 개인의 선택보다 훨씬 더 근본적인 관심사가 될 것이다.

모든 유형의 자유주의자들은, 선택이 최고라는 믿음을 공유하는 자유의지론자들과 마찬가지로, 이 주장에 대해 의문을 제기한다. 일단 우리가 공동체의 가치라는 이름으로 행위를 금지하는 권리를 국가에 부여한다면, 우리는 이를 어디까지 허용해야 할 것인가? 억압적인 공동체는 인종차별을 시행하고, 성적 지향에 근거하여 다양한 법적 보호를 거부하거나, 종교적 가치를 반대자들에게 강요할 것이다. 어느 자유주의 철학자가 지적했던 것처럼, "공동체주의자들은 살렘(Salem)[*] ^{역주: 가나안의 고대도시, 현재의 예루살렘이라고 함, 창세기 14:18}에 살기를 원하지만…. 마녀를 믿지는 않는다."[14]

그래서 우리는 권투를 금지해야 하는가? 우리는 자가당착에 빠지지 않으면서 권투는 허용하되 메이헴은 금지할 수 있는가?

메이헴을 금지해야 할 비교적 명백한 이유가 있어 보인다. 첫째, 검투사가 되는 데 동의하는 사람들의 정신 상태를 의심할 타당한 이유가 있다. 우리는 참가하는 것에 동의한 것으로 알려진 모든 사람을 판단 능력이 없는 무능력한 사람들로 치부할 수는 없겠지만, 그들의 판단이 정신 상태가 더 의심스러운 사람들과 별반 차이가 없어 보인다는 점에서 최소한 부분적으로라도 금지하는 것을 지지한다. 더욱이, 공동체주의자들과 해악의 원리를 지지하는 자들은 아동들이 최고의 검투사를 자신들의 역할 모델로 채택할 경우 해를 입을 것이라는 데 동의할 것이다.

둘째, 완전한 공동체주의 관점에서 말하는 주장은 의심해 볼 만한 '공동체 가치들'을 다른 사람들에게 강압적으로 부과하는 위험이 있을 수 있겠지만, 아마도 '시민 공동체주의'라 불릴 수 있는 최소 형태의 공동체주의는 수용할 수 있을 것이다. 이 관점에 따르면, 국가가 정치적 민주주의의 작동에 근본적인 것이라 할 수 있는 예절, 열린 담론, 타인들에 대한 존중과 같은 가치들을 증진하는 데 관심을 두는 것은 타당하다. 만약 메이헴이 인기 있는 관람 '스포츠'가 된다면, 메이헴은 그런 가치들을 위협할 것이다. 그렇기 때문에 메이헴은 그런 최소 공동체주의의 이유에서 금지될 수 있다.

똑같은 추론이 권투나 실제로 싸움을 하는 종합격투기 같은 다른 관습에도 적용될 수 있는가? 아마 그렇지 않을 것이다. 앞에서 검토했던 바와 같이, 연성 후견주의는 권투선수들이 자유롭고 정보에 근거하여 참가하고자 하는 결정을 내리는 것이 분명할 때까지만 일시적으로 간섭하는 것을 허용하는 것이지 완전히 금지하는 것을 지지하지는 않는다. 게다가, 시민 공동체주의의 관점에서 권투를 판단할 때에도 메이헴보다는 훨씬 더 유연하게 적용될 것으로 보인다. 결국, 권투는 사용 가능한 폭력의 종류를 제한하는 규칙들로 규제되고, 심각한 부상이라 하더라도 메이헴에서처럼 시급하거나 치명적이지 않으며, 일방적인 격투일 경우에는 불리한 선수가 더 이상의 부상을 당하지 않도록 심판에 의해 경기가 중단된다.

나의 견해로 봤을 때, 권투를 금지하는 경우는 전면 금지, 특히 법적으로 금지하는 것을 정당화하기에는 너무 빈약하다. 스포츠 조직이 참가자들의 심각한 부상 기회를 줄이는 데 권한을 사용할 수 있기 때문에 권투는 적절하게 개선될 수 있을 것이다. 현재 권투선수들이 허리띠 아래를 가격하지 못하도록 규정으로 금지하고 있는 것과 같이 머리를 타격하는 것을 금지하도록 규칙을 개정해야 한다거나 혹은 프로 권투에서 보호용 헤드기어의 착용을 요구해야 한다는 일부 참관인들의 제안은 그런 점에서 타당해 보인다.[15] 그런 개정은 격투 스포츠로서 권투와 관련된 많은 가치를 보존함과 아울러 스포츠와 관련한 여러 비판을 줄여나갈 수 있을 것이다. 그리고 그런 개정에 대한 요구는 국가에 의해서 제기되는 것보다는 현재 시행되고 있는 권투에 대한 합당한 관심에서 비롯된 도덕적 압력을 통해 제기될 필요가 있다.

스포츠에 참가함으로써 뒤따르는 위험에는 정상적인 경기 진행 과정에서 겪는 부상뿐만 아니라 그보다 훨씬 더 많은 것이 포함된다. 그런 부상은 스포츠 참가에 따른 모든 위험의 연속체에서 하나의 위험일 뿐이다. 물론 그 위험은 연속체의 다른 쪽에 비해 한쪽 끝이 훨씬 덜하다. 이제 참가자들에게 위험을 초래할 수 있을 뿐만 아니라 스포츠 자체의 특성을 근본적으로 바꿔놓을 잠재력이 있는, 예컨대 경기력 향상 약물과 같은, 스포츠에서의 기술적 발전과 향상으로 제기된 윤리적 문제를 살펴보고자 한다.

제 4 장
경쟁 스포츠에서의 경기력 향상, 과학기술, 그리고 공정성

과학기술 및 약리학의 발전으로 인해 스포츠에 제기된 주요 문제는 무엇인가? 스포츠의 안전에 관한 문제를 제기하는 다른 영역은 무엇이며, 어떻게 해결해야 하는가?

2009 세계선수권대회뿐만 아니라 2008 올림픽과 쇼트 코스 선수권대회에서, 수영선수들은 몸에 꼭 맞는 전신 수영복을 착용하고 여러 기록을 세웠다. 이후 스포츠 조직은 곧바로 그런 수영복이 근본적으로 수영 경기의 도전을 약화한다는 이유에서 착용을 금지하였다.

1970년대에, '폴라라 스트레이트(Polara straight)'라고 알려진 골프공은 목표물에서 휘어지지 않고 공이 똑바로 나가도록 하는 데 도움이 되는 딤플 모양과 함께 다른 여러 특징을 지니고 있었는데, 이는 주로 기량이 떨어지는 선수들이 골프라는 경기의 도전을 완전히 익히는 데 도움을 주기 위한 상품으로 출시되었다. 그러나 그 공은 나중에 미국골프협회(USGA)에 의해 시합 때는 사용하지 못하도록 금지되었다. 짐작건대 그 공이 경기를 너무 쉽게 만들기 때문이었을 것이다.[1]

오스카 피스토리우스(O. Pistorious)는 2012 런던 올림픽 대회에서 치타 칼날이라 불렸던 보철 블레이드를 착용하여 널리 알려진 선수다. 그 칼날은 다른 육상선수들에 비해 그에게 불공정한 이점을 제공했는가?

우리는 과학기술의 발달이 경기력에 영향을 미치는 것을 과연 어느 정도까지 허용해야 할까? 왜 피부에 딱 달라붙는 전신 수영복 착용을 금지하는가? 무엇이 이를 정당화하는가? 다른 한편, 저산소실에서 하는 훈련은 높은 고도에서 훈련하는 이점을 그대로 옮겨오는 효과가 있는데, 우리는 육상선수들이 그런 시설에서 훈련하는 것을 허용해야 할까? 그런 시설에 오랫동안 들어가 훈련하면, 산소를 함유한 적혈구 수가 상당히 증가하며 그 결과 장거리 육상선수의 지구력이 강화된다.

이런 경우들은 어려운 문제를 야기한다. 즉, 스포츠에서 과학기술의 영향을 평가할 때 그 경계선을 어디에 두어야 할까? 어떤 발달은 경기력 향상에 허용될 수 있고 어떤 것은 그렇지 않은가? 그 문제가 부각된 것은 메이저리그 야구와 사이클링을 포함한 여러 스포츠에서 유명한 선수들이 경기력 향상 약물(PEDs)을 사용한 혐의 때문이다. 사이클 선수인 랜스 암스트롱(L. Armstrong)이 그런 약물을 사용하였다는 사실은 세계적인 주목을 받았고, 그가 고환암과 사투를 벌여왔다는 사실이 알려지면서 수백만 팬들로부터 받았던 관심과 존경을 훼손시켰다. 사실, 두 가지는 서로 관련되기는 하지만 똑같지는 않은 일련의 문제가 있는 것으로 보인다. 그중의 하나는 경기력 향상 약물의 사용과 관련되며 또 다른 하나는 과학기술이 경기력 향상에 미치는 효과에 대한 폭넓은 관심이다. 많은 양을 투여할 경우 경기력을 향상시키는 것으로 평가되는 합성 약품인 합성스테로이드의 사용으로 제기된 문제는 첫 번째 주제에 해당하며, 유선형으로 된 수영복의 착용과 관련한 문제는 두 번째 주제에 속한다.

이 문제들을 탐구하는 최선의 방안 중 하나는 경기력 향상 약물에 의해 제기된 문제를 조사해 보는 것이다. 우리는 그런 약물의 사용과 관련한 윤리 문제를 검토해 보는 것으로 시작하고자 한다.

우리는 경기력 향상 약물을 어떻게 정의할 수 있는가?

불행하게도, 경기력 향상 약물을 그에 공통으로 들어있는 어떤 본질적인 특성들의 측면에서 정의하는 것은 매우 어렵다. 사실, 정의를 내리고자 하는 시도 자체가 헛수고일 수 있다. 메이저리그 야구는 금지약물의 목록을 제시하고 있긴 하지만 그에 관한 정확한 정의를 밝히지는 않고 있다. 전 세계의 축구를 관장하고 있는 국제축구연맹(FIFA)은 스포츠에서 경쟁자를 능가하기 위해 약물을 사용하는 것을 지칭하는 도핑을 "선수에 의해서나, 아니면 매니저, 코치, 트레이너, 의사, 물리치료사 혹은 마사지사와 같은 다른 사람의 사주로 정신적 및 신체적 경기력을 생리적으로 향상하고자 하는 목적이나 오로지 경기에 참여하고자 하는 목적에서 질병이나 부상 — 이것이 의학적으로 근거가 없을 때 — 을 치료하는 모든 시도"로 규정하고 있다. 이런 설명은 도핑에 사용된 경기력 향상 약물이 질병을 치료하기 위한 약물로 사용된 것이 아니라 단순히 경기력을 향상하기 위해 투여된 것임을 강조하는 것이다. 그러나 이런 정의에 따르면, 예컨대 어느 한 운동선수가 오직 경기력을 향상할 것이라는 자신의 판단에 근거하여 건강한 지중해식 식단을 채택하는 것조차도 이에 해당할 수 있다. 그러한 사례를 고려해 보면, 우리는 경기력 향상 약물의 정의가 지나치게 포괄적이라는 것을 알 수 있을 것이다.

단지 합성스테로이드만이 아니라 많은 종류의 약물이 경기력 향상 약물로 분류될 수 있다. 바로 그런 복잡한 사정 때문에 어떤 깔끔한 정의를 내리기는 쉽지 않다. 예를 들면, 흔히 EPO라 불리는 에리트로포이에틴은 약물 사용자의 신체에서 산소운반 세포(적혈구)의 개수를 증가시키며, 그것은 전형적으로 그들의 지구력을 향상한다는 점에서 바람직할 수 있다. 그러나 그처럼 혈액의 농도를 높이는 것은 뇌졸중과 심장질환의 위험을 일으키기 때문에 매우 위험할 수 있으며, 그 약물을 사용했던 것으로 여겨지는 많은 엘리트 사이클 선수의 사망 원인으로 지목되고 있다. 심박동수를 느리게 하고 흔히 심부정맥을 통제하기 위해 처방되는 베타 차단제는 시합 도중 신경과민의 영향을 줄여줄 수 있다. 심지어 적절한 음주 또한 심박동수를 느리게 할 수 있는 것으로, 선수가 격발할 때 안정적인 자세를 그대로 유지하고자 심박동 사이에 방아쇠를 당기는 소총 사격술과 같은 일부 스포츠에서는 금지 약물로 간주된다.

의약품과 거의 같은 방식으로 능력을 회복시키는 약물과 능력을 향상하는 약물을 서로 구분하는 것은 경기력 향상 약물을 확인하는 유망한 수단처럼 보일지 모르지만 실제로는 별 도움이 되지 않는다. 간단히 말해 회복과 향상을 구분하는 명확한 선이 없다. 앞에서 언급했던 지중해식 식단은 회복시키는 것인가 향상하는 것인가? 운동선수가 고된 운동으로부터 더욱 빠르게 회복할 수 있도록 해주는 스테로이드는 경기력을 향상하는가 아니면 식단이 경기력을 방해할 수 있는 신진대사 결핍을 극복하게 해주는 것과 같이 몸을 좋은 상태로 회복시켜 선수가 쉽게 피로해지는 경향을 극복하는 데 도움을 주는가? 라식 수술은 시력을 정상으로 회복시켜주는가 아니면 시력을 향상해 주는가?

그리고 약물이 어떤 정황에서는 의학적 치료나 회복시키는 기능을 가지지만 또 다른 정황에서는 경기력 향상 약물로서 기능을 갖는 그런 경우를 각각 정확하게 분류해내기가 어렵다.[2] 예컨대, 리탈린 약물은 주의력 결핍 과잉활동 장애(ADHD) 아동을 치료하는 데 사용되지만, 그 약물은 또한 집중력이나 순간적인 에너지의 분출을 요구하는 스포츠에서 경기력을 향상하는 데 사용될 수도 있다. 의사가 의학적 치료 조건으로 처방한 리탈린을 사용하는 것은 합법적이지만 단순히 경기력을 향상하기 위해 사용될 때는 문제가 될 수 있다. 때로는 이런 구분선이 애매해서 그 경계가 어디인가를 평가하는 것이 어려운 경우들이 있다. 우리가 말하고자 하는 바는 회복과 향상의 구분이 무의미하다는 것이 아니라 어려운 경우를 해결해야 할 때 이런 구분이 별반 도움이 되지 않아 보인다는 것이다.

운동선수가 경기력 향상 약물을 자원으로 사용하는 것이 부자연스럽다고 생각하는 게 더 도움이 될까? 불행하게도, 자연스럽다와 부자연스럽다의 구분 또한 도움이 된다고 보기 어렵다. 의료용 약물은 항상 자연스러운가? 인간 호르몬 테스토스테론의 인위적 형태인 스테로이드는 부자연스러운가? 만약 그렇다면, 왜 그런가? 왜 부자연스러운 것은 어떤 의미에서 나쁜 것으로 간주되거나 금지되어야 하는가? 인공적인 고관절이나 무릎은 자연스러운 것인가 부자연스러운 것인가? 만약 부자연스러운 것이라면, 그것들은 금지되어야 하는가?

무엇을 경기력 향상 약물로 간주할 것인가를 규정하려고 시도하는 것보다, 내가 다른 곳에서 제시했던 제안을 따르는 것이 분명 더 현명해 보인다. 즉, 우리는 먼저 왜 어떤 약물은 금지되어야 하는가의 이유를 밝히고, 그런 다음 그 이유가 적용되는 다른 약물들이 있다면 각각의 약물을 경기력 향상 약물로 규정하는 것이다.[3] 다시 말해서, '경기력 향상 약물'을 먼저 정의하고 그런 이후에 우리가 정의한 범주 안에 드는 약물의 사용이 도덕적으로 그른지를 확인하기보다는, 먼저 어떤 약물을 사용하는 것이 왜 도덕적으로 그른지(그른 것이 있다면)를 밝히고 그런 약물을 경기력 향상 약물로 규정하자는 것이다.

경기력을 향상하기 위해 약물을 사용하는 것은 비윤리적이라는 것이 명백하지 않은가? 팬들이 사이클링의 랜스 암스트롱과 메이저리그 야구의 알렉스 로드리게스와 같이 약물을 사용한 것으로 알려진 선수를 부정행위자로 간주하거나, 최소한 경쟁하는 운동경기를 지배해야 하는 윤리를 위반한 것으로 간주하는 것이 옳지 않은가?

내가 처음 스포츠의 경기력 향상 약물 사용과 관련한 윤리에 대해 글을 쓰기 시작하였을 때, 참으로 어리석은 생각이었음을 깨닫게 되었지만, 나는 그 문제가 비교적 해결하기 쉬울 것으로 생각했었다. 그래서 운동선수들의 경기력 향상 약물 사용이라는 주제로 1984년 여름 오리건주 유진에서 개최된 올림픽 스포츠과학 회의에 패널로 참여해 달라는 요청을 받았을 때, 나는 이를 별다른 고민 없이 받아들였다(그 회의는 올림픽 경기가 열리기 전에 학자, 코치, 운동선수들이 스포츠의 윤리적 문제, 특히 올림픽 운동과 관련한 문제들을 토론하기 위해 개최되었던 포럼이다). 나는 운동경기에서 경기력 향상 약물의 사용이 왜 그른지 그리고 왜 금지되어야 하는지를 명백하게 보여준다고 자신했던 논문을 발표하였다. 그러나 놀랍게도, 많은 패널이 내 의견에 동의하지 않았다. 설상가상으로 상당수 사람이 나의 주장에 결함이 있음을 지적하였는데, 그것은 결코 무리가 아니었다. 그 이후에 나는 경기력 향상 약물의 사용과 심지어 그에 관한 정의조차도 내가 인식했었던 것보다 훨씬 더 복잡하다는 것을 깨닫게 되었다.

그러나 그렇게 복잡하긴 해도, 우리가 설정할 수 있는 몇 가지 분명한 사실이 존재한다. 우선, 스포츠 시합에 적용되는 규칙에 어떤 경기력 향상 약물의 사용을 금지하는 규정이 엄연히 존재하고 있다면, 다른 선수들에 대한 이점을 확보하기 위해 그 약물을 고의로 사용하는 것은 분명히 잘못이며, 많은 경우에 제2장에서 논의되었던 부정행위의 전형적인 예에 잘 들어맞는다. 농구에서 공을 들고 이동하거나 마라톤에서 지름길로 뛰어가는 것은 명백한 규칙 위반에 해당하며, 따라서 이는 다른 선수들에 비해 공정하지 않다. 약물 사용이 특정 유형의 규칙을 위반한다는 사실은 이 예에서 특별한 경우가 아니다. 자기 자신을 예외로 인정할 어떠한 타당한 이유도 없이 현존하고 있는 규칙을 위반하는 것은 부정행위이다. 그런 경우, 약물을 사용하는 자는 규칙을 따르면서 경기력 향상 약물을 사용하지 않는 동료 선수들을 문제의 스포츠에 적용되는 규칙과 원리에 의해 규정된 도전을 통해 서로 시험하도록 설계된 활동에 참여하는 인간으로서가 아니라 자신의 성공을 위한 단순한 장애로 대우하는 것이다.

그러나 많은 사람이 그 문제에 관하여 지적하였듯이, 더 중요한 문제는 경기력 향상 약물을 애당초에 금지해야 하는가이다. 어차피 많은 선수가 그렇게 하고 있고 또한 운동선수들이 적합하다고 생각하는 그런 약물을 사용할 수 있도록 왜 규칙을 바꾸지 않는가? 탁월함을 추구하기 위해 자유롭게 실험할 수 있는 자유를 제한하는 까닭은 무엇인가? 그것을 어떻게 정당화할 수 있는가?

이런 물음에 대해 답할 때, 여러 가지 다른 문제와 거리를 유지하는 것이 중요하다. 예를 들면, 경기력 향상 약물의 사용을 금지하는 것은 그런 약물이 '약물을 전혀 사용하지 않은' 다른 선수와 비교하여 이를 사용한 선수에게 불공정한 이점을 줄 것이라는 믿음에 근거하고 있는 가? 아니면 약물을 사용한 자로 인해 다른 선수들 또한 자신들이 불리한 처지에 놓이는 것을 피하고자 약물을 사용하게 됨으로써, 결과적으로 약물을 사용한 선수가 그들에게 해악을 끼치기 때문인가? 금지하는 이유가 경기력 향상 약물의 사용이 스포츠가 마땅히 추구해야 하는 어떤 이상에 위배된다는 관점에 기초하고 있는가? 우리의 주요 관심사는 젊은 운동선수들이 이를 사용하는 엘리트 선수들을 모방하기 때문에 그렇든, 아니면 그들이 엘리트 신분을 쟁취하기 위해서는 반드시 사용해야 한다고 스스로 믿기 때문에 그렇든, 암튼 그들이 경기력 향상 약물을 사용하기 시작하는 것을 예방하는 데 있는 것인가? 다른 한편으로는, 경기력 향상 약물을 금지하는 것은 운동선수들이 감수하고자 하는 위험을 그들 스스로 결정할 수 있는 자유를 부당하게 간섭하는 것은 아닌가? 어차피 이것은 애초에 그들이 위험한 스포츠에 참가할 것인가를 결정할 때 알아서 하는 일 아닌가? 이런 도전적인 물음들에 대한 적절한 답이 무엇인지, 운동선수가 갖는 선택의 자유에 관한 문제부터 검토를 시작해 보자.

운동선수들은 경기력 향상 약물을 사용할 것인지를 스스로 선택할 자유가 있는 것 아닌가?

19세기 철학자 존 스튜어트 밀(J. S. Mill)이 옹호했고 앞에서 우리가 위험한 스포츠에 대해 검토할 때 논의했던 소위 말하는 해악의 원리는 우리가 이런 물음에 답하고자 할 때 도움을 줄 것이다. 이 원리에 따르면, 개인의 자유를 제한하는 유일한 근거는 다른 사람들에게 해를 끼치는 것을 방지하기 위한 것이다.

만약 우리가 해악의 원리를 채택한다면, 경기력 향상 약물에 대한 규제는 오로지 우리가 그런 약물의 사용이 다른 사람들에게 해를 끼친다거나 그렇게 할 명백한 가능성이 있다는 것을 입증할 수 있을 때만 정당화될 수 있다. 더욱이, 우리는 문제의 그 해악이 약물 사용자가 다른 사람들에게 가할 어떠한 권리를 갖고 있지 않음을 보여줄 수 있어야 한다. 예를 들면, 만약 어떤 사람이 원하고 그 일자리에 더 자격이 있는 내가 지원한다면, 내가 합격했을 때, 그 사람은 고용되지 못할 것이기 때문에 나는 그 경쟁자에게 해를 끼칠지 모른다. 마찬가지로, 내가 사업을 하고 있고 나의 기민한 마케팅이 경쟁자의 판매 실적 감소로 이어진다면, 그 경쟁자는 해를 입게 될 것이다. 그러나 이것은 내가 그 직장에 지원해서는 안 된다거나 내가 사업을 공격적으로 마케팅해서는 안 된다는 것을 의미하지 않는다. 해악의 원리는 모든 잠재적 가능성이 있는 해로운 행동이 금지될 수 있다는 것이 아니라, 만약 우리가 행동을 금지한다면 그것은 오직 다른 사람에게 해를 끼치지 않기 위해서여야 한다는 것을 시사하는 것이다.

다른 사람들의 자유를 그들 자신의 이익을 위해 제한하는 후견주의는 해악의 원리에 의해 배제되는 것 같이 보이지만, 밀 자신은 『자유론 On Liberty』에서 '연성 후견주의'라 불리게 되는 예외를 두었다. 우리가 앞에서 언급했던 바와 같이, 연성 후견주의는 개인이 자신에게 해를 끼칠지 모르는 위험한 행동을 하고자 할 때 이것이 불러올 것으로 예상하는 결과들을 확실하게 이해하고 평가할 수 있도록 개인의 자유를 일시적으로 제한하는 것을 말한다. 밀은 어떤 사람이 유실된 다리를 건너고자 하는 운전자를 멈춰 세우고 그가 지금 무슨 행동을 하고 있는지를 분명하게 인식하도록 하는 사례를 들고 있다. 이와 유사한 것으로, 어떤 행인은 자살 시도를 하는 사람이 비이성적이고 격한 감정에 휩쓸려 그런 결정을 내린 것이 아니라 정확한 정보에 근거하여 내린 것인지, 그리고 그가 진정으로 스스로 결정을 내릴 능력이 있는 사람인지를 확인하기 위해 그의 시도를 방해할 수 있을 것이다.

정치적 자유주의자들(political liberals)과 자유의지론자들(libertarians)은 일반적으로 해악의 원리에 매우 큰 비중을 둔다. 자유의지론자들은 사람들이 타인들에게 폭력을 행사하는 것을 막는 것 외에는 개인의 선택이 국가에 의해 제한되어서는 안 된다고 믿는다. 그렇다면 스포츠 자유의지론자들은 운동선수들이 다른 사람들에게 해를 끼칠 수 있다는 위험이 입증되지 않는 한, 경기력 향상 약물을 시험하는 것을 포함하여, 시험해 볼 수 있는 최대한의 재량권을 인정해야 한다는 생각을 지지할 것이다. 자유주의자들 또한 개인의 자유에 매우 큰 비중을 두지만 자유의지론자들처럼 자유를 그렇게 광범위하게 이해하지는 않는다. 비록 자유주의자들은 일부 집단이 좋은 삶과 관련한 종교적 이상 같은 그들의 이상을 다른 사람들에게 부과하려는 위험에 대해서는 자유의지론자들과 의견이 일치하지만, 국가는 사람들이 좋은 삶에 대한 자신의 개인적인 이상을 추구할 수 있도록 공정한 기회를 보장하는 사회 구조를 제공할 의무가 있다고 믿는다. 그러함에도, 많은 영역에서 자유주의자들은 자유의지론자들처럼 결정 능력이 있는 성인의 자유에 대해 후견주의적 간섭을 경계하는 경향이 있다. 만약 우리가 다른 사람들에게 해를 끼치지 않는 한 우리의 일상 삶을 어떻게 살 것인가를 선택하는 자유를 우리의 근본적인 권리 중의 하나로 간주한다면, 운동선수들이 그들 자신의 이익을 위하여 경기력 향상 약물을 사용하는 자유를 제한하는 것은 추구할 만한 매력적인 전략이 아닌 것으로 보인다.

경기력 향상 약물 사용의 금지와 관련하여 우리가 고려해야 하는 주장으로는 흔히 어떤 것들이 거론되고 있는가? 그런 주장들은 얼마나 설득력이 있는가?

운동선수들이 경기력 향상 약물을 사용하는 것을 예방하고 싶은 후견주의적 근거들, 예컨대 우리가 논의하였던 경기력 향상 약물로 인하여 나타나는 건강 위험의 피해를 예방해 주고 싶은 근거 이외에, 경기력 향상 약물의 사용을 금하는 근거가 또 있을 수 있다. 우리가 앞에서 언급했던 바와 같이, 그런 약물은 사용을 삼가는 선수들에 비해 이를 사용하는 선수들에게 불공정한 이점을 제공할 것이다. 사실, 그것은 운동선수들이 흔히 그런 약물을 사용하는 이유이기도 하다. 그렇게 함으로써, 그들은 우리가 지키고 보존할 만한 가치가 있다고 생각하는 스포츠의 이상을 훼손할 수 있다. 비록 자유주의자들과 자유의지론자들이 국가가 시민들에게 어떻게 살아야 할 것인가에 관한 이상을 부과하는 것을 경계하지만, 어쩌면 다른 일련의 규범들은 국가보다는 스포츠 조직에 더 들어맞을지 모른다.

자유주의와 자유의지론과 같은 정치 이론은 경기력 향상 약물과 관련한 논쟁에 어떻게 적용될 수 있을까? 우리가 논의하는 동안 본격적인 정치적 자유의지론자는 아니라도 스포츠 자유의지론자, 예컨대 운동선수들은 개인의 자유를 기반으로 경기력 향상 약물을 사용할 수 있다고 주장하는 자가 될 수 있음을 기억하는 것이 중요하다. 즉, 우리는 운동선수들이 경기력 향상 약물을 사용할 것인가에 대해 스스로 결정할 자유가 있어야 한다는 관점을 지님과 동시에 자유주의적인 정치적 관점, 예컨대 국가는 무상교육이나 무상급식과 같은 기본 서비스를 제공하고 아울러 기초 필수품을 스스로 마련할 수 없는 사람들을 보호하고자 우리의 의지에 반하여 우리에게 세금을 부과할 수 있다는 관점을 모두 일관되게 유지할 수 있을 것이다. 우리는 스포츠와 관련하여 어떤 견해를 가질 수 있고 정치에 대해서는 다른 견해를 가질 수 있다. 사실, 우리가 현재 검토하고 있는 논쟁들에서 그 핵심 개념을 언급하려면, 우리도 그렇게 할 자유가 있다.

운동선수들이 자신을 보호할 수 있도록 경기력 향상 약물을 금지하는 것은 타당하지 않은가?

특히 아나볼릭 스테로이드와 같은 일부 경기력 향상 약물은 사용자들에게 위험한 것으로 여겨지고 있다. 따라서 스테로이드를 자주, 장기간 사용할 경우 심장마비, 신장 질환, 간암 등 심각한 질병에 걸릴 위험을 증가시킬 수 있다는 주장이 제기되고 있다. 불행히도, 이런 결론을 뒷받침하는 잘 설계된 임상 연구가 없는데, 이는 운동선수들이 사용하는 것으로 알려진 체력과 조합에 효과가 있는 스테로이드를 피험자들에게 제공하는 것이 불법이기 때문이기도 하다. 따라서 스테로이드로 인하여 발생하는 해에 대한 증거의 대부분은 약물 사용 부작용과 관련하여 제기되는 주장의 최고 기준이라 할 수 있는 일종의 피어리뷰 이중 맹검 연구(peer-reviewed double-blind studies) *역주: 연구물의 객관성과 공정성을 확보하기 위해 원작자와 검토자가 서로 모르는 익명성 아래 평가하는 과정 에 기초한 것이 아니라, 의료 목적으로 사용된 스테로이드의 부작용이나 스테로이드 사용의 화학작용에 관한 지식 등의 특수한 경우의 보고를 기반으로 하고 있다. 사실, 특히 장거리 사이클링과 같은 격렬한 스포츠에 참가하는 일부 운동선수는 스테로이드를 사용할 경우 그 스포츠의 성격상 불가피하게 수반되는 기진맥진한 상태로부터 훨씬 빨리 회복할 수 있어 오히려 스포츠를 더욱 안전하게 할 수 있다고 주장한다. 그럼에도 불구하고, 경기력을 향상하고자 스테로이드를 사용할 경우 나타날 수 있는 여러 위험은 앞에서 인용한 고려사항들과 장기간의 과중 사용에 따른 예상 결과에 근거하고 있다는 점에서 매우 타당해 보인다. 불행히도, 많은 사람이 그런 위험을 너무 자주 무시하고 사용한다.

어쨌든, 인간 성장 호르몬과 같은 경기력 향상 약물뿐만 아니라 아나볼릭 스테로이드를 사용할 경우 그 사람의 건강에 심각한 위험을 초래한다는 주장과 관련한 논의를 하나하나 열거해 보자. 자유의지론자들은 이를 인정하더라도 그런 약물의 사용을 금지하는 것은 여러 반론에 직면한 것이라고 주장한다.

첫째, 자유의지론자들은 우리가 이미 운동선수들이 많은 방식에서 자신의 건강에 대한 위험을 무릅쓰는 것을 허용하고 있다고 지적한다. 예컨대 등산 같은 일부 스포츠는 그 자체가 본래 위험하다. 우리는 미식축구시합, 특히 북아메리카 프로 미식축구 리그에서 시합할 경우 생길 수 있는 위험과 머리에 대한 지속적인 타격이 미치는 장기적 효과 등을 점차 인식하게 되었다. 프로 권투는 잘 알려진 펀치 드렁크 현상(뇌세포 손상증)에도 불구하고 금지되지 않고 있다. 뇌진탕을 포함한 부상들은 축구, 농구, 그리고 특히 럭비 같은 스포츠에서 비일비재하게 발생한다. 흔히 만성적이고 때로는 일시적인 장애를 일으키는 요통은 골프에 심취한 골퍼에게서 자주 나타난다. 참가자들에게 그런 위험이 있음에도 불구하고, 우리는 이런 활동의 그 어떤 것도 금지하지 않는다. 그러므로 자유의지론자들은, 운동선수들이 많은 분야 가운데에서 특정 스포츠를 선택하여 열심히 운동하는 것을 허용한다는 것은 그 과정에서 나타날 수 있는 심각한 위험을 무릅쓰는 것을 인정하는 것이라고 볼 때, 경기력 향상 약물을 사용할 경우 그 선수가 위험할 수 있다는 이유로 그 약물의 사용을 금지하는 것은 독단적인 결정이라고 잘라 말한다 (위에서 언급했던 바와 같이, 장거리 사이클 선수 같은 일부 운동선수들은 경기력 향상 약물을 약간 사용하면 경주 과정에서 겪게 되는 녹초 상태를 더 빠르게 회복하게 됨으로써 그 스포츠를 더 안전하게 할 수 있다고 주장한다).

둘째, 우리가 검토해 본 바와 같이, 자유의지론자들은 그들 자신의 이익을 위해 유능한 운동선수의 선택에 개입하는 후견주의의 위험성을 지적한다. 밀의 해악의 원리를 기억해보자. 그 원리에 의하면 우리는 아동들이나 정신적 무능력자들이 그들의 선택에 따라 행위를 할 때 이익을 담보할 수 없기 때문에 그들의 이익을 위해 선택을 규제할 수 있으나, 자기 결정이 가능한 성인들의 선택을 간섭하는 것은 전혀 다른 문제이다. 만약, 가히 보모 국가(Nanny State)와 같은 곳에서처럼, 국가가 우리에게 건강에 해로운 식사를 하는 것을 금하거나 우리가 운동을 하지 않을 때 벌금을 부과한다면, 아마도 많은 사람은 이에 분노할 것이다. 이 관점에 의하면, 다른 사람들에게 해를 끼침으로써 밀의 원리를 위반하지 않는 한, 자기 결정력이 있는 성인들은 자유롭게 나쁜 선택도 할 수 있어야 한다. 따라서 스포츠 자유의지론자들은 충분한 정보에 근거하여 결정을 내릴 수 있는 성인에게는 자신이 스스로 선택을 할 수 있는 자유가 있다고 주장한다. 만약 누군가가 우리에게 이익이 된다고 생각하는 것만 우리가 선택하는 것이 허용된다면, 그것은 우리를 아동으로 대우하는 것이지 칸트(Kant)가 목적으로서 대우하라고 했던 바와 같은 자율적인 인간으로 존중하는 것이 아니다.

운동선수가 다른 운동선수에게 해를 끼치는 것을 방지하기 위해 경기력 향상 약물을 금지하는 것은 타당하지 않은가?

조직화한 운동경기에서 경기력 향상 약물을 금지하는 것을 찬성하는 많은 사람을 포함하여, 우리 중의 많은 사람은 앞에서 개략적으로 검토했던 반후견주의적 견해에 동의할 것이다. 그러나 '다른 사람들'에게 해를 끼치는 것은 어떤가? 경기력 향상 약물을 사용하는 운동선수는 결과적으로 다른 선수들도 경쟁력을 갖추기 위해서는 그런 약물을 사용할 수밖에 없도록 강요하는 것은 아닌가? 그리고 만약 약물을 사용하지 않고 스포츠를 하고자 하는 선수가 금지약물 사용을 강요당한다면, 그는 결과적으로 자신에게 해를 끼치거나, 적어도 그가 사용하는 약물의 부작용으로 나타날 수 있는 심각한 해악의 위험을 무릅쓰도록 강요받는 것이 아닌가? 밀의 해악의 원리는 우리가 다른 사람들에게 해를 끼치는 것을 막기 위해서 일부 행위를 제한하는 것을 인정한다. 위험한 경기력 향상 약물의 사용은 다른 사람들에게 해를 끼치는 부류의 행위에 들어가지 않는가?

이런 주장은 다음과 같은 두 가지 가정에 의존한다. 첫째, 일부 운동선수가 경기력 향상 약물을 사용하는 것은 다른 선수들도 그런 약물을 사용하도록 강요한다는 것이다. 둘째, 약물 사용은 그들에게 해를 끼치거나 혹은 도덕적으로 허용하기 어려운 방식에서 그들을 해칠 위험이 있다는 것이다. 그러나 비평가들은 이 두 가정에 대해 의문을 제기하고 있는데, 그런 의문은 타당한 면이 있다.

강압과 관련한 주장을 검토해 보자. 우리가 일관성을 유지하려면, 그리고 약물을 사용하는 자가 다른 선수들에게 경쟁력을 유지하기 위해 경기력 향상 약물을 사용하지 않으면 안 되게 만든다고 간주한다면, 우리는 강압을 지나치게 폭넓은 관점에서 받아들이게 된다. 예를 들면, 만약 내가 참가하는 스포츠에서 경쟁력을 높이기 위해 열심히 웨이트트레이닝을 한다면, 이 또한 내가 동료 경쟁자들에게 열심히 운동하도록 강요하고 있는 것인가? 타이거 우즈가 골프 무대에 혜성처럼 등장하였을 때, 그의 성공은 엘리트 골프에서 운동 정신과 신체단련이 매우 효과적임을 입증해 주었다. 그는 말 그대로 다른 선수들이 그를 더 열심히 운동하도록 강요를 했는가, 아니면 그들이 시합에서 우즈를 이기고자 더 열심히 운동하는 것을 선택한 것인가?

이 둘 중 하나를 강압의 사례로 간주하는 것은 지나친 확대해석으로 보인다. 왜 약물을 사용한 선수가 다른 선수들도 똑같이 그렇게 하도록 강요한다고 생각해야 하는가? 만약 경쟁하는 선수가 금지약물 사용을 원하지 않는다면, 그는 약물을 사용하지 않는 길을 선택하고 그 경기의 다른 차원에서 더욱 열심히 운동하거나 혹은 완전히 스포츠를 떠날 수도 있을 것이다.

물론, 스스로 선택하여 경기력 향상 약물을 사용한 자는 그런 사실이 다른 선수들에게 알려진다고 가정할 경우, 다른 선수들의 관점에서 보면 똑같이 그런 약물을 사용해야 할 것인가라는 압력으로 작용할 수도 있을 것이다. 그러나 다른 선수들에게 압력으로 작용하는 것은 결과적으로는 그들에게 약물을 사용한 선수가 보이는 경기력의 수준에 뒤지지 않는 능력을 발휘하고자 하는 동기를 제공하는 것으로, 그들에게 압력을 가하는 것과는 전혀 다른 문제이다. 우리는 스포츠에서뿐만 아니라 다른 일상생활 영역에서 다른 사람들에게 많은 스트레스를 준다. 만약 내 학생들 가운데 한 학생이 주어진 과제가 정교하게 잘 다듬어질 때까지 수없이 이를 고쳐 쓰면서 유난히 열심히 한다면, 그의 그런 행위는 아마도 야망이 있는 다른 학생들에게는 그렇게 똑같이 해야 한다는 압력으로 작용할 수 있을 것이다. 그렇지만 어느 학생도 더 열심히 하라는 압력을 받고 있다고까지는 말하지 않는다.

강압의 주장에 대한 이런 비판은 설득력이 있지만 결정적이지 않을 수 있다. '강압'의 개념 자체는 다양한 방식으로 이해될 수 있으며, 일부 방어 가능한 강압 개념은 훨씬 더 다양한 경우에서 적용될 수 있을 것이다.[4] 예를 들면, 만약 어떤 노동자가 자기 가족을 부양하기 위해 저임금을 받는 직장에 취업해야 한다면 이것은 '강압'에 대한 이해에서 보면, 그 노동자는 경제적 필요성에서 압력을 받는다. 그러나 다른 개념에서 보면, 그는 자기가 가장 중요시하는 동기에 따라 자유로운 선택을 하는 것이다.

어쩌면, 상반된 주장들과 달리, 많은 경우에 운동선수들은 위험한 경기력 향상 약물의 사용과 관련하여 때로는 스트레스를 받는다('강압'에 대한 넓은 관점에서 보면)고 생각하는 것이 타당해 보인다. 예컨대, 나이 많은 어떤 프로 선수가 만약 자신이 약물을 사용하지 않는다면 젊은 경쟁자들에 뒤져 팀에서 소외될 수 있다고 생각하는 경우를 상상해 보자. 만약 자신이 약물을 사용하지 않는다면 결코 엘리트 수준에 도달할 수 없을 것으로 생각하는 젊은 선수를 떠올려 보자. 비록 '강압'에 대한 일부 관점에서 보면 그런 사람이 '압력을 받는다'라고 말하는 것은 지나친 과장일 수 있겠지만(어쨌든, 그는 약물을 사용하지 않고 더 열심히 운동하거나 단순히 자신의 목표를 변경할 수 있다), 또 다른 관점에서 보면 그것은 전혀 과장이 아니다.

나의 결론은 강압의 개념이 이론의 여지가 있는 영역이란 점에서 강압 주장이 결정적이지는 않지만, 그렇다고 그것이 전혀 무가치한 것도 아니라는 것이다. 어쩌면 강압 주장이 그 자체로 결정적이지 않다고 하더라도, 그 주장은 같은 결론에 대한 다른 주장에 의해 지지를 받을 때 설득력을 얻는다. 예컨대, 많은 주장이 연합하여 경기력 향상 약물 사용의 금지를 지지하는 경우가 오직 하나의 주장만으로 이루어지는 경우보다 훨씬 더 강한 설득력을 발휘하게 된다.

어쨌든, 우리가 앞에서 확인했던 강압 주장에 관한 두 번째 가정은 만약 어떤 선수들이 경기력 향상 약물을 사용함으로써 다른 선수들에게 해를 끼친다면, 그들은 '불공정하게' 혹은 '도덕적으로 허용할 수 없는' 방식에서 행동하는 것이라고 하였다. 그러나 우리는 선수들이 약물을 사용하기로 선택할 때 동료 경쟁자들에게 해를 끼칠 위험을 부당하게 높이고 있다고 곧바로 가정할 수 있는가? 그들이 하는 행위는 어떤 학생이 좋은 학업성적을 얻기 위해 동료들보다 더 열심히 공부하는 것과 비교했을 때 왜 뭐가 더 불공정한가? 그런 질문에 대하여 타당한 대답을 하지 못한다면, 경기력 향상 약물의 금지를 비판하는 자들은 강압 주장이 설득력이 없다고 주장할 것이다. 따라서 강압의 논증을 강화하기 위해, 우리는 약물을 사용한 자들이 약물을 사용하지 않은 선수들에게 불공정하거나 부당하다고 여겨질 수 있는 방식으로 압력을 가한다고 생각할 만한 추가적인 이유가 필요하다.

스포츠에서 경기력 향상 약물을 사용하는 자는 그렇지 않은 경쟁자에 비해 불공정한 이점을 갖는 것 아닌가?

비록 경기력 향상 약물의 사용이 많은 스포츠의 도전을 인정할 수 없는 수준이 되게 하지는 않는다고 하더라도, 어쩌면 약물을 사용하는 자들은 그렇지 않은 자들에 비해 불공정한 이점을 가질 수 있다. 만약 상대에 대해 이점을 얻을 수 없다면, 도대체 누가 애초에 약물을 사용하고자 하겠는가?

그런데 그 이점이 어째서 불공정한가? 운동선수들은 종종 다른 경쟁자들보다 유리한 상황에서 시작한다. 예컨대, 어떤 선수는 다른 선수보다 더 좋은 개인 교습, 더 좋은 훈련 시설, 혹은 훨씬 더 많은 재정적 지원을 받는다. 어떤 선수는 오로지 유전적 선택의 행운으로 다른 선수들보다 신장이 더 크거나 더 잘 달린다. 이런 이점들은 모두 불공정한가? 만약 그렇지 않다면, 약물 사용으로 인한 이점이 불공정하다는 것은 그런 것들과 무엇이 다르기 때문인가?

나는 운동선수들의 통제를 벗어나 있는 사회적, 경제적 조건으로부터 발생하는 경쟁 이전의 불평등은 추정적으로 불공정하다고 말하고 싶다. 부유한 국가의 올림픽 팀이 엄청난 재원의 뒷받침을 받는 반면에 후진국의 팀은 그와 비교하여 소규모의 재정 지원을 받는다면, 경쟁 이전에 경기장이 이미 기울어져 있는 셈이다(오늘날 우리는 후진국의 운동선수들이, 특히 축구의 경우, 프로 선수들에게 지급되는 임금이 더 높은 선진국에서 경기하고자 결정하는 '체력 국외유출(muscle drain)' 현상이 일어나는 것을 본다).

다른 한편으로, 개인 교습의 차이는 도덕적 관점에서 보면 문제의 심각성이 그리 크지 않다. 개인 교습 자체는 경쟁의 한 부분으로 간주될 수 있는 일련의 기술을 필요로 하는데, 예컨대 운동선수 자신의 능력이나 전략적 기술 같은 것들이 반드시 똑같아야 할 필요는 없다(물론, 경제적 측면에서 최고로 풍족한 팀들이 역시 최고의 코치들을 만날 수 있을 것이다).

약물을 사용한 자들이 '전혀 그렇지 않은' 운동선수들에 비해 갖는 이점이 그래서 공정한가 아니면 불공정한가? 그것은 우리가 받아들이는 이점, 예컨대 타고난 천부적인 재능 같은 이점과는 어떤 점에서 차이가 있는가?

이런 물음에 대해 전혀 이론이 없는 답이 존재하기는 어렵겠지만, 나는 그런 이점이 불공정하다는 주장이 어느 정도 설득력이 있다고 생각한다. 어떤 운동선수에게 있어서 최고의 이점은 경기력 향상 약물을 사용하는 시합에서 유일하게 자신만 그런 약물을 사용한 경우이다. 그런데 만약 모든 사람에게 그런 약물을 사용하는 것이 허용된다면, 그 이점은 일반적으로 다른 사용자들이 얻은 이점과 상쇄될 것이며 특히나 만약 문제의 그 약물이 위험한 부작용을 지녔다면 약물 사용으로 인한 어떠한 실익이 전혀 없을 것이다.

따라서 어떤 운동선수도 다른 선수들과 비교하여 대단한 이점을 얻을 것 같지가 않고 또한 모두가 위험에 노출될 것이라는 점에서, 운동선수들은 모든 선수에게 약물 사용을 허용하는 정책에 동의할 것 같지가 않다. 만약 이런 지적이 타당하다면, 운동선수들 간의 합리적인 사회적 계약에는 경기력 향상 약물(최소한, 부작용을 지닌 약물들)의 사용을 허용하는 규정이 포함되지 않을 것이다. 이것은 왜 많은 사람이 경기력 향상 약물의 사용을 부정행위와 동일시하는지를 설명해 준다. 그런 약물의 사용은 소수의 선수만이 사용하고 다수의 선수는 사용하지 않을 때만 문제가 된다. 사용자들은 모든 사람이 동의할 수 있을 것으로 보이는 규칙 체계에서 그들 자신만을 임의로 면제시키며, 그럼으로써 우리가 제2장에서 규정했던 부정행위에 분명히 속하게 된다.

물론 이런 유형의 주장이 결정적인 것으로 여겨지려면 새롭게 진전된 사실과 철저한 비판적 검토를 거칠 필요가 있겠지만, 아마도 앞에서 규정된 대략적인 요점이 특히 그런 관점을 지지하는 다른 이유와 연합될 경우 금지 입장에 무게를 더해줄 것이다.

경기력 향상 약물을 사용하면 스포츠가 너무 쉬워지는가?

경기력 향상 약물의 금지를 옹호하는 자들은 그런 약물의 사용이 성공을 너무 쉽게 성취할 수 있는 것으로 여기게 함으로써 스포츠의 도전을 격하시킨다고 주장할 수 있을 것이다. 그들은 그 증거로 특히 야구에서 소위 말하는 약물의 시대라 일컫는 기간에 그들의 전성기를 보냈던 바비 본즈(B. Bonds)와 같은 나이 든 선수들이 보여준 홈런의 과잉을 지적한다.

인기 선수 호세 칸세코(J. Canesco)는 자서전 『약물에 취해 *Juiced: Wild Times, Rampant' Roids, Smash Hits and How Baseball Got Big*』에서 말로만 전해지던 메이저리그 야구에서 경기력 향상 약물을 사용하고 있다는 의심을 확인시켜주었다. 그의 폭로는 곧바로 메이저리그에서 경기력 향상 약물을 사용하는지에 대한 조사로 이어졌고, 그 결과는 전직 상원의원인 조지 미첼(G. Mitchell)이 쓴 미첼 보고서에 자세하게 기록되어있다. 엘리트 사이클링에서, 랜스 암스트롱(L. Armstrong)이 성공할 수 있었던 것은 사용자의 산소운반 능력을 높이고 지구력을 향상하는 데 기여하는 약물 에리트로포이에틴(EPO)과 '혈액 도핑(피를 수혈하여 체력을 높이는 방법)' 혹은 자신의 적혈구 투여와 같은 경기력 향상 기술을 사용한 결과로 알려져 있다. 이런 결과들이 폭로되면서, 팬들은 그들이 우상으로 여겼던 프로 선수들에 대한 존중을 거둬들였고, 그들의 위업에 진심으로 흠모와 경외심을 가졌던 일부 선수들에 대해서는 냉소를 보냈다.

그러나 이런 도핑 추문이 팬들에게 격한 감정을 불러일으켰고 공정성에 대한 문제를 세간의 관심사로 부각시켰지만, 경기력 향상 약물의 금지에 대한 논거는 여전히 결정적이지 못하다. 예컨대, 우리는 약물 시대에 야간 경기를 치를 경우 타자들 역시 '약물에 취한' 투수들을 마주했을 것이라고 말할 수 있다. 암스트롱이 그런 추문에 적발된 가장 유명한 사이클 선수이긴 하였지만, 그가 약물을 사용한 유일한 선수가 아닌 것은 거의 확실하다고 말할 수 있을 것이다.

더욱 중요한 것은 경기력을 향상하는 장비를 사용하는 것 또한 해당 스포츠를 너무 쉽게 만들 수 있음에도 흔히 허용되고 있다는 사실이다. 예를 들면, 2000 시즌 무렵에 멀티레이어드 골프공이 소개되기 전까지, 엘리트 선수들은 멀리 날아가지만 그린 주변에 통제력을 제공하는 스핀이 부족했던 디스턴스 공이나 아니면 디스턴스 공만큼 멀리 날아가지 않았던 하이스핀 공 가운데 선택해야 했었다. 새로운 멀티레이어드 공은 거리와 함께 통제력을 제공해 주었다. 많은 참관인에 따르면, 새로운 공은 선수들이 비거리를 많이 늘리면서도 공을 그린 위에 안착시키는 통제력을 발휘하도록 해줌으로써 타수를 줄이기 위해 위험을 무릅쓰고 플레이를 구사할 필요가 줄어들게 됨에 따라 경기를 한결 수월하게 만들있다. 나무로 된 테니스 라켓을 흑연 라켓으로 교체한 것도 비슷한 역할을 했을 것이다. 나이가 든 프로 선수 비외른 보리(B. Borg)가 메이저 대회에 복귀하면서 나무로 된 라켓을 사용하고자 한다는 말을 전해 들은 동료 선수가 "그가 나무로 된 라켓으로 시합을 한다면, 그는 나무 조각을 잡고 시합을 하는 것이나 마찬가지일 것이다."라고 하였다. 그렇다면 스포츠의 도전을 격하시킬 수 있는 선진 장비를 허용하면서도 그와 단지 똑같은 역할을 할 뿐인 경기력 향상 약물을 금지하는 것은 자의적이지 않은가?[5]

자의성의 혐의가 중요하긴 하지만, 경기력 향상 약물의 사용이 많은 스포츠의 도전을 현저히 격하시킨다는 주장 또한 전혀 고려할 가치가 없는 것도 아니다. 스포츠 당국은 우리가 앞에서 언급했던 유선형 수영복이나 설령 잘못 맞았다 하더라도 똑바로 나아가는 골프공과 같이 스포츠를 너무 쉽게 만드는 장비의 사용을 금지한다. 그러나 우리에게 필요한 것은 어떤 기술적 진보는 허용될 수 있고 어떤 진보는 허용될 수 없는가에 대한 합리적인 결정을 내릴 수 있는 어떤 원리이다. 어쩌면 우리는 다음과 같은 입장을 옹호할 수 있을지 모른다. 만약 새롭고 기술적으로 진보된 장비가 운동선수에게 제공할 수 있는 이점이 스포츠에서 허용되지 않는다면, 똑같은 이점을 운동선수에게 제공하는 경기력 향상 약물 역시 마땅히 금지되어야 할 것이다.

경기력 향상 약물의 사용으로 훼손되는 스포츠의 이상이 있는가? 그러한 이상을 뒷받침하는 고려사항은 무엇이며 어떻게 정의될 수 있는가?

내가 앞에서 언급했던 올림픽 스포츠과학 학술대회에서 발표했던 주장이 지금 생각해 보니 스포츠의 이상이었다. 특히, 나는 운동선수마다 똑같은 경기력 향상 약물에 서로 다르게 반응하고 인간의 신체가 경기력 향상 약물에 반응하는 방식이 시험하고자 설계된 스포츠의 기술이 아니기 때문에, 경기력 향상 약물의 사용은 운동선수의 기량보다는 다른 어떤 것의 결과로 승자와 패자를 결정하는 데 중요한 역할을 한다고 주장하였다. 이는 운동경기(최소한 그렇게 말할 수 있으려면)가 경쟁자들의 기술에 의해 결정되어야 한다고 주장하는 기술 논지를 훼손한다. 더 넓게는, 스포츠에서의 이상적인 경쟁은 어떤 기술을 개발해야 하고, 어떤 전략을 채택해야 하며, 상대의 움직임에 어떻게 반응해야 하는가를 결정하여 선택을 할 수 있는 사람들 간에 이루어지는 것이다. 이 논지에 따르면, 경기력 향상 약물의 사용은 스포츠를 약물의 사용을 통해 최고의 운동선수를 생산하는 과학자들 간의 경쟁으로 변질시키며, 따라서 우리가 상호 부조론이라 부르는, 사람들 간에 탁월함을 향한 상호 탐색으로서의 스포츠의 이상을 훼손한다.

그렇다면 스포츠 조직은 경쟁의 결과를 운동선수들의 신체가 약물을 얼마나 잘 대사시키는지와 같은 운동경기와는 아무런 관련이 없는 선수들의 자질과 연결하는 물질의 사용을 금지하는 데 적절하게 행동하고 있지 않은가? 경기력 향상 약물은 운동선수들의 기술에 의해서 보다는 다른 방식으로 운동경기의 결과를 결정하는 데 중요한 역할을 하는 모든 소화성 물질로 특성화될 수 있는데, 이는 의학적으로 필요한 정상식이나 건강식의 일부도 아니고, 스포츠 당국이 사용하도록 승인한 채비도 아니다.[6]

내가 그 주장을 발표했던 당시에, 나는 그것을 아주 확실한 것으로 평가했었다. 그러나 토론을 통해서 나는 그것이 비록 치명적이지는 않다고 하더라도 많은 결점을 지니고 있다는 확신을 갖게 되었다. 예를 들면, 운동선수마다 비슷한 웨이트트레이닝 프로그램에 서로 다르게 반응한다. 설령 그들이 똑같은 저항력 훈련 식이요법을 진행하고 있다 하더라도, 어떤 선수는 다른 선수보다 더 강해진다. 인간의 신체가 저항력 훈련에 반응하는 방식은 단언컨대 개인의 통제하에 있지 않다. 인간의 신체가 경기력 향상 약물에 반응하는 방식과 똑같이 운동경기와는 아무런 관련이 없지 않은가?

마찬가지로 건강에 도움이 되는 특별한 다이어트도 운동선수마다 서로 다르게 영향을 미치지 않는가? 만약 그렇다면, 우리가 저항력 훈련이나 특별한 다이어트와 같은 여러 다른 관행을 허용할 경우 내가 제시한 이유로 약물의 사용을 제한하는 것은 자의적이지 않은가? 그것들도 똑같은 비판에 열려있지 않은가?

분명히, 이런 반론은 설득력이 있다. 애초에 내가 했던 주장은 기대했던 것만큼 그렇게 확실하지 않았다. 그렇다면 그런 나의 주장은 가치가 없는 것이었는가? 아마 그렇지는 않다고 본다. 맞다, 인정한다. 어떤 물질이 운동 경기력에 합법적으로 영향을 주고 어떤 물질이 위법으로 영향을 주는지를 구분 짓는 완벽한 경계란 존재하지 않는다. 그러나 아마도 경기력 향상 약물과 건강 식단, 저항력 또는 근력운동을 구별하는 것이 합리적일 수 있다. 한 가지 차이는 경기력 향상 약물은 건강에 악영향을 미칠 수 있으며 단언컨대 특별한 경우에는 더할 수 없이 위험해질 수 있다. 반면, 적절한 관리하에 이루어지는 근력운동은 건강을 고양하는 지중해식 식단이나 이와 비슷한 식이요법이 그렇듯이 일반적인 건강과 신체단련을 향상시킬 수 있다. 더욱이 우리가 근력운동을 통해 얻는 이점의 정도는 우리의 신체가 약물에 반응하는 방식보다 운동경기와 더 관련될 수 있다. 즉, 우리가 웨이트트레이닝에 반응하는 방식은 최소한 우리가 약물에 반응하는 방식보다는 훨씬 더 우리가 좋은 운동선수가 되는 데 영향을 미치는 필요한 부분이라고 말하는 것이 설득력이 있어 보인다. 이를 고려한다면, 스포츠 당국은 '더 빠르게, 더 높이, 더 강하게'의 이상을 추구함으로써 운동경기의 참여를 그렇지 않았을 경우보다 훨씬 더 위험하게 만드는 것보다는 스포츠를 건강한 경쟁의 영역으로 보호하는 것이 더 합리적일 것이다.

우리가 스포츠 조직을 스포츠의 이상에 대한 수호자로 이해한다면, 경기력 향상 약물의 사용을 허용하는 것에 대해 반대하는 다른 주장들도 주목할 가치가 있다. 우선 두 가지의 주장을 논의해 본 후, 잠정적이라 하더라도 우리가 어떤 결론에 이를 수 있는지를 검토해 보자.

금지를 지지하는 자들은 완벽하지 않기 때문에 좋은 정책을 거부하고 있는가?

이것은 아주 탁월한 질문이다. 완벽이 좋은 것의 적(너무 잘하려다 망친다)이 되지 않도록 하라는 경고를 상기해 보라. 스포츠 자유의지론자들은 경기력을 향상하는 어떤 수단은 허용되어야 하고 어떤 수단은 금지되어야 하는가를 구분하는 선을 그을 수 있는 완벽한 지점이 존재하지 않는다 ― 정확히 말하면, 이것은 나의 견해이다 ― 고 주장한다. 물론 그들의 요지는 설득력이 있다. 하지만 모래사장에 선명한 선을 그을 수 있는 '완벽한' 지점이 존재하지 않는다고 하더라도, 특별한 목적으로 사용하기에 충분한 선이나 어쩌면 한계를 설정할 수 있는 '합리적인' 위치는 존재할 수 있을 것이다.

사실, 다른 분야에서 우리는 그렇게 하고 있다. 예를 들면, 젊은 사람이 자동차를 운전하도록 허용하는 완벽한 나이란 존재하지 않는다. 22살의 어떤 젊은이는 아직 덜 성숙하고 걱정스러운 14살 아동보다 오히려 더 위험한 운전자일 수 있다. 그럼에도 불구하고, 대부분의 사람은 운전면허 발급과 관련한 연령을 18세 전후로 설정하는 것이 합리적이라는 데 동의한다. 이와 마찬가지로, 일부 15세 연령의 투표자는 나이가 더 많은 여러 시민보다 더 나은 정보에 입각하여 보다 신중하게 투표할 수 있겠지만, 우리는 어떤 연령의 선을 그어야 할 때 완벽한 지점이 존재하지 않는다면 18세가 합리적으로 보인다. 똑같은 접근법을 경기력 향상 약물에 적용하면 어떨까?

그럴 때 우리가 고려하고자 하는 것은 스포츠 조직이 과연 경기력 향상 약물의 사용을 금지하는 데 합리적으로 대처하는가의 여부이다. 이것은 스포츠 당국이 이미 규제하고 있는 장비의 발전과 관련하여 제기되는 문제와 유사한 것이 아닌가? 경기력 향상 약물의 사용에 대한 금지가 어떤 점에서 합리적인가? 합리적인 선을 긋는 것은 운동선수들이 약물을 사용할 것인가 혹은 그렇지 않을 것인가와 관련하여 스스로 선택할 수 있는 자유를 부당하게 침해하는 것은 아닌가?

경기력 향상 약물의 사용을 금지하는 것이 그것을 허용하는 것보다 더 합리적인가?

무엇보다 먼저, 만약 운동선수들에게 경기력 향상 약물을 사용할 것인가의 여부뿐만 아니라 어떤 약물들의 조합을 사용할 것인가를 스스로 선택하도록 허용할 경우 어떤 문제가 일어날 수 있는지를 생각해 보자. 개방정책은 어떨 것 같은가?[7] 우선, 예상컨대 운동선수들은 다른 선수들이 자신과 똑같은 약물을 사용할 수 없도록 자신들이 선호하는 조제법을 비밀로 할 것이다. 만약 그렇게 될 경우, 다른 선수들과 관중들은 누가 어떤 약물을 사용하고 있는지에 대해 아무것도 모를 것이다. 그런 조건 아래서는, 어느 선수가 어떤 약물을 사용하고 있는지를 모르기 때문에 어떤 운동선수가 보인 성취의 어느 수준까지가 약물로 인한 것인가에 대해 그런 약물이 공개적으로 사용될 때보다 훨씬 더 큰 의문이 들 것이다.

더 나아가, 만약 누구도 어떤 선수가 어떤 약물을 사용하고 있는지를 모른다면, 경기력 향상 약물의 효과에 관하여 연구를 할 수 있는 기회가 미미할 것이다. 예상컨대 우리는 어느 운동선수가 어떤 약물을 사용하고 있는지, 어느 약물이 해로운지, 그리고 어느 약물이 실제로 경기력을 향상시키는지에 대해 현재 우리가 아는 것보다 오히려 더 모르게 될 것이다. 비밀은 어떤 약물이 특히 해로웠는지, 그 해로움이 어느 정도까지인지에 대한 우리의 학습 기회를 차단할 것이기 때문에 안전 문제가 보장되지 않을 것이다.

사실, 앞에서 운동의 성공은 예컨대 그들의 신체가 약물의 특별한 조합에 어떻게 반응하는가, 혹은 그들이 어떤 약사와 의사를 조언자로 두고 있는가와 같은 운동선수들이 지니고 있는 운동과는 무관한 요인에 더 많이 귀착될 수도 있을 것이라고 했던 나의 의견은 이런 맥락에서 특히 설득력이 있을 것이다. 비록 서로 다른 근력훈련의 식이요법과 서로 다른 식습관이 운동선수마다 서로 다른 효과를 낳는다고 하더라도, 이런 것은 보통 비밀에 부쳐있지 않다. 게다가, 우리는 건강식이 정상적인 기능을 향상시켰다는 것을 그럴싸하게 부인하고(비록 앞에서 지적한 바와 같이 '향상' 그 자체가 명료한 말은 아니지만) 웨이트트레이닝을 어떻게 하는가가 운동적으로 관련성이 있는 특성이라고 주장할 수도 있을 것이다. 더욱이, 다양하게 조합된 약물이 비밀리에 사용된다면, 그에 관한 연구나 약물 사용량에 대한 규제가 없어 사용자들의 건강에 대한 위협은 더욱 증대될 것이다.

경기력 향상 약물의 사용을 허용하는 것에 대해 찬성하는 사람들이 의사의 감독 아래 약물이 공개적으로 처방되기를 바라는 것도 아마 이런 이유에서일 것이다. 그러나 만약 의사가 운동선수들이 소속된 팀에 고용된다면, 이해의 상충이 비일비재하게 일어날 것이다. 그 의사는 운동선수에게 약물을 사용하면 팀이 승리하는 데 도움이 될 수 있을 것이기 때문에 이를 사용하라고 권고할까 아니면 그 운동선수가 감수하고 싶지 않을 위험의 수준을 수반하는 약물로부터 그를 보호하고자 할까? 더욱이, 팀 동료들이 공개적으로 약물을 사용할 것이기 때문에 약물을 사용하지 않는 선수에게 경기력 향상 약물을 사용하라고 하는 압력은 매우 커질 것이다. 특히 프로 스포츠에서, 코치, 소유주, 그리고 팀 동료들은 약물을 사용하지 않는 자를 자신들의 사기를 떨어뜨린다고 비난하고, 심지어는 그가 계속 약물 사용을 거부한다면 팀 내에서 그가 차지하고 있는 자리가 위험해질 것이라고 위협할지도 모른다(이런 고려사항은 강압 주장을 다시 활성화시킬 것이다).

그래서 스포츠 조직이 경기력 향상 약물의 사용에 대해 문호를 개방하지 않을 합리적인 근거를 가질 수 있는 한 가지 이유는 그런 정책을 수립하는 데 있어 봉착하게 되는 실제적인 난관이다. 또 다른 이유는 우리가 이미 검토했던 소위 말하는 여러 고려사항과 관련이 있을 것이다. 즉, 강압, 불공정, 스포츠의 이상, 그리고 그 스포츠에 대해 갖는 이점으로부터의 논쟁이 각기 그 자체로는 결정적이지 않다고 하더라도,

만약 내가 생각하는 것이 옳다면, 그 개별적인 사항들이 상호 유기적으로 조합될 경우 그 영향력은 금지에 유리하도록 국면을 전환시키기에 충분할 정도가 될 수 있을 것이다.

만약 우리가 예컨대 운동선수들은 그 약물이 다른 누구보다 특별히 그들 자신에게 더 많은 도움을 줄 것인지의 여부를 알지 못한 채 '공정하게' 판단해야 한다는 요건을 추가한다면 이 후자의 주장은 훨씬 더 설득력을 갖게 된다. 선수들이 이기적이지 않고 공평하게 판단하기 위해서는 도덕적 관점이 요구된다. 이러한 관점에서 볼 때, 우리가 공정성을 논의할 때 보았듯이 모든 사람이 사용할 수 있도록 허용하면 운동선수들은 선수 개인으로서 이득을 얻을 가능성이 있는지에 대해 무지한 채로 위험에 노출될 뿐이다.

이런 관점을 마음속에 유지하면서 미국에서 대학 스포츠를 관장하는 미국대학체육협회(NCAA) 같은 스포츠 조직이나 국제올림픽위원회와 같은 조직의 관점에서 문제를 검토해 보자. 우리는 이미 그런 조직들이 약물 사용을 허용하는 공정하고 공개적인 정책을 수립할 때 매우 어려웠을 것이라고 지적하였다. 어떤 약물들을 허용할 것인가? 모든 사람에게 적용되는 공공 규칙으로 약물사용을 규제할 것인가 아니면 개인과 팀이 사적으로 비밀스럽게 규제하도록 할 것인가? 그 결과는 문제의 스포츠에 내포되어 있는 도전을 너무 쉽게 만들지는 않을 것인가?

아울러, 어떤 사람들은 약물로부터 자유로운 스포츠의 이상이 스포츠 공동체에 의해 광범위하게 공유되고 있다면 스포츠 조직들은 마땅히 이러한 스포츠의 이상을 보호할 권리가 있을 것이라고 주장한다. 다시 말해서, 스포츠 조직들이 경기력 향상 약물의 사용을 금지한다고 해서 어떤 잘못을 하는 것이 아닐 뿐 아니라 아마도 절대다수 스포츠 공동체의 소망 가운데 중요한 하나의 요소를 실현하는 것이다.[8] 운동선수들의 집단 이익에 대한 논거는 우리가 이러한 주장을 더 펼 수 있음을 시사한다. 만약 경기력 향상 약물을 무제한적으로 사용하는 것이 운동선수들의 집단 이익이 아니라면, 스포츠 조직은 그 이익이 훼손되지 않도록 보호할 의무(혹은 최소한 타당한 이유)가 있을 것이다.

어떤 선수들에게는 경쟁 이점을 확보하는 것이 최고의 우선 사항이 아니다. 그들의 목표는 단순히 상대를 이기는 데 있는 것이 아니라, 지난 기록을 넘어 새로운 기록을 수립하면서 더욱더 높은 수준에서 경기를 하는 데 있다. 만약 모든 운동선수가 마음속에 이런 목표를 가지고 경기를 수행한다면, 그들은 메달을 따는 것과 상관없이 한 개인으로서 행복할 것이다. 왜냐하면 그들의 목표는 인간이 이룰 수 있는 성취의 수준을 향상하는 것 — 어떤 선수도 아직까지 가보지 못한 곳에 이르는 것 — 이기 때문이다. 그들은 약물 사용이 다른 선수들에 비해 불공정한 경쟁 이점을 어떤 선수에게 제공하는 결과를 초래한다는 주장에 비교적 덜 흔들릴 것이다. 왜냐하면 그들의 목표는 기록을 세우며 성취의 수준을 높이는 데 있는 것이며, 따라서 경쟁의 평등성을 유지하는 것은 그들에게 있어서는 중요한 고려사항이 아닐 것이기 때문이다.

그러나 스포츠 조직들이 해야 할 주요 기능은 경쟁을 규제하는 것이지, 반드시 기록을 수립하기 위한 무대를 제공하는 것이 아니다. 그러므로 운동선수들의 집단적 경쟁 이익을 보호하는 일은 기록을 깨뜨리는 것에 대한 관심보다 더 높은 우선순위가 되어야 한다. 사실, 노르웨이 철학자 지그문트 롤랜드(S. Loland)가 지적하였듯이, 수영, 육상, 스키와 같은 스포츠에서는 시간 차이가 너무 근소하여 비교적 얼마 전까지만 해도 존재한 적이 없었던 계측장비를 이용해 탐지해냄으로써 극히 미세한 차이로 새로운 기록이 수립될 수 있다. 롤랜드는 그런 스포츠의 경우, 보다 의미 있는 운동의 탁월함에 관한 시험은 분간하기 어려운 차이로 기록을 깨뜨리는 것보다는 오히려 예컨대 월드컵을 우승하거나, 한 시즌 동안 어떤 특정 거리 경기에서 여러 차례 우승을 한다거나, 혹은 월드시리즈에서 우승하는 것과 같이, 일련의 경기를 거치면서 경쟁자들을 이기는 것이라고 제안하는데, 이는 내가 볼 때 매우 적절해 보인다.[9] 어쨌든 많은 스포츠에서 그 차이를 거의 감지할 수 없는 수준에서 수립된 신기록들이 과거 기록의 명성을 무색하게 만든다는 사실은 최소한 그러한 스포츠의 경우 새로운 기록을 수립하는 목표는 경쟁의 정당성을 보호하는 일에 우선순위를 내주어야 한다는 것을 시사한다.

경기력 향상 약물의 사용을 반대하는 견해들 또한 고려할 만한 가치가 있는 논거에 의해 뒷받침되고 있기 때문에, 앞으로도 논쟁은 격렬히 일어날 것이다. 내가 내린 결론은 금지를 지지하는 논거들이 더 설득력이 있다는 것이다. 금지는 단지 스포츠의 도전을 보전하는 것뿐만이 아니라 참가에 따른 위험 부담을 줄여주며, 만약 모든 선수에게 경기력 향상 약물을 사용하는 것이 허용될 경우 그들이 어떤 이득을 얻을지가 불분명하기 때문이다. 비록 경기력의 전반적인 수준은 올라갈지 모르지만, 성취는 그 격이 떨어질 수 있기 때문에 — 약물의 시대에 나왔던 메이저리그 야구에서의 홈런에 대한 평가절하를 생각해 보라 — 경쟁 그 자체가 더 이상 어떤 의미를 가질지 의문스럽게 된다.

일부 선수들의 경기력 향상 약물을 사용하고자 하는 욕망은 새로운 기록을 수립하고 더욱더 잘하는 데에 지나치게 높은 우선순위를 두게 하는데, 이는 아리스토텔레스가 중용이라기보다는 과도나 악덕이라 부를 그런 것이다. 나 자신은 집단 이익 논거에 중요한 의미를 부여한다.

만약 운동 경쟁이 상호 부조론의 이상에 부합해야 한다면, 모든 운동선수가 동의한다는 것이 불합리해 보이는 정책이 시행되어야 하는 이유를 이해하기 어렵다.

경기력 향상 약물의 사용을 허용하는 것을 찬성하는 사람들은 우리가 운동 경기력을 향상시키는 새로운 기술을 허용한다는 측면에서, 똑같은 역할을 하는 약물의 사용을 허용하지 않는 것은 자의적이라고 주장할 것이다. 그러나 사실 새로운 기술의 도입은 스포츠 당국에 의해 규제를 받는다. 경기력 향상 약물에 관한 우리의 논의가 스포츠에서 다른 기술 혁신에 의해 야기된 문제들에 어떤 해결의 실마리를 던져주는지 검토해 보자.

스포츠에서 기술 혁신을 규제하는 데 적용될 수 있는 원리로는 어떤 것이 있는가?

기술의 발달과 더불어, 장비의 개선은 흔히 스포츠의 경기력에 중요한 효과를 발휘한다. 골프 클럽과 공, 테니스 라켓, 장대높이뛰기용 장대, 수영복, 그리고 심지어 크로스컨트리 스키용 왁스(마찰을 줄이기 위해 스키에 바른다)에 사용된 새로운 소재나 기술은 운동선수들의 경기력을 향상하는 데 기여하고 있다. 이는 특히 엘리트 수준에서 그러했지만, 아마추어 운동선수들도 마찬가지로 그런 효과를 볼 수 있다. 개선된 운동화나 전신 수영복 혹은 개선된 골프 클럽은 우리가 용납할 수 없는 정도까지 경기력을 향상시키는가? 도대체 어떤 점 때문에 장비의 개선은 허용하지만 경기력 향상 약물이나 유전적 증강은 허용하지 않는가? 두 가지 모두 향상의 형식임이 틀림없다. 결국 우리가 적용하는 규칙과 태도가 서로 다르지 않은가?

그럴 수도 있다. 그러나 우리가 보았듯이, 기술의 진보에 따른 장비의 변화가 항상 승인된 것은 아니다. 스포츠 당국은 그들의 관점에서 보았을 때 스포츠의 도전을 심각하게 격하시킨다고 판단되는 혁신을 금지시킴으로써 스포츠 본래의 모습을 보호할 의무가 있다. 2009 로마 세계수영선수권대회에서 수많은 세계 기록이 이음매가 없는 전신 폴리우레탄 수영복을 착용한 선수들에 의해 수립되었다. 사실, 어떤 브랜드는 다른 것보다 더 좋은 기록을 내는 데 도움이 될 수 있을 것이다. 그러나 수영선수들은 회사와의 계약 관계 때문에 가장 효율성이 높은 브랜드를 채택하기 어려웠다. 기본적으로 수영복은 물속에서의 저항력을 줄여 착용자로 하여금 경기에서 훨씬 더 수월하게 수영을 할 수 있도록 해준다. 당연하게도, 2010년에 주요 경기에서는 그 수영복의 착용을 금지하는 결정이 내려졌다.

사실, 만약 스포츠 조직이 장비에 대한 새로운 기술의 이행에 어떤 한계를 설정하지 않는다면, 스포츠는 우리가 제1장에서 논의했던 홉스가 말한 자연의 상태와 아주 유사한 상태로 전개될지도 모른다. 즉, 규제가 존재하지 않는다면, 회사들과 경쟁자들은 비밀이 유지되는 기술적 이점을 찾아내기 위해 혈안이 될 것이다. 만인은 만인에 대한 기술적 우위를 추구할 것이다. 결국에는 경쟁자들이 똑같은 스포츠를 하고 있는지조차 의심스러워질 것이다. 그런 관점에서, 모든 선수가 경기력 향상 약물을 자기 나름의 비법에 따라 조합하여 사용한다면, 공평한 경쟁의 장으로서 스포츠의 이상이 위태로워지지 않겠는가?

그래서 스포츠 당국은 그 스포츠의 본래의 모습을 보전하기 위해 기술에 한계를 부과하는 것이다. 물론 그렇다 하여 그들의 결정이 항상 논란의 여지가 없는 것은 아니며, 그런 한계를 평가하는 데 사용된 기준과 관련하여 여러 문제가 제기될 수 있다. 나는 그런 결정을 내리는 사람들은 적어도 그들 스포츠의 핵심 기술과 도전에 관한 이론(제1장에서 논의했던 포괄적 내재주의자들이 스포츠에 대한 해석을 설명한 것)을 바탕으로, 그 이론에 따라 새로운 기술의 도입이 경기를 개선하는지 아니면 수용할 수 없는 방식에서 그의 도전을 격하시키는지를 따져보아야 할 것이라고 제안한다. 비록 어떤 결정은 논쟁이 많이 일어나거나 심지어 잘못될 수도 있겠지만, 만약 그런 결정이 영향을 받는 관련 당사자들, 예컨대 문제가 되고 있는 스포츠의 선수, 임원, 그리고 관련된 제조회사들과 협의를 한 후에 이른 것이라면, 그것들은 타당하다(설령 미래에 수정된다고 하더라도). 비슷한 맥락에서, 만약 새로운 기술의 도입으로 이루어진 성취가 그 스포츠의 도전을 격하시킨다는 이유에서 그 기술이 금지된다면, 우리는 특정 약물을 사용하였을 때 그와 똑같은 정도로 도전을 격하시킬 경우, 그 약물에 경기력 향상 약물이라는 딱지를 붙이고 문제의 스포츠에서 사용을 금지하는 것이 합당하다는 점을 이미 앞에서 밝혔다.

우리는 최고 수준의 대회에서 장애 선수들이 다른 선수들과 경쟁을 가능하도록 해주는 기술을 어떻게 평가해야 하는가?

전형적인 사례는 2012 런던 올림픽에서 오스카 피스토리우스(O. Pistorius)가 치타 블레이드를 사용한 경우이다. 두 다리를 절단한 피스토리우스는 이 보철기구 덕분에 올림픽에서 절단 수술을 받은 최초의 단거리 주자로 경쟁을 할 수 있었다. 이것은 공식기관인 스포츠중재재

판소가 그 보철기구는 그에게 신체가 온전한 단거리 선수들에 비해 어떠한 이점도 제공하지 않는다고 판결을 내린 최초의 사례였다.

논란이 더 많이 일었던 경우는 미국의 대법원판결(PGA Tour Inc. vs. Casey Martin, 2001)에 의해 비로소 결정이 난 골퍼 케이시 마틴(C. Martin)과 관련된 사례이다. 이 경우는 자신의 다리에 순환기 질환을 앓고 있던 마틴이 미국과 전 세계에서 최고 수준의 프로 골프 대회라 할 수 있는 프로골프협회투어에 참가하여 예선 토너먼트 규칙상 필드에서 걸어야 하는데 그럴 수가 없어 일어났던 일이다.

일부 골프 스타들의 지지를 등에 업은 협회는 선수들이 코스를 걷는 것은 경기를 치르는 데 요구되는 지구력과도 관련이 있어 경기에 없어서는 안 될 요소라고 주장하였다. 물론, 그와 반대되는 입장은 그 경기의 핵심 기술은 선수들이 자신의 샷과 거리를 통제하면서 자신이 원하는 곳으로 공을 치는 것이며, 걷는 것은 골프의 기본 기술과는 무관하다는 것이다. 대법원은 7 대 2로 마틴의 손을 들어주었으며 그는 예선 경기와 더불어 나중에는 프로골프협회투어에서 골프 카트를 사용할 수 있었다. 대법관 안소니 스칼리아(A. Scalia)는 하나의 재미있는 반대의견으로 작가 커트 보네거트(K. Vonnegut)의 단편소설 「해리슨 버거론 *Harrison Bergeron*」에 제시되었던 풍자를 부분적으로 끌어왔는데, 보네거트는 이 소설에서 사람들에게 모두 가면을 쓰도록 함으로써 매력적인 사람이 얻을 수 있는 모든 이득을 없애버리는 극단적 평등주의 사회를 상정하였다. 대법관 스칼리아는 그 경우의 주요 문제는 골프에 본질적인 것이 무엇인가를 규명하는 것이라고 하면서 "대법원은 최종적으로 결론을 내리는 바, 걷는 것은 골프의 '본질적인' 측면이 아니라는 것이 이후로 국법이 될 것이다."라고 판시하였다.

그 결정이 옳든 그르든 간에, 대법원은 분명히 어떤 기술들이 바로 그 스포츠에 본질적인 것인가에 관하여 설명하는 골프의 해석이나 이론에 의지한 것으로 보인다. 내가 보기에 걷는 것과 지구력은 예컨대 만약 우리가 메이저 대회에서 아주 더운 날 36홀을 걸어야 한다면 대회에서 누가 승리하는가와 연관이 있을 수 있다. 그러나 나는 또한 어떤 조건 아래에서는 그 반대일 수 있다고 본다. 예컨대 추운 날에는 걷는 것이 선수가 체온을 유지하는 데 도움이 되는 반면 카트를 타는 것이 오히려 불리할 수 있다. 만약 카트를 타는 것이 다른 선수들에 비해 마틴에게 중대한 이점을 제공하지 않는다면, 그 판결은 옳다. 결국, 때때로 경기에서 카트를 이용하는 모든 선수가 이동 방법과 관계없이 골프를 하고 있다는 것이다.

그러나 특정한 결정과 관계없이, 우리의 논의는 기술 혁신이나 장애에 대한 조정이 다양한 수준의 경쟁에서 허용 가능한지를 논의하기 위한 원칙적인 기본 틀이 존재함을 시사한다. 곧, 결정을 내리는 책임이 있는 사람들은 약식으로라도 제1장에서 개요를 서술했던 포괄적 내재주의 전략을 따라야 한다는 것이다. 그들은 최소한 문제의 스포츠와 그의 근원적인 기술들에 관한 개략적인 이론을 습득하고 있을 필요가 있다. 그럴 경우, 기술에 관하여 결정을 내릴 때 고려해야 할 주요 사항은 그것이 그 스포츠의 해석에 의해 규정된 바와 같은 경기의 근원적인 기술들을 훼손하거나 격하시키는지의 여부이고 만약 그렇다면, 그 정도는 우리가 받아들일 수 있을 만한지일 것이다. 기본 틀 자체는 우리에게 단지 절차상의 방식만을 제공하지만, 우리는 그를 통해 스포츠의 기술 혁신에 대한 합리적인 결정을 내릴 수 있는 기본 규칙을 정한다.

경기력 향상 약물과 장애에 대한 조정 그리고 장비의 기술적 혁신은 경기력 향상을 위한 기술의 사용에 있어서 논쟁의 일부일 뿐이다. 인간 유전체에 관한 우리의 지식이 증가하고 우리가 유전적 수준에서 수정을 통해 행동을 조종할 수 있게 되면서, 기술 향상과 관련한 새로운 문제 또한 고려할 필요가 있다. '유전자 도핑'은 경기력 향상 약물의 사용보다 더 허용되는가, 그리고 그것은 아직까지 논쟁에서 고려되지 않았던 새로운 문제를 일으키는가?

유전적 증강이 수반하는 것은 무엇인가?

치료나 증강의 목적으로 유전자를 조작하는 것은 두 가지의 기본 범주로 구분될 수 있다. 치료 목적을 위한 '체세포' 치료는 의료상의 문제를 유전적 기초로 치료하기 위해 유전 물질을 비생식세포나 체세포로 대체하는 것과 관련된다. 예를 들면, 만약 극단적인 근력 저하의 원인이 유전자 돌연변이라면, 이론상 결함이 있는 유전 물질을 대체함으로써 그 저하를 완화시킬 수 있다. 그러나 이와 똑같은 기술이 건강한 운동선수의 근력을 향상시키는 데 사용됨으로써 그의 스포츠에서 경기력을 크게 개선할 수 있으리라는 것도 가능하다. 생식세포들(정자세포와 난자세포)은 이런 종류의 치료에 영향을 받지 않기 때문에, 체세포 유전자 치료를 통한 변화는 자식에게 전달되지 않을 것이다.

다른 한편, 생식세포계열(germline)에서의 유전적 변화로 알려진 생식세포(reproductive cells)의 유전적 변화는 그 사람의 자녀들에게 전달된다. 적어도 이론상으로는 생식세포 조작기술의 기술공학적 발달을 고려해 볼 때, 우리는 어떤 면에서는 특정한 유전적 질병을 치료할 수 있는가 하면 또 다른 면에서는 스포츠에서의 경기력뿐만 아니라 외모,

음악적 재능, 수학적 능력, 심지어 장수에도 영향을 미칠 증강된 능력이나 특성을 갖춘 '맞춤형' 자녀들을 낳을 수 있을 것이다.

많은 사람은 치료 목적을 위해 사용하는 유전자 조작, 예컨대 심신을 쇠약하게 만드는 질병을 유전적 기원으로 치유하거나 예방하는 것과 같은 그런 조작과 증강의 목적을 위한 조작을 구분한다. 물론 이런 구분이 쓸모없는 것은 아니지만, 우리는 이미 그 두 가지를 구분하는 것이 매우 어렵다는 것을 보아왔다. 예컨대, 만약 여러분이 제한된 산소 반송 용량으로 고생하는 어떤 환자의 그 유전적 물질을 그 사람이 5km 달리기 대회에서 뛸 수 있을 정도의 것으로 대체해 주었다면 그것은 치료인가 향상인가?

우리의 대부분은 새로운 유전 공학이 질병을 치유하고 더 나아가 노년과 관련된 장애와 노쇠로부터 어느 정도 우리의 염려를 더는 데 사용되는 것을 지지한다. 그러나 유전적 향상, 특히 능력과 인간 수명의 근본적 연장 등 인간 특성의 중대한 변화를 수반하는 그런 향상으로 나아가면 의견이 매우 분분해진다. 물론 우리는 운동선수들의 향상에 초점을 맞추겠지만, 이런 문제들은 스포츠의 세계를 초월하여 정도의 차이는 있겠지만 매우 광범위한 주제와 연결되지 않을 수 없다.

운동선수들의 유전적 증강 가능성으로부터 어떤 윤리적 문제가 발생하는가?

20세기 초의 미국과 이후에 나치에 의해 채택된 유전적 증강은 여러 국가에서 진행된 프로그램인 유전자 조작과 관련되어 있다는 점에서 당연히 나쁜 평판을 받는다. 이 운동의 목적은 '심신에 결함이 있는 사람들'을 제거하는 것이었다. 우리는 우생학 신봉자들이 인류의 복지에 공헌한 여러 환경과 함께 다채로운 유전적 자질을 가진 다양한 사람들을 대상으로 어떤 인간을 만들고자 하였는지가 궁금하다.

유전적 증강을 찬성하는 대부분의 현대 사상가들은 인간 존재를 개선하고자 하는 보다 상서로운 목적에 관심이 있다. 일부 설명에 의하면, 현재 존재하는 인간의 본성은 아직 실현되지 않은 개발 프로젝트로 여겨진다. 만약 우리가 인간 능력을 개선하고, 수명을 상당한 정도로 연장하며, 우리를 더욱 강하고, 똑똑하며, 건강하게 할 수 있다면, 그렇게 하는 것은 도덕적으로 필요한 일 아닌가? 트랜스휴머니즘이라 불리기도 하는 하나의 극단적인 견해에 따른다면, 그의 궁극적인 목적은 인간 이후의 존재인 포스트휴먼이라 불릴지도 모를 유전적으로 우월한 존재로 현재의 인간을 완전히 탈바꿈시키는 것이다. 다소 논쟁의 여지가 적고, 훨씬 더 광범위하게 수용되는 견해에 따른다면, 그러한 목적의 기원은 유전적 요인의 질병을 제거하고, 완화시키고, 혹은 치유함으로써 인간의 전반적인 건강을 개선하고자 하는 데에서 출발하였다.

물론, 트랜스휴머니스트들이 옹호하는 보다 극단적인 유전 공학은 아직 전반적으로 활용되고 있지는 않다. 그러나 제약 회사들은 수억 달러를 투자하여 유전적 요인의 질병을 치료하기 위한 체세포치료 연구를 계속 진행하고 있으며, 몇 가지 일부 치료는 특수한 장애를 가진 환자들을 대상으로 이루어지고 있다. 비록 유전적 증강으로 인해 야기된 윤리적 문제가 경기력 향상 약물의 사용을 수반한 추문만큼 대서특필되고 있지는 않지만, 그런 문제에 관한 논의는 스포츠에서 완벽을 추구하는 윤리뿐만 아니라 머지않은 미래에 일어날 수 있는 구체적인 문제에 대해 해결의 빛을 던져줄 것이다.

논의를 좀 더 전개하는 차원에서, 유전적 증강의 위험이 미미하여 우리가 다른 관점에서 도덕적 문제에 집중할 수 있다고 가정해 보자. 정말로 생식세포계열(유전되는) 변형이 문제가 되는 곳에서는 단언컨대 유전적으로 증강된 사람은 그런 치료를 받지 않았을 경우 태어났을 사람과 절대 똑같지 않을 것이기 때문에 피해를 입을 사람이 없다고 주장할 수 있다. 감당할 수 있는 범위 내에서 논의해야 하기에, 우리는 운동선수들의 유전적 증강에 반대하는 세 가지의 중요한 논거에 특별히 주목할 것이다. 이것은 열린 미래에 대한 권리에서 나오는 논거, 불평등 논거, 증강에 대한 공동체주의의 비평이다.

유전적 증강을 지지하는 자들이 주장하는 전반적인 주요 관점은 유전적 증강과 관련하여 자유롭게 선택하고 실험을 할 수 있는 인간의 자율성과 권리, 다시 말해서, 스포츠의 자유의지론적 견해에 기반을 둘 것이다. 그러나 우리가 경기력 향상 약물에 관한 논쟁에서 검토해 보았듯이, 그런 접근은 일정한 한계를 지니고 있다.

만약 부모가 자기 자녀들의 특별한 능력을 증진시키고자 그들의 유전적 유산을 설계한다면, 이는 그 영향을 받는 자녀들의 자율성을 훼손하는 것은 아닌가?

이 질문은 증강할 수 있는 권리를 자율성의 표현이라고 강변하는 사람들이 그들 스스로 모순을 저지르고 있음을 시사한다. 왜냐면 생식세포계열 증강은 그 자녀가 태어나기 전에 시행된다는 점에서, 그 경우에는 자녀가 결정권을 행사할 수 없다는 것이 분명하기 때문이다. 게다가 그 부모는 설계대로 태어난 자녀들이 그들의 증강된 재능을 추구하고 그 증강된 능력이 적용되는 분야, 즉 그것이 스포츠든 음악이든 수학이

든 어떤 분야이든 간에 거기에서 뛰어나기를 기대할 것이다. 어떤 사람들은 이것이 그 맞춤형 자녀에게서 스스로 자기 삶의 길을 선택할 수 있는 권리, 즉 열린 미래에 대한 권리라 할 수 있는 바를 박탈하는 것이라고 주장한다. 달리 말하면, 생식세포계열의 유전적 증강의 결과는 자율성을 증진하는 것이 아니라 오히려 그것을 파괴한다는 것이다.[10]

스포츠의 자유의지결정론자들은 이런 종류의 비판에 몇 가지의 중요한 응답을 준비하고 있다. 첫째, 그들은 사람이 이미 유전자 선택이라 불리는 선택 운을 통해 서로 다른 유전적 자질을 타고난다고 말한다. 어떤 유전적 자질은 그것을 소유한 자들로 하여금 일부 행위를 다른 사람들보다 더 잘 할 수 있도록 해준다. 내가 중학생이었을 때, 악기를 배워보려고 무던히도 노력했지만, 내 옆자리 동료였던 린다(Linda)는 악보를 읽는 방법을 배우지 않았고 어떠한 공식적인 교육도 받지 않았음에도 불구하고 오로지 '귀로만' 피아노 소리를 듣고는 곧바로 모든 대중음악을 연주할 수 있었다.

또한, 오늘날 많은 부모는 이미 자기 자녀들이 어떤 분야에서 뛰어나도록 압박을 가하고 있고, 때로는 이 압박이 그들의 에너지를 소진시키는 원인이 되기도 하며, 그럼으로써 이것은 자녀들이 문제가 되는 활동을 거부하거나 도중에 그만두게 만드는 결과를 초래한다. 그런데도 이러한 부모의 압박은 허용된다(비록 가끔 극단적인 경우에는 비판이 따르지만). 그런데 왜 맞춤형 아동들에 대한 압박이 우리가 이미 허용하고 있는 것보다 더 크다는 것인가? 물론, 자녀들이 맞춤형이든 아니든 간에 현명한 부모는 자기 자녀들을 지속적으로 안내하며 지나치거나 광적인 행동을 보이지 않으면서 꾸준히 인내심을 갖고 격려를 아끼지 않을 것이다. 아리스토텔레스주의자들은 아이의 발달에 대한 무관심과 아이가 뛰어나도록 과도하게 압박을 가하는 광신 사이에 아동마다 적절한 상대적인 중용이 존재한다고 주장할 것이다. 합당한 판단을 하는 부모는 그들의 자녀가 유전적으로 증강되었든 그렇지 않든 간에 균형적인 접근을 취할 수 있을 것이다.

많은 사람은 맞춤형 자녀에 대한 압박이 증강되지 않은 자녀에 대한 압박보다 훨씬 더 높을 것이라고 믿는다. 이는 내가 보기에도 매우 그럴듯하다. 내가 다른 곳에서 논의했던 하나의 가능성을 인용한다면, 맞춤형 자녀의 부모는 "이봐, 나는 네가 운동선수가 되도록 많은 돈을 썼는데 이제는 네가 밴드 활동을 했으면 한다!"[11]라고 말할 수 있을 것이다. 그럼에도 불구하고, 자유의지론자의 응답이 전혀 설득력이 없는 것은 아니기 때문에, 우리는 어떤 결론을 제시하기 전에 나머지 다른 두 가지 논거들을 고려해 볼 필요가 있다.

맞춤형 자녀의 유전적 증강은 유전적 엘리트를 창조하고 유전적으로 우등한 사람과 열등한 사람의 불평등에 기여하는가?

이것은 특히 증강을 할 수 있는 기회가 비용 때문에 경제적으로 매우 풍족한 사람들에게만 더 많이 주어질 때에 대해 제기될 수 있는 하나의 심각한 우려이다. 물론, 우리는 증강된 사람이 그들의 재능을 과학, 의학, 예술 등과 같은 모든 사람을 위한 복지에서 발휘할 것이고, 그렇게 함으로써 전체 사회를 위한 최고의 결과를 증진시키는 공리주의적 목표를 성취할 것이라고 희망할 수 있다. 그러나 유전적 차이가 증강된 사람에게 그런 이점을 제공함으로써, 설령 증강되지 않은 사람들이 어떤 면에서 더 유복해 진다고 하더라도 그들은 자존감을 잃고 어쩌면 스스로를 더 이상 포스트휴먼들과 똑같은 기본적 권리를 가진 평등한 시민으로 여기지 않을지도 모른다.

그러나 증강을 위한 기회가 어떠한 공평한 방식에서 분배되고 모든 사람의 기본적 권리가 어떻게든 보호된다고 가정해 보자. 클라우디오 탐부리니(C. Tamburrini)는 이것이 최소한 경쟁 스포츠를 위해서는 좋은 일일 것이라고 주장하였다. 그는 만약 스포츠에서 모든 운동선수가 증강에 접근할 수 있는 동등한 기회를 갖는다면 그 결과는 더 이상 자연적인 유전적 선택에 의한 복불복의 운에 의해 좌지우지되지 않을 것이라고 주장한다. 오히려 헌신, 이기고자 하는 의지, 압박감 속에서의 냉정함, 그리고 신체적 기술보다는 전략적 기술 같은 그런 심리적 특성에 의해 승리가 결정될 것이라고 하였다. 다시 말하면, 승리와 미덕은 일치하거나, 최소한 지금보다는 더 일치할 것이다. 따라서 스포츠는 출생의 우연으로부터 일어나는 천부적 재능의 시험보다는 도덕적 덕의 시험이 될 가능성이 더 높을 것이다.[12]

그러나 이 제안은 우리가 어떤 공평한 방식에서 증강의 기회를 분배할 수 있다고 가정한다고 하더라도 몇 가지의 중대한 문제에 직면한다. 첫째, 경기의 성공(혹은 다른 데서의 성공)에 기여하는 정신 능력은 유전적 기초에 의존할 것이다. 물론 유전자가 환경에 따라 다른 결과를 낳을 수 있고 우리 자신이 지향하는 가치가 결과에 영향을 미칠 수 있다는 점에서, 이것이 곧 유전자 결정론을 의미하는 것은 아니다. 하지만 유전적 조작은 최소한 미덕들을 실천하는 우리의 능력을 증강하거나 신체적 기술을 발휘하는 우리의 역량을 향상시킬 수 있을 것이다.

또한, 많은 사람은 경기에서 성공할 수 있는 서로 다른 신체적, 정신적 자질을 가진 사람들의 능력을 인간의 위대한 매력 중 하나로 생각한다. 비록 대부분의 농구 선수는 신장이 크지만, 많은 단신 선수 또한 고등학교, 대학교, 심지어 프로에서도 뛰어난 활약을 보인다. 서로 다른 체형을 가진 사람들이 골프, 축구, 육상 등 여러 스포츠에서 스타가 되고 있다. 흔히, 선수들과 팬들은 약자, 특히 피나는 노력과 지능적인 플레이로 신체적 결함을 극복하는 선수를 응원한다. 경쟁 스포츠들의 여러 시험 가운데 하나는 운동선수가 지니고 있는 신체적, 정신적 재능이 무엇이든 그가 그것을 얼마나 잘 효율적으로 활용하는가이다. 만약 모든 운동선수가 증강된다면, 운동선수들이 지니고 있는 다양성의 가치는 사라지거나, 적어도 감소될 것이다. 왜냐하면 지금 말하고 있는 그런 종류의 다양성이 거의 줄어들 것이기 때문이다.

마지막으로, 이는 스포츠에서 특히 중요한 것으로, 각 스포츠의 구성 규칙들로 설정된 도전에 응하는 가치가 감소될 것이다. 증강된 선수들은 자기가 참여하는 스포츠의 도전이 너무 쉬워 이를 극복하는 데 별다른 어려움을 느끼지 못할 수 있다. 물론, 만약 현재의 스포츠들이 증강된 선수에게 너무 쉽게 여겨진다면, 우리가 새롭고 더 도전적인 스포츠를 창안할 수 있겠지만, 그렇게 창안된 스포츠가 우리가 현재 참여하고 있는 스포츠보다 반드시 더 낫다고 말할 수 있을까? 우리는 운동선수 개개인에 대한 증강의 결과가 아니라 운동선수들의 공동체를 고려해 봄으로써 이를 좀 더 깊이 검토해 볼 수 있다.

왜 '더 빨리, 더 높이, 더 힘차게'는 스포츠의 주요 목표가 되어야 하는가? 유전적 증강은 우리가 그 목표를 성취하는 데 도움을 주지 않는가?

이 질문은 우리의 논의가 운동경기에 관한 두 가지 이상 간의 갈등을 시사하고 있다는 점에서 매우 중요하다. 첫 번째 이상에서 볼 때, 그 목표는 운동경기의 더욱더 높은 수준에 도달하는 것이다. '완벽주의자'의 관점이라 할 수 있는 그런 견해에 따르면, 운동선수들은 그런 목표를 추구할 것인가의 여부를 결정할 수 있는 선택의 자유가 있어야 할 뿐만 아니라, 유전적 증강 등 다양한 방식에서 인간의 완벽성을 추구하고자 하는 이상 또한 그 자체로 가치 있는 목표이다.

두 번째 이상(혹은 관련된 일련의 이상들)은 내가 상호 부조론이라 칭했던 것과 유사한 것으로, 스포츠 경쟁은 운동선수들이 서로 간에 수용할 수 있는 일련의 규칙과 원리 아래서 그들의 스포츠에 중심이 되는 도전에 맞서 그들 자신을 시험할 수 있게 해주기 때문에 가치가 있다. 이 관점에 따르면, 신기록을 작성하고 이전보다 더 높은 수준에서 경기를 하는 것은 기껏해야 이차적인 목표일 뿐이다. 우리가 살펴보았듯이, 신기록의 작성은 육상이나 수영 같은 스포츠의 경우 많은 기록이 최근에 개발된 기술로만 감지될 수 있는 거의 극미한 차이로 이루어진다는 점에서, 종종 그리 중요한 것으로 여겨지지 않기도 한다. 지극히 미미한 차이로 그런 기록을 수립하는 것이 스포츠 경쟁의 중요 목표가 되어야 하는가?[13]

상호 부조론적 접근은 모든 형식의 증강과 완전히 호환되지 않을 수 있지만, 증명의 부담은 증강을 선호하는 사람들에게 있다는 생각에 더 열려 있다. 우리가 경기력 향상 약물에 관한 논의에서 시사했던 바와 같이, 상호 부조론에 공감하는 사람들은 운동선수들이 선택할 수 있는 자유가 평등과 기회균등에 대한 우려뿐만 아니라 수용 가능한 도전으로서의 스포츠 이상의 중심 가치에 의해 제한될 수 있다고 믿는 경향이 있다. 물론, 트랜스휴머니스트 의제의 측면에 더 공감하는 사람들은 증강이 경쟁의 도전을 제거하지 않을 뿐만 아니라 오히려 새로운 수준으로 나아가게 할 것이라고 응수할 수 있을 것이다. 우리는 이 모든 논쟁의 고려사항들을 저울질하기 전에, 논거 하나를 더 검토해 볼 필요가 있다.

공동체주의적인 고려사항은 증강 논쟁에 어떻게 적용되는가?

우리는 이미 앞에서 정부의 적절한 역할과 규제에 대한 두 가지의 일반적인 접근을 구분하였다. 자유주의자들은 정치적 및 시민적 자유에 대한 기본적인 보호책으로서 이해하는 자유와 함께 때로는 모든 사람에게 교육, 보건, 기타 기본 물품을 제공하기 위한 재분배 프로그램에 의해 성취되는 공정한 기회의 제공을 강조한다. 반면에, 자유의지론자들은 자유를 자율적인 개인의 행위에 대한 그 어떠한 간섭의 배제로서 광범위하게 이해한다. 엄격한 자유의지론의 관점에 따르면, 자유는 매우 중요해서 오로지 공격, 강압, 혹은 사기로부터 개인을 보호하기 위해서만 제한될 수 있다. 엄격한 자유의지론자들은 재분배 목적을 위한 과세가 모든 사람을 위한 공공 교육을 위한 것이라 하더라도 자유에 대한 침해로 여기며, 따라서 도덕적으로 금지되어야 한다고 생각한다. 명확하게 말하면, 자유의지론자들은 개인이 정당한 대의를 자발적으로 지지하도록 권장할 수 있다. 그런데 이는 그들이 반대하는 과세가 요구된다.

그러나 두 입장이 한 가지 중요한 점에서 의견이 일치한다는 것에 주목해 보자. 즉, 좋은 삶의 이상을 시민들에게 부과하는 것은 국가의 일이 아니라는 것이다. 시민들은 자신들의 삶의 길을 선택하는 데 자유로워야 한다. 따라서 재분배를 선호하는 자유주의자들은 일반적으로 사람들이 어떻게 살아야 하는가를 명령하기 위해서가 아니라 모든 사람

에게 스스로 어떻게 살 것인가를 선택하는 공정한 기회를 제공하기 위해 그렇게 한다.[14]

그러면 국가가 어떤 가치들을 시민들에게 부과하거나 최소한 다른 삶의 방식보다 어떤 특정한 삶의 방식의 가치들을 지지하는 경우는 없는가? 자유주의는 자율적이긴 하나 어떠한 공통된 사회적 유대가 없고, 공통의 가치가 결여되어 있어 개인들이 서로 고립된 채로 생활하는 사회로 이르게 하는가?

공동체주의자들은 자유주의자와 자유의지론자가 개인적 선택을 강조하는 것에 대응하여 개인은 보통 그들의 공동체에 의해 형성된다고 주장한다. 우리의 정체성은 적어도 부분적으로 우리가 소속한 종교, 문화적 배경, 민족성과 인종, 성과 성적 정향, 정치적 가치, 심지어 스포츠 팀에 대한 헌신적 열정에 의해 구성될 것으로 본다.

아리스토텔레스의 입장을 따르는 공동체주의자들은 우리가 속한 공동체의 특성을 윤리에서 핵심으로 간주한다. 공동체가 아동 양육을 맡아서 하든 그렇지 않든, 분명한 것은 아동이 소속하여 성장하는 공동체가 어떤 곳인가는 그 아동이 어떤 인간으로 성장할 것인가에 상당히 영향을 미친다는 것이다.

예를 들면, 주요 현대 공동체주의자의 한 사람인 마이클 샌델(M. Sandel)은 자신의 책『돈으로 살 수 없는 것들 *What Money Can't Buy* 』에서 스포츠가 시장화됨으로써 그 활동에서 중심이 되어야 하는 가치를 왜곡시켰다고 주장하였다.[15] 예컨대, 미국의 일부 엘리트 대학 농구 팀들은 이익을 추구하기 위해 경기 장소를 교정에서 학교 밖의 넓은 지역으로 옮김으로써 그 팀에 모든 열정을 바치고 있는 학생들이 참여하는 것을 매우 어렵게 만들고 있다.

샌델이 다른 책에서 이와 비슷한 맥락으로 말하는 주장에 따르면[16], 증강은 시민들에게 좋은 삶을 증진하는 공동체에서 가장 중심에 자리하고 있어야 하는 가치를 타락시키기 때문에 우리가 활성화하고자 추구해야 하는 스포츠 공동체에는 위험하다. 그가 그렇게 주장하는 논거는 무엇인가?

이 주제에 관한 샌델의 논거는 복잡하고 때로는 의미를 설명하기가 어렵기도 하지만, 기본 요점은 스포츠와 그 외에서도 증강을 통한 완벽함에 대한 추구는 어떤 근본적인 가치를 훼손할 수 있는 위협이 된다는 것이다. 샌델은 우리가 완벽을 추구할 때 그 세계를 지배하고자 하는 분투가 너무 강해서 다른 사람들에게 겸손하지 못하고 자신들의 운명에 원인이 되는 것으로 여겨지는 다른 사람들의 불행에 대하여 갈수록 연민의 정이 더 줄어들 것을 우려한 것이다. 만약 유전적 복불복 선택이 잘 설계된 맞춤형 포스트휴먼으로 대체된다면, 우리는 불우한 사람에 대해 동정심을 별로 느끼지 않을 것이다. 그 대신에, 우리는 그들의 역경에 관심을 기울이지 않고 오히려 그것은 그들 스스로에 의해서나 아니면 그들의 부모에 의해 내려진 그들 자신의 증강에 관한 잘못된 결정의 결과라고 믿기 시작할 것이다.

샌델의 논거는 지금 내가 대강 제시하는 것보다 훨씬 더 복잡하지만, 우리의 목적상, 나는 그가 걱정하는 것들 가운데 한 가지, 즉 스포츠에 초점을 맞추고자 한다. 그러나 우리는 그의 논거가 똑같이 증강된 경쟁자들의 분투로 인해 사고를 당할 수 있는 취약성부터 실패 가능성까지 다른 많은 요인이 우리를 겸손하게 하는 데 충분할 것이기 때문에 증강이 우리의 겸손함을 쇠퇴시키거나 우리가 우주의 주인이라고 자만하게 하지는 않을 것이라는 반론 같은 다양한 비판에 직면해 있다는 점에 주목해야 한다. 성취 개념에 대한 증강의 효과와 그것이 스포츠 공동체에 미치는 영향에 초점을 맞추어 논의하고자 한다.

증강이 스포츠에서(그리고 다른 데서) 성취의 중요성을 축소시킬 것인가?

예컨대 우리는 만약 유전적으로 증강된 강타자들이 늘 홈런을 친다면 야구에서 성취의 가치가 감소할 것이라고 걱정해야 할까? 기술에 따른 행위의 결과로서 지니는 홈런의 가치는 아마도 거의 한계점까지 낮아질 것이다(어쩌면 이는 메이저리그 야구의 '약물의 시대'에 나온 너무 많은 홈런 때문에 이미 어느 정도 그 지점에 이르렀다고 보아야 할 것이다).

야구에서 타격에 관한 이러한 걱정은 짐작하건대 투수들 또한 타자들과 공평한 경기를 할 정도의 수준에서 증강될 것이기 때문에 과장되었을 수도 있다. 타자와 투수 간의 균형이 유지된다면, 왜 경기가 지금보다 더 좋을까? 투수와 타자 간의 분투는 어쩌면 야구의 심장이자 영혼으로서, 변함없이 여전히 그대로 남을지 모른다.

이 논의로 야기된 핵심 문제는 유전적 증강이 성취의 가치를 비단 스포츠에서만이 아니라 많은 다른 분야에서도 더 감소시킬 것인가의 여부이다. 텔레비전 드라마 시리즈인 〈다크 엔젤(Dark Angel)〉(2000~2002)에서, 제시카 알바(J. Alba)는 맥스라는 이름의 유전적으로 증강된 군인 역을 연기하였는데, 그녀는 정부가 주도하는 프로그램'역주: 미국 정부가 비밀리에 유전자 조작으로 만들어 낸 인간 비밀 병기들을 전사로 훈련시키던 유전학 연구소 으로부터 탈출한 한 아이로서 그리고 전자기파의 영향으로 기술적, 경제적, 문화적으로 미개국가의 상태로 전락해버려 제대로 기능을 하지 못하는 미국에서 가능한 한 최선을 다해 자신의 길을 걷는다. 맥스는 유전적 증강으로 인하여 신체적으로 정상인들보다 더 우월하며 증강되지 않은 사람들의 능력을 초월하는 신체적 재능을 발휘할 수 있다. 그렇다면 그녀는 정상적인 인간이라고 평가받을 자격이 있는가? 많은 사람은 그녀가 그럴 자격이 없다고 주장할 것이다. 왜냐면 그녀의 능력은 그녀가 행한 어떤 것에 기인한 것이 아니라 그녀가 설계된 바에 따른 것이기 때문이다.

또한, 사람들이 음악적 능력을 위해 증강되고, 증강된 많은 사람이 정말로 뛰어난 피아니스트가 되는 미래를 생각해 보자. 그런 음악가들이 보이는 성취에 대해 칭찬하거나 그들의 수행을 성취로 여기는 것이 도대체 어떤 의미가 있을까? 그들의 '성취'는 대부분 그들이 실제적인 어떤 원인이 될 수 없는 증강의 결과 — 즉, 만약 그들이 마치 맥스가 뛰어난 군인이 되도록 맞춤형으로 설계되었듯이 훌륭한 음악가가 되도록 설계되었다면 — 라는 점에서 평가 절하될까?

이런 의문들은 답하기 매우 어렵다. 특히 생식세포계열 증강이 증강의 주된 형태가 된다면, 생식세포 증강은 성취에 관한 우리의 상식적인 생각을 바꾸고 아울러 개인들이 유전적 복불복 선택으로부터 받은 유전적 자산을 활용하여 최선을 다하는 노력에 부여하는 가치를 당연히 훼손할 것이다. 이것은 무조건 환영받을 만한 일은 아닐 것이다. 앞에서 지적했던 바와 같이, 우리는 분명히 어떤 운동선수가 설령 다른 많은 경쟁자가 지니고 있는 천부적 자산을 덜 갖추고 태어났다고 하더라도 최선을 다하여 스포츠의 높은 수준에 이르는 데 성공한다면 그를 흠모하고 칭찬한다.

불행하게도, 이런 문제는 결정적이지 않다. 우선 한 가지 이유로, 우리는 이미 자연 선택의 결과로 서로 다른 유전적 자질을 타고났다. 따라서 우리의 성취는 이미 어느 정도, 어쩌면 어떤 경우는 상당한 정도로 우리의 유전적 유산 때문일 것이다. 그런데 왜 증강은 자연적인 유전적 자질과 비교하여 우리가 이루는 성취의 가치를 더 떨어뜨리는가? 자연적인 유전적 자질은 결과적으로 이미 우리에게 서로 다른 유리함을 제공하지 않았는가?

더욱이 앞에서 논의했던 바와 같이, 만약 유전적 자질이 더 평등하면 할수록 운동에서의 성공은 더욱더 단순한 신체적 능력보다 운동선수들이 지닌 특성을 더 잘 반영하는 위기나 압박에서의 침착함이나 투지와 같은 정신적 특질에 좌우될 것이다. 우리는 스타 선수가 지닌 신체적 특징 때문에 칭찬하기보다, 그의 인성적 특성을 높이 평가하여 찬사를 보낼 것이다.

정신적 특성도 신체적 특성과 마찬가지로 증강의 대상이 될 수 있다는 반론에 답하여, 우리는 유전자만이 결과를 결정하는 것이 아니라 그것은 단지 행동 경향성만을 제공하기 때문에 인성적 특성이 차이를 만들어낼 수 있는 여지가 여전히 많이 있다고 대답할 수 있을 것이다. 결국, 〈다크 엔젤〉에서 맥스는 자신에게 책임이 없었던 증강 때문이 아니라 자신에게 책임이 있었던 연민과 선악 관념 때문에 도덕적으로 칭찬받을 만한 특성의 소유자가 되었다.

끝으로, 증강과 관련한 마지막 문제를 검토해 보자. 왜 우리는 유전적 선택에 의존할 수밖에 없게 만드는 성취의 이상 쪽을 채택해야 하는가?[17] 왜 우리는 자연적인 유전적 선택의 성취로서 평가받을 자격이 있다는 생각을 아예 떨쳐버리거나, 아니면 우리의 자연적인 유전적 유산에 입각한 칭찬에 의존하지 않는 새로운 성취의 개념을 개발하고자 하지 않는가? 자연적인 유전적 복불복이 결과에 영향을 미치도록 허용하는 것은 유전적 자질을 평등화시킴으로써 인성적 특성이 우리가 성공하거나 실패하는 데 있어서 결정적인 것이 되게 만드는 것을 허용하는 것보다 덜 윤리적이지 않은가?

우리는 증강의 도덕성에 관하여 어떤 결론을 내려야 하는가?

우리의 논의는 그 문제가 매우 복잡할 뿐만 아니라 합리적인 사람들도 결국은 의견 일치를 보기 어려운 문제임을 시사하고 있다. 나는 우리가 네 가지의 반대 견해를 고려해 볼 가치가 있다고 생각한다. 비록 그것들은 우리가 이미 경기력 향상 약물을 논의할 때 탐색했던 관점과 유사하긴 하지만, 적어도 우리가 논의를 위하여 체세포와 생식세포계열의 유전적 증강이 모두 안전하게 이뤄질 수 있다고 가정한다면, 엄격히 말해 경우가 아주 유사한 것은 아니다(물론 우리가 그 반대를 가정한다면, 운동선수들의 집단 안전에 호소하는 경기력 향상 약물의 사용을 반대하는 많은 주장이 증강에도 그대로 적용된다).

우리가 고려해 볼 가치가 있는 첫 번째 입장은 어떤 맞춤형 운동선수는 만약 다른 유전적 유산을 가진 다른 사람이 대신 태어났다면 존재하지 않았을 것이기 때문에 생식세포계열 변형으로 인해 해를 입지 않는다는 가정과 연결되는 자유의지론자의 입장이다. 이 입장은 인간의 자유의 가치에 호소하지만, 이미 논의했던 유전적 증강과 관련한 많은 비판에 취약하며, 또한 결과적으로 유전 공학자들을 포스트휴먼의 뛰어난 운동선수를 설계하기 위한 치열한 경쟁으로 내몰게 할 것이다. 비록 어떤 사람들은 인류가 이제껏 한 번도 가보지 못한 세계로 나아가는 것을 하나의 미덕으로 간주할지 모르지만, 다른 사람들은 타당한 이유에서 그런 변형이 빚게 되는 예기치 못한 결과를 두려워할 수 있다.

두 번째 입장은, 우리가 완벽주의자 관점이라 부를 수 있는 것으로, 유전적 증강을 통해서라도 그것이 가능하다면 인간의 완벽성에 대한 이상을 추구해야 한다고 주장한다. 이 관점은, 트랜스휴먼이 그의 최종 지점이라 할 수 있는 것으로, 인간이 현재 이상적으로 알고 있는 것과 같이 새롭고 틀림없이 더 우수하고 향상된 인간으로 대체될 수 있다는 가능성을 받아들인다. 비록 이러한 일련의 사건이 지금은 공상과학소설의 줄거리처럼 들릴지 모르지만, 완벽주의자들은 우리에게 현상 유지에 무비판적인 태도로 집착해서는 안 되며 그것이 급진적이라는 이유만으로 급진적 변화에 반대해서도 안 된다고 상기시킨다.

세 번째 입장은, 종종 자유주의 우생학이라 불리는 것으로, 어떤 도덕적 조건으로 제한이 주어진다면 증강을 지지한다. 증강에 대한 기회는 모든 사람에게 주어지거나 공평하게 분배되어야 하며 인성적 특성에서 일반적이어야 한다. 그럼으로써 야망이 있는 부모가 특정한 분야에서의 성공을 위해 자녀들을 설계하는 것을 어렵게 해야 한다. 자유의 지론자들처럼 자유주의자들 역시 유전적 증강에 관한 정부 지원 프로그램의 방안을 거부한다. 두 입장의 사람들은 모두 정부가 시민들에게 좋은 삶의 개념을 부과하려 해서는 안 된다고 믿는다. 그래서 증강을 하든 하지 않든 그것은 국가가 아닌 개인이 선택할 몫이 된다.

마지막 네 번째 입장은, 어쩌면 샌델에 의해 일어났던 일종의 공동체주의 관심으로 영향을 받았을 수 있는데 질병을 예방하기 위한 목적에서 하는 유전적 변형에 대해서는 허용하지만, 유전적 증강을 금지하든 허용하든 이에 조심스럽게 접근한다. 사실, 우리가 금지론자들이라 부를 수 있는 그들은 유전적으로 증강된 운동선수가 하는 스포츠는 탁월함의 시험이 될 수 없고, 성취와 같은 중요한 가치를 훼손시킬 것이며, 현재 존재하고 있는 불공정하거나 부당한 불평등성을 더욱 악화시킬 것이라고 지적한다. 이 입장은 만약 우리가 지금까지 어떤 사람도 결코 가본 적이 없는 곳을 갈 경우, 우리는 도착하자마자 우리가 알게 되는 것을 좋아하지 않을 수 있다는 점에서 주의를 촉구한다!

더 결정적인 어떤 의견을 제시할 수 있다면 좋겠지만, 지금까지의 논의는 논쟁이 계속 진행될 필요가 있으며, 우리가 어떠한 최종적인 결론에 도달하기 전에 핵심적인 요점에 관해 충분히 숙고해야 한다는 점을 제안하고 있다. 나는 네 번째 관점과 보조를 같이하는데, 논의를 더 깊게 하다 보면 다른 경쟁적인 견해들 가운데 어떤 하나에 더 우호적인 추론에 이를지도 모르지만, 이 입장은 유전적 증강을 허용하는 것에 회의적이다.

이 장의 논의로부터 부각된 주요 주제들은 무엇인가?

우리의 논의는 정치적 사고에 대한 주요 접근들 — 자유주의, 자유의지론, 공동체주의, 그리고 심지어 완벽주의 — 이 경쟁 스포츠에서의 공정, 증강, 기술공학을 포함하는 문제에 어떻게 적용될 수 있는지를 분명히 보여주었다. 또한 그것은 이들 분야에서의 논쟁이 매우 복잡하긴 하지만, 그로 인해 이성이 마비되지는 않는다는 것을 보여주고 있다. 우리가 고려했던 문제들에 대한 어떤 응답들은, 비록 결정적이지는 않는다고 하더라도, 반대자들에게 입증 책임을 지우기에 충분할 만큼 설득력이 있어 보인다.

물론, 앞에서 제안되고 논의되었던 몇 가지의 해결책은 더 깊은 비판적 논의를 통해 다듬어져 나가야 할 것이다. 그러나 경기력 향상 약물, 유전적 증강, 그리고 장비의 기술적 진보와 관련된 문제를 검토하기 위해 제시된 접근들은 매우 타당성이 있어 보인다. 그것들은 더 깊은 탐구를 위한 하나의 틀을 창조할 수 있으며, 아울러 나는 그것이 철학적 탐구의 핵심이라 할 수 있는 비판적 검토와 논쟁을 견뎌낼 수 있는 충분한 가치를 함축하고 있기를 바란다.

제 5 장

경쟁 스포츠
: 교육인가 아니면 잘못된 교육인가?

제5장

스포츠와 교육 사이에는 어떤 역사적 관련성이 있는가?

　서구 사회의 경우, 조직화한 경쟁 스포츠는 아마 적어도 기원전 776년경 고대 그리스에서 시작된 올림픽 경기로 거슬러 올라갈 것이다. 물론 운동경기 그 자체는 분명히 그보다 더 오래전부터 있었을 것이다. 철학자 헤더 레이드(H. Reid)가 지적하는 바와 같이, 고대 그리스에서의 운동경기와 그보다 훨씬 이후에 그 문화에서 등장한 철학 사이에는 매우 중요한 유사점이 있다. 레이드는 스포츠와 철학 모두 운동이나 지적 우월성에 관한 주장을 신에게 호소하지 않고 선별하는 방법을 활용했고, 귀족들에게 제한되지 않았으며, 참가자들을 여러 도시국가로 이루어진 그리스 사회의 각기 다른 문화에서 나오는 새로운 생각을 접하도록 함으로써 비교적 넓은 시야를 갖게 하였다고 주장한다.[1] 사실, 기술이나 운동 같은 그런 경쟁은 호머(Homer)의 『일리아드 *Iliad*』와 같은 고전 작품들에서 찬미되었다. 중국의 활쏘기와 같은 스포츠가 서구 이외에서 중요한 역할을 하였고, 또한 때로 최고의 전사를 선발하는 것에서부터 누가 희생되어야 할 것인가를 결정하는 것에 이르기까지 다양한 기능을 발휘하였지만, 스포츠와 교육의 연결은 고대 그리스 사상가들에 의해 중요한 방식으로 발달되고 옹호되었다.

우리는 플라톤의 저작에서 철학과 스포츠 사이에 깊은 연관이 있다는 증거를 발견할 수 있다. 운동경기는 그가 『국가 *The Republic*』에서 제안하였던 국가의 지도자들을 위한 이상적인 교육에서 주요한 역할을 하였다. 물론 플라톤은 임전 태세를 위한 신체 훈련의 가치를 분명하게 이해했지만, 그는 또한 신체 훈련이 지혜와 탁월함을 향한 애정을 가르치는 데에도 중요하다고 생각하였다. 플라톤의 대화편에서, 플라톤의 스승이자 그 책의 주요 인물인 소크라테스는 경건함에 대한 자칭 전문가라고 떠드는 자가 대답을 못하는 예리한 질문들을 제기하는 대화 『에우티프론 *Euthyphro*』에서와 같이 자신의 독특한 토론 방법을 사용하여 보다 타당한 신념에 도달하도록 돕거나 비판적 검증을 견뎌낼 수 없는 주장을 의심하기 위해 논쟁하였다. 이런 점에서 소크라테스의 대화는 우리가 스포츠에서 상호 부조론이라 부르고 있는 것과 유사하다. 즉, 쌍방이 자유롭게 시합이나 논쟁에 참가하며 한 사람만이 보통 승리자가 되거나 논쟁에서 보다 더 나은 위치에 놓이게 되지만, 둘 다 공통의 목표를 추구하는 과정에서 상대에 의해 검증을 받는 혜택을 입는다.

다소 다르긴 하지만, 19세기에 영국의 많은 교육자는 이와 유사한 접근을 취하였다. 그들은 스포츠에서의 경쟁이 참가자들에게서 중요한 덕목, 즉 단순히 교육 목적만을 위해서가 아니라 보다 넓은 사회에서 영향을 미칠 수 있는 리더십의 기술을 향상하는 데 있어서 매우 중요한 덕목들의 발달을 증진한다고 믿었다. 전통적으로는, 웰링턴 공작이 한 말로 전해지고 있지만 어쩌면 잘못 알려진, "워털루 전투의 승리는 이튼의 운동장에서 쟁취했다."는 주장은 이런 관점을 잘 드러낸다. 비록 당시 영국에서의 엘리트 스포츠는 일반적으로 상류층만을 위한 것이었고 '아마추어리즘'의 이상은 흔히 노동 계층을 배제하기 위해 이용되었지만, 운동경기는 리더십과 인격의 형성을 위한 중요한 훈련으로 여겨졌다.

오늘날 경쟁 스포츠를 지지하는 교육 제도 안팎의 많은 사람 또한 품성을 형성하고 페어플레이에 대한 애정을 고취하는 데 있어서 스포츠의 역할을 말하고 있다. 만약 스포츠가 품성에 영향을 미친다면, 그것은 미덕만을 고취할까 아니면 악덕도 고취할까? 앞으로 보게 되겠지만, 스포츠의 참가가 훌륭한 품성 형성에 강력한 영향력을 발휘한다는 관점에 대해 의미 있는 도전들이 제기되고 있다.

미국에서 어마어마한 돈과 시간을 학교 대항과 대학 대항 운동경기 프로그램에 들이붓는 것은 큰 문제가 아닌가?

미국의 고등학교와 대학 내 광범위한 운동 프로그램의 역할은 대부분의 다른 나라와 큰 차이가 있다. 물론 다른 나라들 또한 다양한 스포츠 프로그램을 운영하고 있지만, 그것은 흔히 소도시, 시, 지역과 연합이 된 클럽에 의해 운영되며, 기술과 경험의 다양한 수준에 따라 경쟁을 한다. 영국과 캐나다의 학교도 팀을 운영하긴 하지만, 최소한 영국에서는 제도적 지원이 미국보다 훨씬 덜 광범위하며, 일반적으로 클럽과 프로 수준의 경쟁이 인기를 독차지하기 때문에 대중의 마음에서 멀어져 있다.

미국의 대학 대항 스포츠에는 많은 수준의 경쟁이 있다는 것을 인식하는 것 또한 중요하다. 대학 대항 스포츠를 조정하는 조직인 미국대학체육협회(NCAA)에서 가장 큰 규모를 자랑하는 것은 디비전 III으로, 여기에 속한 학교들은 체육특기자 장학금을 수여하지 않고, 체육 엘리트 메이저 체제보다 훨씬 제한된 일정을 소화하며, 운동을 전반적인 대학 생활과 통합시키도록 하고 있다. 그러나 특히 미식축구와 남자 농구 그리고 때로는 여자 농구와 같은 세인의 주목을 많이 받는 스포츠에서 매스컴의 가장 큰 관심을 끄는 것은 메이저 디비전 I 프로그램이다.

최근에 미국에서 최고 수준 혹은 엘리트 대학 대항 스포츠라 불리는 프로그램이 심각한 비판의 불길에 휩싸이고 있다. 미국대학체육협회 남자 농구 디비전 I의 토너먼트 경기인 소위 말하는 3월의 광란이 스포츠 팬들을 사로잡고 미국의 스포츠 뉴스를 뒤덮고 있지만, 엘리트 대학 대항 스포츠는 분명히 심각한 여러 문제에 직면해 있다. 이들 문제를 좀 더 자세하게 검토해 보자.

미국의 대학 대항 스포츠와 관련된 심각한 문제는 무엇인가?

비록 많은 체육 엘리트 대학과 더불어 미국대학체육협회가 '학생 신분의 운동선수'에 대해 언급하지만, 수년 전으로 거슬러 올라가는 일련의 학계 추문은 최고 수준 대학 스포츠의 순수성에 의문을 제기하였다. 가장 최근에 밝혀진 너무나 어처구니없는 하나의 사례는 학문적으로 명성이 있는 노스캐롤라이나 대학교 채플 힐 캠퍼스에서 지난 수십 년 동안 일어났던 것으로, 대학 운동선수들이 포함된 많은 학생이 아프리카계 미국학과의 교수와 조교가 개설한 정규 시간 외의 가짜 과정을 이수한 것이다.[2] 거의 어떤 노력도 요구되지 않고, 흔히 강의조차 열리지 않았던 이 '과정들'은 학업 활동에 취약한 운동선수들이 대학 팀에서 운동을 할 수 있는 자격을 유지하는 데 활용되었다. 주요 스포츠의 코치들이 그런 사기를 얼마나 인지했는지는 불분명하다. 이런 일이 특히 대학 대항 스포츠를 올바로 수행하고 있음을 자랑스럽게 여기고 있었고, 그의 우승 기록뿐만 아니라 채플 힐에서 인종차별폐지를 고취하는 데 그의 진실성과 역할로 너무나 잘 알려진 전설적인 농구 코치였던 고(故) 딘 스미스(D. Smith)(그는 그 스캔들에 연루되지 않았다)의 홈이었던 노스캐롤라이나 대학과 같은 기관에서 일어났다는 것이 심각하다.

노스캐롤라이나 대학의 추문은 너무 어처구니없는 일이긴 하였지만, 수십 년이라는 세월을 거슬러 올라가는 이 대학의 긴 역사에서 처음 나타난 사건이었다. 최근에 오클라호마 시러큐스 대학교, 그리고 플로리다 주립대학교는 운동선수들에 대한 위법 지출로 미국대학체육협회의 규칙을 위반한 것부터 학력 사기에 이르는 여러 위법 행위에 연루된 것으로 드러났다. 미국대학체육협회의 조사결과에 따르면, 학생 신분의 선수들이 학업 활동에 충실하게 참여하지 않은 것과 관련한 또 다른 추문의 사례는 1994년부터 1998년에 이르는 기간 동안 미네소타 체육학과의 상담실에 고용된 직원이 코칭 스태프들과 이야기하여 남자 농구선수들을 위해 수백 건의 과제를 처리해 주었던 사건이다.

또한, 펜실베이니아 주립대학교에서 일어난 추문의 경우, 전직 미식축구 수석코치였던 제리 샌더스키(J. Sandusky)는 이전의 유명한 미식축구 프로그램과 관련된 자신의 명성 뒤에 숨어 수년간에 걸쳐 아동들을 성추행하였다. 비록 팀 자체는 샌더스키의 탐욕한 행위에 연루되지 않았지만, 많은 참관인은 그의 미식축구 프로그램의 명성을 보호하고자 하는 바람이 샌더스키의 행동을 좀 더 일찍 간파하는 것을 방해하는데 영향을 미쳤을 것으로 생각하였다. 전설적인 미식축구 감독이었던 조 페터노(J. Paterno)는 그 명성이 어쩌면 불공평할 정도로까지 손상되었으며, 그 대학은 미국대학체육협회로부터 중징계를 받았다.

대중의 관심을 사로잡았던 그런 추문과 더불어, 보다 깊고 어쩌면 더욱더 심각한 문제가 있다. 예를 들면, 특히 최고의 엘리트 디비전 I 수준에 있는 대학 대항 스포츠는 연습뿐만 아니라 보통 전국 순회를 포함하는 경기에 엄청난 시간을 들이고 있다. 세인의 주목을 많이 받는 스포츠의 경우, 대학의 존재를 홍보할 수 있는 좋은 기회인 관계로 엘리트 팀 간의 경기는 흔히 운동선수들의 학업 스케줄에 맞추기보다는 가장 많은 텔레비전 시청자를 끌어모을 수 있는 시간대에 맞춰진다. 심지어 세인의 주목을 별로 받지 못하는 스포츠의 경우도 시간 투입이 엄청나기 때문에 학업 부담을 느끼지 않을 수 없다. 일부 대학 야구팀은 한 시즌에 50에서 60번의 경기를 치르며, 그 가운데 많은 경기는 순회를 하며 진행되는 관계로 수업을 빼먹을 수밖에 없다. 뿐만 아니라, 선수들은 치열한 경기를 치르느라 피곤하여 학업에 많은 지장을 받게 된다.

승리는 엘리트 경기 프로그램의 주요 목표이다. 내셔널 챔피언십 토너먼트의 경우는 더욱더 그렇다. 승리는 수익을 만들어내는 데 필수적인 것이며, 승리하지 못하는 감독들은 그들의 직업을 잃을 위험에 자주 처하게 된다. 승리에 대한 무거운 압박감은 성적이 낙제 근처에 있는 학생이든 혹은 도덕적으로 문제가 있는 품성을 지닌 학생이든 그가 최고의 선수라면 무조건 영입해야 한다는 압박으로 작용한다. 앞에서 지적했던 대부분의 학력 사기의 경우는 학업 활동에 취약한 운동선수들이 대학에서 운동을 계속할 수 있는 자격을 유지하게 하는 결과를 반영하고 있다. 이런 문제들을 고려해 볼 때, 엘리트 대학 대항 운동경기가 점차 비판의 불길에 놓이게 되는 것은 놀랄 일이 아니다.

또한 많은 사람은 일부 대학 대항 스포츠 중에서도 특히 미식축구와 농구의 경우는 프로 스포츠로 바로 이동할 수 있는 토대를 제공하고 있다는 점에 주목하고 있다. 최고의 유망주들이 디비전 I 농구에서 1년 동안 선수 생활을 한 후 곧바로 프로 팀으로 이동하는 '1년만 하고 끝'을 외치는 현상은 그런 선수들이 '학생 신분의 운동선수'인지 아니면 그들의 대학을 미국프로농구를 향한 디딤돌로 활용하는 선수인지 의문을 가지게 만든다.

주요 대학 대항 스포츠는 나머지 다른 운동경기 프로그램과 심지어 대학 자체를 지원하는 수익을 벌어들이지 않는가?

이 질문은 두 가지 가정을 하는 것인데, 그 두 가지 모두 상당히 의문의 여지가 있다. 첫 번째 가정은 최고 수준의 대학 스포츠는 모든 운동경기 프로그램과 더불어 대학을 지원할 수 있는 충분한 수익을 벌어들인다는 것이다. 주로 남자 미식축구와 농구가 이에 해당하는데, 때로는 여자 농구도 여기에 포함된다.

그러나 그에 관한 조사연구는 이런 가정을 뒷받침하지 못한다. 예를 들면, 미국대학체육협회에서 발간한 통계자료에 의하면, 2012년에 미식축구 볼 시리즈 디비전(최고의 엘리트 수준에서 경기하는 미국 대학 대항 미식축구 디비전)에 속한 대학기관 중 겨우 23개의 운동경기 프로그램만이 실제로 수익을 남겼다.[3] 대학 스포츠를 추적 관찰하는 대학 총장들과 행정관리들의 모임인 대학 대항 운동경기에 대한 기사위원회(the Knight Commission)의 「균형을 회복하기」라는 제목의 보고서를 살펴보자. 그 보고서는 대부분의 엘리트 운동경기 프로그램이 학생 수업료와 일반 기금으로 지원을 받고 있으며, 그 금액이 점차 늘어나고 있다고 지적하고 있다.[4] 펜실베이니아 주립대학교의 조 페터너가 자신의 성공적인 미식축구 프로그램에서 나온 수익금을 캠퍼스 전체에 혜택을 주는 대규모의 새 도서관을 지원하는 데 사용했던 때도 있지만, 대부분의 프로그램은 다른 우선순위를 지원하는 데 사용되었을 자금을 빼내가고 있는 실정이다.

아울러, 체육 엘리트 대학기관에서는 전체 일반의 학생당 비용보다 훨씬 초과하는 금액을 학생 운동선수들에게 투입하고 있다. 기사위원회의 보고에 따르면, 운동경기로 명성이 높은 동남부 연맹(Southeast Conference)에서 2010년에 1명의 학생 운동선수에게 지출한 평균금액은 163,000달러 정도였던 반면에 일반 학생 1명당 지출한 평균금액은 13,390달러에 불과하였다. 그 차이가 다른 주요 연맹에서만큼 그렇게 크지는 않았지만, 미식축구 프로그램을 운영하지 않고 있는 디비전 I 학교들에서조차 학생 1명에게 지출하는 금액의 세 배가 약간 넘는 비용을 운동선수들에게 지출하였다.[5] 운동 팀에서 필요로 하는 장비가 예컨대 철학과에서 필요한 교육기자재와 비교할 때 그 비용이 엄청 많이 드는 것처럼, 지출 비율에서 어느 정도의 차이는 예상될 수 있다. 이런 까닭에, 대학 대항 운동경기에 대해 비판적 견해를 가진 사람들이 기사위원회에 의해 보고되었던 지출에서의 차이의 규모, 특히 운동 엘리트 대학 대항 연맹들에서 보이는 그런 차이는 대학 대항 스포츠를 지지하는 사람들이 정당화하기가 참으로 어려울 것이라고 주장하는 것은 분명히 일리가 있다.

미국의 운동 엘리트 대학들이 운영하는 대부분의 운동경기 프로그램은 단순히 수익을 내지 못하는 데 그치는 것이 아니라, 그들의 운동선수들에 대한 상대적인 지출이 전혀 균형에 맞지 않으며 그런 불균형은 시간이 갈수록 점점 더 심화하고 있다.

대학 대항 스포츠를 변호할 수 있는 말은 무엇인가? 그런 비판이 모든 스포츠에 적용되는가?

이런 비판이 모든 스포츠에 적용되는 것은 아니다. 우선 무엇보다, 체육 엘리트 디비전 I 기관들이 운영하는 남자 농구와 미식축구 프로그램은 거대한 빙산의 정상에 위치하고 있다. 그에 적용되는 비판은 적어도 그와 동등한 영향력을 지니고 있지 않은 다른 종류나 수준의 대학 대항 운동경기에는 해당하지 않을 수 있다. 대학 대항 스포츠는 남자 미식축구와 농구 프로그램 같은 세인의 주목을 많이 받는 엘리트 디비전 I에 속한 프로그램만 있는 것은 아니다. 대학 대항 스포츠에는 여자 스포츠도 포함되는데, 그 가운데에는 코네티컷 대학교 여자 농구팀처럼 세인의 관심을 많이 받는 팀도 있지만, 대부분은 남자 스포츠보다 사람들의 관심이 덜하며 또한 그런 점에서 세인의 높은 관심도를 가진 남자 프로그램들에 영향을 미치는 문제에 덜 취약하다. 물론, 디비전 I에는 아이비리그가 포함되어 있는데, 그 리그 또한 체육특기자 장학금을 제공하지 않으며 그에 속한 팀은 디비전 I 스포츠의 최고 엘리트 수준에서 하는 국내선수권대회에 매우 드물게 참가한다. 그리고 체육특기자 장학금이 제공되지 않고 학생들이 프로 스포츠 선수로 거의 선발되지 않는데도 높은 경쟁력을 유지하는 팀들이 참가하는 디비전 III에 속한 많은 기관도 이에 해당한다. 사실, 디비전 III은 미국대학체육협회에서 가장 큰 규모를 자랑한다. 미국대학체육협회가 자체 텔레비전 광고 캠페인에서 말하고 있듯이, 거의 모든 대학 대항 운동선수들은 나중에 프로 스포츠 세계의 밖에서 직업을 가질 것이다. 사람들의 관심이 높은 남자 스포츠와 관련되는 문제, 예컨대 프로그램을 유지하는 데 필요한 어마어마한 비용과 같은 그런 문제는 사람들의 관심이 훨씬 떨어지는 스포츠나 여자 스포츠, 그리고 운동선수답지 않은 엘리트 연맹이나 대학 대항 운동경기가 수익을 창출한 것으로 기대되지 않는 미국대학체육협회의 낮은 디비전에 속한 스포츠에는 적용되지 않을 것이다.

일부 팀, 특히 디비전 I에 속한 남자 농구와 미식축구 프로그램의 일부 팀은 암울한 졸업률을 보인다. 미국대학체육협회에 따르면, 2002년에 메릴랜드와 오클라호마 간에 벌어졌던 국내 농구선수권대회에 참가한 5명의 선수 중 겨우 1명만이 졸업 자격을 갖추었다. 1990년대에는 다수의 핵심 프로그램이 단 한 명의 아프리카계 미국 농구 선수도 졸업시키지 못했다.

그러나 좀 더 넓은 시각에서 보면, 우리는 미국대학체육협회 선수들이 일반 학생보다 더 높은 비율로 졸업한다는 것을 알 수 있다. 아프리카계 미국 운동선수들 또한 일반 아프리카계 미국 학생들보다 더 높은 비율로 졸업을 한다. 더욱이, 전 회장이었던 마일스 브랜드(M. Brand)의 주도 아래 미국대학체육협회에 의해 시작되었던 개혁에 따라, 지금은 주요 프로그램의 선수 졸업률이 불합리하게 낮을 때는 체육특기자 장학금이 주어지는 주요 프로그램을 박탈한다(비평가들은 이것이 곧바로 높은 졸업률을 확보하기 위해 운동선수들로 하여금 학문적 내용이 빈약한 과목들을 이수하게 하는 압력으로 작용할 것이라고 주장할 것이다. 그것도 전혀 일리가 없는 것은 아니다. 비록 이것은 위험한 일이지만, 핵심 과목의 요건을 규정으로 마련하고 교수 감독을 효과적으로 한다면 그런 남용을 예방할 수 있을 것이다).

그러나 희망적인 부분이 있다 하더라도, 디비전 I의 대학 대항 운동경기에 따른 문제들은 여전히 남는다. 교육보다는 좋은 시설에 더 현혹

되는 우수한 기량을 갖춘 운동선수들을 모집하기 위한 경쟁 외에도, 연습을 하고 전국을 순회하며 경기를 하는 데 보내는 시간은 학업 목표와 심각한 갈등을 빚을 가능성이 크다.

주요 운동경기 프로그램을 대학의 전체적인 학업 프로그램의 일부가 아니라 대학이 더 큰 공동체에 제공하는 일종의 문화 활동으로 이해해서는 안 되는가?

어떤 사람들은 대학 스포츠를 관중에게 문화 활동을 제공하고 또한 이런 이유로 우리가 기꺼이 수용하면 되는 것이지, 그것을 교육기관의 일부로 평가하거나 대학의 전반적인 목적에 얼마만큼 부합하는가를 따져서는 안 된다고 주장하고 있다.[6] 그들은 오늘날 대학이 여러 기능을 갖고 있으며, 대학이 지원하는 예술 공연처럼 스포츠 또한 더 큰 공동체를 위한 문화 활동의 한 형태를 대표한다고 주장한다. 사실, 여러 대형 주립대학 헌장은 더 큰 주변 공동체의 문화 창달에 대한 그들의 책무에 관하여 말하고 있다. 왜 운동경기가 학업 프로그램의 일부가 아니라는 것에 솔직하지 못하고 이를 인정하려 들지 않느냐는 것이다. 어떤 사람들은 오히려 그것이 특히 그 공동체로부터 후원을 받는 주립대학의 경우에는 이를 환원하는 차원에서 더 큰 공동체에 대한 대학의 문화적 책무를 다하는 하나의 방식이라고 주장한다.

따라서 노스캐롤라이나 대학과 듀크 대학의 남자 농구 프로그램은 채플 힐과 더럼의 팬 공동체의 중심이며, 이전에 거주민의 한 사람이었던 나는 노스캐롤라이나주 시민들이 농구장에 갈 때 사실상 다른 활동은 멈춘다는 것을 증언할 수 있다. 농구 프로그램이 지역 주민들로부터 명성을 얻고 그에 대해 열정을 갖게 된 것은 작고한 전설적인 노스캐롤라이나 감독 딘 스미스(D. Smith)가 아프리카계 미국 학생들과 흑인 지역 목사를 그 지역의 인기 있는 백인 식당으로 데리고 감으로써 인종 차별의 폐지와 관련한 정치적 선언을 암묵적으로 보여주는 등 채플 힐에서 인종 통합을 증진하기 위해 보인 노력이 분명히 한 원인이 되었다. 또한 그는 노스캐롤라이나가 겨뤘던 엘리트 대서양 연안 연맹(the elite Atlantic Coast Conference)에서 스타가 된 최초의 아프리카계 미국인 찰리 스콧(C. Scott)을 선수로 선발하였다.[7] 만약 그 감독과 팀이 공동체에서 존경받는 지위를 얻지 못하였었다면, 이런 행위는 그만한 관심을 끌지 못하였을 뿐만 아니라 그렇게 의미 있고 강력한 영향력을 발휘하지도 못하였을 것이다.

스포츠 팀은 캠퍼스 공동체보다 더 넓은 팬 공동체를 만들어내고 대학의 존재에 대한 세인의 관심을 배가시킴으로써, 대학에 대한 지원을 얻는 데 간접적인 방식으로 도움이 된다. 이런 이유로 보면, 더 넓은 공동체에 문화 활동을 제공하는 것은 일부 교육기관의 정당한 기능이라 할 수 있다. 그러나 교육기관에 의해 제공된 이러한 공리주의적 혜택이 부정의에 따른 대가나 사람들의 관심이 많은 스포츠의 운동선수에 대한 부당한 착취의 대가에 따른 것이어서는 안 된다. 운동선수들이 교육을 받을 정당한 기회를 제공 받지 못한다거나, 혹은 그들이 교실에서 소화해 낼 수 있는 학업 기술을 갖추고 있지 못함에도 합격이 된다면, 공동체가 받는 혜택은 그 대학에 전반적인 이득을 제공하는 바로 그 사람들에 대한 부정의의 대가로 제공되는 것이다.

대학 운동선수들은 착취를 당하고 있는가? 대학 스포츠의 프로화가 일어나는 착취를 제거할까?

어떤 사람들은 우리가 적어도 남자 미식축구나 농구 같은 세인의 관심이 높은 엘리트 스포츠의 학생 선수들의 경우 그들이 학생이라는 가식을 버려야 한다고 말한다. 그 사람들은 그들을 왜 프로처럼 대우하지 않는지 묻는다. 그들의 지위를 그렇게 변화시켜 주는 것이 오히려 더 솔직하며 또한 그럼으로써 그들은 대학 경험을 프로선수가 되기 위한 훈련으로 여기고 학업의 의무에 따른 압박으로부터도 자유로울 수 있다는 것이다. 이 제안을 좀 더 검토해 보자.

우리가 대학 대항 운동경기에 드는 막대한 비용, 일부 성공적인 프로그램으로 벌어들인 수익, 그리고 스타 감독과 스포츠 행정가들에게 지급되는 임금을 생각해 볼 때, 우리는 운동선수들이 이용당하고 있거나 착취당하고 있다고 생각할 수 있을 것이다. 학자인 빌리 호킨스(B. Hawkins)는 엘리트 디비전 I 운동경기를 대부분이 백인인 일반 학생들로 구성된 대학기관들에서 불균형적으로 아프리카계 미국인이 다수를 차지하고 있는 선수들이 착취를 당하는 '새로운 농장'과 같은 것으로 언급하고 있다.[8]

호킨스의 비판은 분명히 이해할 만하다. 정상급 감독은 엄청난 봉급을 받고 수백만 달러에 육박하는 과외 수입을 얻으며 흔히 대학에서 가장 돈을 잘 버는 사람에 속한다. 예를 들면, 2014년에 최고 수입을 올린 대학 미식축구 감독은 앨라배마의 닉 세이번(N. Saben)으로, 그의 기본 급여는 거의 7백만 달러였던 것으로 알려졌다. 그에 반해 급여 랭킹에서 30위였던 오리건의 마크 헬프리치(M. Helfrich)는 3백만 달러를 약간 상회한 것으로 보도되었다.[9] 한편, 그 감독들이 성공하는 데 많은 이바지를 한 선수들에게는 돈이 전혀 지급되지 않는 것으로 알려진다.

그런데도 대학 운동선수들이 착취를 당한다거나 이용만 당한다는 주장은 어떤 경우에서는 너무 지나치다고 할 수 있다. 착취라는 말은 다소 문제가 있으며, 학자마다 그 개념을 어떻게 이해하는 것이 좋은지에 대해 서로 의견이 다르다.[10] 여기에서 그에 관한 모든 분석을 제시할 수는 없으나, 착취라는 말은 항상 다른 사람을 부당하게 이용하는 것을 포함하는 것으로 인식되는데, 어떤 거래가 어느 경우에 실제로 불공정한지에 대해서는 불일치가 있을 수 있다. 우리의 목적에 논의의 초점을 맞춘다면, 착취는 피해자가 유용하게 활용할 수 있는 제한된 기회를 결국에는 피해자에게 해를 끼치는 방식으로 이용하는 것도 포함하는 것으로 간주될 수 있다. 착취자는 피해자에게 선택의 기회를 주겠지만, 그것은 착취자가 원하는 바를 피해자가 어쩔 수 없이 꼭 해야 하는 그런 상황에서 주어질 것이다.

예를 들면, 만약 내가 필사적으로 목숨을 구할 약이 필요한데, 나에게 절대적으로 필요한 그 약을 유일하게 소유하고 있고, 내가 곤경에 처해 있는 것을 아는 사람이 나에게 시중 가격의 수백 배에 해당하는 돈을 요구한다면, 그때 그 사람은 나를 불공정하게 대우하고 있는 것이며 사실상 나의 어려운 상황을 이용하는 것이다. 나는 시장 가격에 그 약을 구입할 수 없고, 그럼으로써 나는 매우 많은 돈을 잃는 피해를 입을 것이다. 물론 그 약은 나의 생명을 구할 수 있을 것이다. 그래서 이런 예는 서로 이익이 되는 호혜적 착취라 불리는 경우일 수 있지만, 그럼에도 불구하고 나는 불공평하게 이용당하고 있다.[11]

엘리트 운동 프로그램 가운데 많은 사람의 관심을 끄는 디비전 I 대학 운동선수들은 실제로 착취를 당하고 있을까? 나는 그에 대한 대답이 최소한 다음과 같은 두 가지의 주요 고려사항에 달려 있다고 본다. 첫째, 체육특기자 장학금과 그것이 제공하는 교육에 대한 기회의 가치는 장학금을 받는 선수에 대한 소중한 보상의 형식일 것이다. 그러나 여기에서 그 교육 기회란 것이 진정성이 있는 것인가가 매우 중요하다. 운동선수가 학문적으로 대학 학업을 수행할 준비가 되어있는가, 아니면 대학 수준에서 학업을 수행할 준비가 안 된 젊은이에게 대학기관이 장학금을 지급한 것인가? 이전에 미네소타 바이킹스의 라인맨*역주: 미식축구에서 5명으로 구성되어 쿼터백을 상대 수비수로부터 보호하는 선수 이었던 앨런 페이지 (A. Page)는 자신의 팀 동료들이 모두 대학에 다니고 있었는데도 팀의 공수작전을 그림과 함께 기록한 책인 플레이북을 읽을 수 없었다고 회상한다. 그에 따르면, "읽거나 쓰는 것을 결코 그들에게 기대할 수 없었고, 그들은 재능 있는 운동선수들이었기 때문에 이리저리 떠다녔다."12 더욱이, 설령 어떤 운동선수가 배우고자 하는 마음을 갖는다 하더라도, 디비전 I 운동선수들에게 요구되는 운동경기에 대한 엄청난 헌신은 그가 학업에 투입할 만한 그런 시간적 여유를 남겨놓지 않는다. 따라서 그들은 장학금의 이득을 충분히 거둬들이지 못하고 있으며 어떤 의미에서는 교육에서 사취당하고 있는 것이다.

페이지가 선수 생활을 했던 1970년대 이래, 미국대학체육협회가 시즌 동안 학생들이 운동경기에 매진하도록 요구할 수 있는 시간을 제한하는 법률을 통과시킨 것은 사실이다. 물론 법률로 명확하게 규정하지 않은 시즌 중의 요건뿐만 아니라 비시즌 동안의 비공식적이고 자발적인 훈련이 그 법률에 내포된 의도를 과연 그만큼 담보해 줄지는 불투명하다. 그러나 우리가 앞에서 지적했던 바와 같이, 미국대학체육협회의 전체 운동선수들의 졸업률은 다른 일반 학생들의 졸업률을 능가하고 있다. 그리고 매우 까다롭게 선별과정을 거친 대학에서 실시한 한 연구에 따르면, 운동선수들은 졸업 후 다른 학생들보다 더 높은 임금을 받는 경향이 있다. 연구자들이 말한 바와 같이, 그것은 그들이 아마도 다른 사람들보다 경제적 성공에 좀 더 집착하거나(대부분 학생과는 다른 그들 자신의 경제적 배경에서의 차이 때문에 그럴 수 있을 것이다) 혹은 운동경기에 참여한 경험을 그 직업에 적용함으로써 더 높은 경쟁력을 갖출 수 있기 때문일 것이다.[13] 이것은 그들의 교육의 질을 입증하는 것이 아니라 그들이 반드시 경제적으로 이용당하고 있는 것만은 아니라는 것을 보여주는 것일 수 있다. 보상은 그야말로 직접적인 것만은 아니라는 것이다.

따라서 착취에 대한 주장은 대학이 진정으로 교육 기회를 제공한다면, 아마도 소실점까지 약화될 것이다. 물론, 선수 자신 또한 학업에 충실히 임하겠다는 각오와 함께 자신을 오로지 스포츠만을 위해 학교에 다니는 존재로 인식하지 않는 것이 반드시 필요하다.

완전한 프로화는 어떤 문제가 있는가? 운동 엘리트이자 사람들의 높은 관심을 끄는 프로그램에서 활약하는 대학 운동선수들을 왜 프로로 대우하지 않는가?

우선 실제적인 이유에 초점을 맞춘다면, 비용 문제가 있다. 최고 수준의 대학 스포츠가 재정적으로 지속 가능한지는 현재는 불확실하다. 만약 대학 운동선수들이 그들 대학에 고용되어 임금을 받게 된다면, 그 상황은 더욱 악화될 것이다. 돈을 절약하기 위해, 기관은 남자 수영부터 테니스, 배구, 골프에 이르기까지 수익을 올리지 못하는 많은 스포츠를 없애고자 하는 유혹에 직면할 수 있다(여자 스포츠는 우리가 제6장에서 논의할 타이틀 IX의 조건 때문에 아마 거의 폐지되지 않을 것이다). 많은 대학이 비용 부담을 줄이기 위해 최고 수준의 대학 스포츠를 중도 하차시킬 가능성이 매우 크다. 그런데 만약 그들이 대학 대항 스포츠를 포기하기보다는 아이비리그나 디비전 III 수준으로 옮긴다면, 그것도 나쁘진 않을 것이다.

그러나 그러한 변화는 너무 감상적일 수 있다. 어느 선수에게 임금을 지급할 것인가? 수익을 올리는 남자 프로그램이나 농구와 같은 사람들의 높은 관심을 끄는 여자 프로그램에 참여하는 선수들에게만 지급할 것인가, 아니면 모든 스포츠 선수에게 지급할 것인가? 봉급은 시장 경쟁을 반영할 것인가, 아니면 미국대학체육협회가 어떤 수준에서 정할 것인가, 그것은 불법적인 트레이드 제한일까? 또한, 같은 대학 예산에서 봉급이 지급될 경우, 학생 운동선수들과 달리 가족의 부양을 걱정해야 하는 교수진과 직원들로부터 반발은 없을까? 이것은 학교의 전체예산 가운데 스포츠 운영에 큰 몫을 지출하게 함으로써 비평가들이 염려하는 바와 같이 다른 중요한 프로그램에 투입될 자금을 삭감하는 결과로 이어지지는 않을까? 아울러, 만약 팀들이 대학의 재정적 어려움을 염두에 두고 공개적으로 프로의 마이너리그의 일부가 된다면 대학 스포츠의 정신과 열정이 많이 사라지지는 않을까?[14]

엘리트 대학 스포츠를 프로화했을 경우 가장 심각한 비용은 운동경기가 학생 운동선수에게 교육적 경험의 일부가 될 수 있다는 관점 — 어떤 사람들은 '가식'이라고 말할 것이다 — 을 완전히 버리는 것을 의미할 수 있다는 것이다. 어쩌면 운동경기는 우리 교육의 주요 부분일 수 있고 또한 그래야 한다는 플라톤의 신념은 엘리트 디비전 I 수준에서는 더 이상 발붙일 곳이 없게 된다. 그러나 그것은 여전히 대학 스포츠의 다른 디비전, 고등학교 경기, 그리고 유소년 스포츠에는 적용될 수 있을 것이다.

오배넌 소송이란 무엇인가? 그리고 그것은 대학 운동선수들의 프로화와 어떤 관련이 있는가?

에드 오배넌(E. O'Bannon)은 미국 로스앤젤레스 캘리포니아 대학의 1995 국내 선수권 팀에서 활약한 스타 농구 선수였다. 수년 후, 그는 자신의 이미지가 상업 비디오 게임에 사용되고 있는 것을 보고 깜짝 놀라 디비전 I 남자 미식축구와 농구 선수들을 대표하여 미국대학체육협회를 상대로 집단 소송의 고소인이 되는 것에 동의하였다. 오스카 로버트슨(O. Robertson)과 빌 러셀(B. Russell) 같은 전 미국프로농구의 위대한 선수들도 동참한 그 소송에서 그들은 자신들의 이미지가 상업적 목적으로 사용되는 것에 대해 보상을 받아야 한다고 주장하였다. 하지만 미국대학체육협회는 그러한 보상은 아마추어 정신을 위배하는 것이라고 주장하였다.

2014년 8월에 내려진 복잡한 결정에서, 클라우디아 윌컨(C. Wilken) 판사는 오배넌에 우호적으로 판결하였다. 그 판사는 "미국대학체육협회의 회원인 학교와 연맹은 그에 소속된 에프비에스(FBS) 미식축구 혹은 디비전 I 농구 선수들에게 전액 보조금 이외에 학생들의 이름, 이미지, 그리고 초상화의 사용으로 창출된 수익의 일부를 지급하는 것을 막는 모든 규칙이나 규약의 집행을 금지해야 한다."라고 판시함으로써 아마추어 정신과 관련한 미국대학체육협회의 규약이 불합리하게 거래를 제한하고 있음을 분명히 하였다. 비록 그 판사는 졸업 이후 선수들의 초상권 사용에 대한 위탁 금액을 제한하였지만, 이후 그의 판결은 그 이상 지급할 수 있는 문을 열어놓았다.

더 최근인 2015년 10월에 미국 상소법원에 의해 내려진 결정은 미국 대학체육협회가 독점금지법 조항을 위반하고 있다는 판결을 확인하였지만, 그 판결에 비추어볼 때 놀랍게도, 교육 기관이 운동선수들의 초상권 사용에 대한 대가를 그들에게 지급할 기금을 확보해야 한다는 것에 대해서는 받아들여지지 않았다. 틀림없이, 이 문제를 해결하기 위해서는 또 다른 판결이 필요할 것이다. 독점금지법 조항을 고려할 때, 위컨 판사가 처음으로 판시하였던 것처럼 운동선수들에게 어느 정도 보상이 지급되어야 한다고 생각하는 것이 법적으로나 도덕적으로 타당한 것 같다.

사실, 2015년에 미국대학체육협회 디비전 I 이사회는 대부분의 운동 엘리트 연맹이 현재는 체육특기자 장학금으로 충당되고 있는 학비와 교재뿐만이 아니라 선수의 교육과 관련한 모든 경비를 지원하는 것을 허용하는 법률을 제정할 수 있는 자율성을 승인하였다. 예를 들면, 집에 오고 가고 생활하는 데 드는 비용과 얼마의 오락비용을 포함하는 급료 가 가능해질 수 있다.

운동선수들에 대한 모든 비용을 지원하자는 아이디어는 시즌, 비시 즌 중에도 연습 목적으로 선수들의 시간을 빼앗고 체력단련을 위해 투 입하는 시간을 고려해 볼 때 다른 학생들과 비교하여 그들의 대학기관 에서 고용을 통해 수입을 얻을 기회를 거의 얻지 못한다는 점에서 어느 정도 타당한 것 같다. 그러나 이런 변화에 따른 의도하지 않은 결과는 그런 장학금의 비용이 커질수록 이미 운동경기에 투입되고 있는 비용 그 이상을 투자할 수 없거나 그러고 싶지 않은 학교에는 새로운 선수를 선발하는 활동에 불리하게 영향을 미칠 수 있다는 것이다. 따라서 소위 말하는 '중간 메이저'급 대학들은 더욱더 부유한 경쟁 대학들과 비교해 경쟁에서 불리한 입장에 놓이는 결과가 빚어지게 될 것이다.

어쨌든, 오배넌 소송으로 허용된 조치와 체육특기자 장학금으로 충당되는 범위를 확장하자는 제안은 완전한 프로화의 기준에는 미치지 못한다.

스포츠의 참가가 품성을 형성할 수 있다거나 도덕 교육의 한 형식이 될 수 있다는 주장이 제기되고 있는데, 그렇다면 어떤 품성을 형성할 것인지 혹은 어떤 가치를 가르칠 것인지를 누가 결정해야 하는가?

스포츠가 품성을 형성한다거나 도덕 교육의 한 형식이라는 주장은 여러 가지 이유로 문제가 될 소지가 있다. 우리는 어떤 종류의 품성을 형성하고자 하는가? 교육기관이 이런 유형의 도덕적 결정을 내려야 하고 실제로 학생들에게 특정 가치를 강요해야 하는가? 스포츠를 하는 것은 분명히 품성에 영향을 미치긴 하지만 흔히 부정적인 측면에서 효과를 미친다고 말하는 경험적 연구들은 어떤가?[15] 스포츠를 하는 것과 품성이나 덕을 형성하는 것과는 어떤 관련이 있고 또 어떻게 관련이 되어야 하는가?

하나의 관점은 상호 부조론자들이 스포츠에 내재되어 있거나 본질적인 것이라고 말하는 것으로, 윤리적으로 매우 중요한 그리고 스포츠, 특히 경쟁 운동경기에 참여함으로써 증진되는 그런 어떤 가치들이 존재한다는 것이다. 여기에는 넓은 의미로 보아 공통의 복적을 추구하는 과정에서 다른 사람들과 협력하는 능력으로 이해되는 팀워크, 인내, 절제, 그리고 긴박한 압박감 속에서의 침착함 등이 포함되며 그 외도 더 있을 수 있다. 그러나 스포츠의 참여가 실제로 그런 가치들을 증진하는가? 설령 그렇다 하더라도, 그런 가치들이 선수와 코치에 의해 윤리적으로 바람직하지 않은 방향에서 왜곡되지는 않는가? 예를 들면, 팀워크에 관한 생각이 스포츠를 통해 '옳든 그르든, 나와 나의 팀'이란 태도로 변질되는 것은 아닌가? 그런 왜곡은 상대를 탁월함을 향한 상호 탐색의 조력자라기보다는 장애나 적으로 간주하는 것과 같은 스포츠맨답지 못한 행동으로 나아가게 하는 것은 아닌가?

우선 스포츠가 어떤 가치들을 증진해야 하는가에 관한 문제를 출발점으로 하여 이에 관한 논의를 시작해 보자. 많은 사람은 코치나 기관이 우리가 스포츠맨십, 팀워크, 절제와 같은 스포츠의 내적 가치들이라 부르는 것을 강조하기보다는 운동선수들이 받아들이고 싶지 않을 가치를 부과할 수 있다는 것을 염려하는데, 그런 걱정은 사실 타당성이 있다. 예를 들면, 운동선수들은 경기 전에 기독교식 기도에 동참하기를 요구받을 수 있다. 편파적인 정치적 가치는 어떤가? 기관의 지원을 받는 코치는 총기 규제에 대해 찬성으로 전향해야 하는가 아니면 반대로 전향해야 하는가, 기후 변화에 찬성하여 싸워야 하는가 아니면 그것을 부정해야 하는가? 코치들은 선수들에게서 어떤 품성 특질을 증진하는 것이 바람직한가? 우리는 코치와 같은 그런 권위자의 명령에 대해 복종하는 것을 선수들에게 가르치길 바라는가, 아니면 운동선수들이 비판적으로 사고하도록 격려하기를 바라는가? 우리는 운동선수들에게 성공과 승리를 같은 것으로 여기도록 가르쳐야 하는가? 우리는 경쟁으로부터 얻는 성공의 가치와 경기 및 그 경기의 전통에 대한 존중의 균형을 맞추기 위해 노력해야 하는가?

이에 대한 하나의 대답은 윤리를 가르치는 것과 품성을 형성하는 것은 부모와 가정의 책임이라는 것이다. 학교는, 심지어 대학도 마찬가지로, 부모와 가정이 해야 할 역할을 떠맡아 그들이 집에서 배웠던 것과 배치될 수도 있는 잠재성을 지닌 가치를 운동선수들에게 부과해서는 안 된다는 것이다. 이런 관점의 아주 극단적인 경우는, 학교가 가치로부터 자유로워야 하며, 더 나아가 운동 프로그램도 그래야 한다고 말한다. 그러나 다른 사람들은 학교가 십계명에 기반을 둔 종교적 이념이든 혹은 지지자들에 의해 사실상 거의 자명한 것으로 간주하는 정치적 의제이든 특정한 주요 가치를 부과하지는 않는다고 하더라도 최소한 지지는 해야 한다고 믿는다. 만약 스포츠가 도덕 교육을 포함한 교육의 한 형식이라면, 어떤 가치를 증진해야 할까?

도덕 교육의 한 형식으로 스포츠를 옹호하는 사람들이 딜레마에 직면한 것처럼 보인다. 코치와 기관이 운동선수들에게 편파적인 일련의 가치를 두둔하고 그것을 부과하려고 할 때는 운동선수들의 자율성이 위협을 받는다. 하지만 그렇다고 완전히 중립적인 입장에 서는 것은 그 자체로 불가능해 보인다. 어쨌든 학교는 본래 성격상 문맹에 대한 문해력, 맹목적인 생각의 수용이 아닌 비판적 사고, 그리고 편협과 왕따를 넘어서는 타인에 대한 존중과 같은 어떤 가치들을 옹호하기 마련이다.

우리는 내가 다른 곳에서 '기관의 비판적 중립'[16]이라 했던 것을 채택함으로써 진퇴양난에 빠진 이 딜레마를 극복할 수 있다. 이 관점은 기관이 뜨거운 쟁점이나 고도로 편파적인 문제(비록 대학에서는 교수진과 학생들이 개인으로서 자신의 견해를 밝히는 것과 관련한 학문의 자유가 보장되지만)에 대해 공식적인 견해를 밝힐 것을 요구하지 않는다는 점에서 중립의 한 형식이라 할 수 있다. 그러나 이 입장은 교육기관이 공식적으로나 비공식적으로 교육 및 지적 탐구 자체의 본질에 의해 전제된 가치들을 지지하는 것을 허용한다. 여기에는 탐구에 대한 자유, 타당한 추론의 논리나 기준 같은 비판적 사고의 도구에 대한 고수, 응답할 자유뿐만 아니라 타인의 주장을 기꺼이 경청하고자 하는 의지, 그리고 시민의 비판적 담론의 유용성 등이 포함된다.

이런 근본적인 시민적, 교육적 가치를 지지하고 학생에게서 그런 가치를 증진하고자 노력함으로써, 교육기관은 개인적 자율성을 약화시키기보다는 오히려 증진시킨다. 비판적 사고와 탐구를 위한 도구가 없다면, 학생들은 조리 정연한 담론에 참여하고 다른 사람의 관점을 검토할 뿐만 아니라 합리적이고 사려 깊은 방식에서 자기 자신의 관점을 형성하는 능력이 부족하게 된다. 학교는 이러한 기본적인 가치들이 훌륭한 교육에서 빠질 수 없는 핵심에 해당한다는 점에서 결코 가치로부터 자유로울 수 없다고 하는 것이지만, 그렇다고 하여 그것이 학교가 기관으로서 더 편협한 가치를 증진할 필요가 있다거나 그래야 한다는 것을 의미하는 것은 아니다.

종교계통의 학교나 환경 연구와 같은 어떤 특정한 주제를 기반으로 설립된 학교처럼, 특정 임무를 가지고 있는 교육기관은 어떨까? 이에 대한 최선의 대답은 만약 그런 기관들이 자체의 핵심 가치에 관한 비판적 논의를 허용한다면, 그들이 제공하는 교육은 기관의 비판적 중립과 양립할 수 있지만, 특정 영역에 대한 탐구를 허용하지 않는다면, 그 영역에 있는 학생들의 자율성은 위태로워질 수 있다는 것이다.

기관의 비판적 중립은 운동경기에 어떤 의의가 있는가?

우리는 세인의 많은 관심을 끄는 엘리트 디비전 I 스포츠가 지닌 문제를 고려하면서 많은 사람이 대학 대항 운동경기가 대학에서 설 자리가 없다고 생각한다는 것을 알게 되었다. 또한 많은 사람은 고등학교 스포츠조차도 지나치게 강조됨으로써 오늘날 학교의 일차적인 교육적 임무의 기반이 약화될 수 있다고 주장하는데, 거기에는 나름의 충분한 이유가 있다. 그러나 그와 반대로 비판적 중립과 시민적 덕에 관한 우리의 논의는 '적절하게 수행될 경우' 운동경기가 학업 목적에 이바지하고 교육 목표와 양립 가능할 뿐만 아니라, 그런 목표를 더욱 강화할 수 있다고 제안한다.

우리는 이미 경쟁 스포츠가 그 자체의 구성 규칙으로 창출된 도전을 구현한다는 것을 살펴 보았다. 구성 규칙은 작은 공을 운동장 구멍에 넣는 것처럼 아주 쉬운 일일 수도 있는 것을 매우 어렵게 만든다. 흥미로운 도전에 응한다는 것은 많은 사람이 그 자체로 가치가 있다고 생각하는 활동으로 보인다. 우리가 앞에서 지적했던 바와 같이, 사람들은 쉬운 일보다는 복잡하고 도전을 요구하는 과업을 선호하는데, 이것은 즉 쉬운 도전보다는 어려운 일에 도전했을 때 우리에게 더 많은 보상이 주어질 뿐만 아니라 객관적으로 더 가치가 있다는 것을 의미한다.

스포츠에 내재된 가치를 넘어서, 스포츠는 핵심적인 교육적 가치들을 증진할 수 있는 역량 면에서 소중한 자산이다. 즉, 운동경기 프로그램은 우리가 앞에서 말했던 핵심적인 교육적 가치들과 관련이 있는 팀워크 및 경기를 분석하고 비판하는 자발적 의지 같은 스포츠의 중심적 혹은 내재적 가치들을 발전시킬 수 있다. 예컨대, 운동선수들이 특정 스포츠의 고유한 도전을 수행하면서 자신의 경기를 비판하고 분석하여 개선하는 법을 배우는 것과 같이, 그들은 스포츠를 통해 더 넓게 적용할 수 있는 기술을 학습한다. 이런 관점에서 볼 때, 운동경기 프로그램은 적절한 방식에서 수행만 된다면 학업 프로그램의 어떠한 긍정적인 효과를 훼손시키기보다는 오히려 교육과 관련된 중심 가치들을 증진할 수 있다. 그러나 반드시 덧붙여 말해두어야 할 것이 있다. 그것은 오직 팀이 팀원과 상대방을 목적에 대해 수단으로서가 아니라 똑같은 인간으로서 대우하도록 권장 받을 때, 승리가 유일한 목표가 아니라 선수들이 경쟁에서 보였던 수행과 가치에 대한 비판적 성찰을 통해 무엇을 배울 수 있는지를 강조할 때에만 그럴 수 있다는 것이다.

스포츠, 특히 대학 대항 스포츠가 그에 참가하는 운동선수들에게 나쁜 영향을 준다고 생각할 만한 어떤 이유가 있는가?

도덕 교육의 한 형식으로서의 스포츠에 대해 비판적 입장을 가진 사람들은 스포츠의 참가(혹은 그저 관람하는 것까지도)가 때로는 가치에 부정적으로 영향을 미칠 수 있다고 주장한다. 그들은 비록 이상적인 조건 아래에서는 스포츠가 앞에서 언급했던 바와 같은 학구적인 성장과 관련된 중요한 덕들을 증진할지 모르지만, 실제 세계에서는 거의 그런 역할을 하지 못한다고 주장한다.

첫째, 일부 비평가는 스포츠가 비판적 사고를 증진하거나 탐구 정신을 발달시키기보다 오히려 코치에 대한 맹목적인 복종을 가르친다고 비난한다.[17] 예컨대 미식축구와 같은 스포츠에서, 선수들은 코치에 의해 결정된 공격과 수비를 배우며, 그들은 보통 그저 코치가 지시하는 것에 따라 경기를 한다. 이런 상황에서 비판적 사고의 여지가 어디에 존재할 수 있느냐는 것이다.

또한 비평가들은 설령 운동선수들이 팀워크 같은 긍정적인 가치를 보인다 하더라도, 이런 가치는 스포츠 이외의 생활에서는 이행되지 않거나(구획화 이론) 운동선수들이 운동을 시작하기 전에 이미 높은 수준에서 그런 가치를 내면화하고 있다고 말한다. 사실, 그들은 운동선수들이 성공적인 사람이 되기 위해서는 팀에 협력하는 사람이 되어야 한다는 것을 스포츠를 통해 배운다기보다 이미 팀에 협력하는 사람이기 때문에 선수들이 성공하는 것이라고 주장한다(사전 선택 이론).18

비록 여기에서 말한 반대 이유에 대해서는 진지하게 검토해 볼 필요가 있긴 하지만, 그 반대 이유 자체는 중대한 반론의 여지 또한 안고 있다. 예컨대, 첫 번째 비판에서 스포츠는 코치에 대한 맹목적인 복종을 가르친다고 하는 것은 과장된 것으로 보인다. 우리가 이런 비평을 선수들이 어떤 종류의 샷과 타법 혹은 움직임을 채택할 것인가를 끊임없이 결정을 내려야 하고 그들에게 열려 있는 전략적 선택을 채택하고 평가해야만 하는 골프, 스쿼시, 스키, 테니스와 같은 개인 스포츠에 적용하면 어떻게 될까? 타이거 우즈(T. Woods), 특히 이미 고인이 된 세베 바예스테로스(S. Ballesteros) 같은 골프 선수들은 그들의 힘뿐만 아니라 자신을 곤경으로부터 끌어내는 창의성과 자신이 처한 상황에 가장 적합한 샷을 만들어 내는 것으로 유명하다. 내가 관여했던 팀 가운데 최고의 팀들은 때로는 디비전 III의 전국 순위에 오르기도 했는데, 그 팀들이 꼭 최고로 공을 잘 치는 선수들이 있어서 그랬던 것이 아니라 공을 최선으로 치지 못했을 때조차도 지속해서 좋은 점수를 올릴 수 있는 적절한 판단을 하였기 때문이었다. 마찬가지로, 축구와 농구 선수들은 그저 감독이 설계한 대로 융통성 없이 경기하는 것이 아니라 경기 중에 계속 판단을 하면서 공격과 수비를 한다. 대학 대항 테니스부터 육상과 크로스컨트리에 이르기까지 일부 스포츠는 경기 중에 코치와 대화하는 것을 금지하거나 단거리에서 주자의 속도와 같이 시합 그 자체의 특성상 대화가 아예 불가능하다.

코치진에 의해 설계된 대로 선수들이 기계적으로 경기를 하는 패러다임에 가장 적합해 보이는 미식축구는 어떨까? 물론, 일부 코치는 선수들을 자주 통제하고 선수들이 스스로 판단하는 것을 최소화한다. 그러나 다른 코치들은 선수들이 제시하는 전략적 제안을 경청하고 선수들에게 그들의 임무를 수행하는 방식과 관련하여 재량권을 부여하는 경기를 설계한다. 더욱이, 미식축구는 반작용의 경기로 선수들은 상대의 예상하지 못한 움직임에 어떻게 대응하는 것이 최선인가를 끊임없이 판단하고 결정을 내려야 한다. 내가 1968년에 해밀턴 대학 교수진에 처음 합류했을 때 들었던 한 이야기에 따르면, 해밀턴 대학 미식축구팀은 경기 중반까지 신체적으로 우월한 상대에게 지고 있었다. 중간 휴식 시간 미팅 때, 선수들은 코치인 돈 존스(D. Jones)에게 경기의 판세를 바꾸기 위해서는 그들이 무엇을 해야 하는가를 물었다. 그러자 그는 "나는 여러분들이 매우 현명하다고 생각해요. 그러니 알아내세요."라고 대답하였다. 해밀턴은 그 경기를 끝내 이겼다.

운동선수들이 권위자에 대한 맹목적인 복종에 길들어 진다는 비난은 과장된 것일 뿐만 아니라, 비판적 사고를 고무하는 학업과 대비한 것은 분명히 너무 나간 것이다. 일반적으로 교수들은 학생들로부터 의미 있는 조언 없이 자신의 강좌에 대한 교수요목을 정하고, 강의에서 다룰 주제를 결정하고, 과제를 내주며, 시험을 설계한다. 나는 극소수이기를 바라지만, 일부 교수는 학생들을 지나치게 통제하고, 자기 자신의 관점에 대해 비판적으로 반응하는 것을 격려하기보다는 의욕을 꺾기도 한다. 그러나 학생들은 운동경기에서나 학업에서 동등한 상대가 아니라는 것을 명심하자. 교수와 학생, 코치와 운동선수 사이에는 경험과 관점에서 근본적으로 불공평한 권위의 관계가 존재한다. 훌륭한 교수와 코치는 비판적 사고를 격려한다. 또한 그러면서도 교수와 코치는 그들의 경험과 전문성에 기반을 두고 관여하는 활동을 구조화한다. 비록 코치와 교수가 각 활동에서 일어나는 학습에 관심을 기울이는 데 있어서 서로 다른 위치에 있지만, 학업과 운동경기는 적절하게 수행될 때 비판적 사고에 이바지할 수 있다고 믿을만한 충분한 이유가 있다. 우리는 교육자로서의 코치의 역할에 관하여 잠시 후에 더 자세하게 논의할 것이다.

구획화 이론과 사전 선택 이론은 어떤가? 앞에서 보았던 바와 같이, 일부 비평가는 설령 운동선수들이 스포츠를 통해 어떤 긍정적인 가치를 배운다 하더라도, 그들은 삶의 다른 분야에까지 그런 가치를 확산하지 않는다는 점에서 운동경기에서의 성공은 선수들이 이미 소유하고 있는 가치를 반영하는 것이지 그들이 운동장에서 배웠던 것을 반영하는 것이 아니라고 주장한다.

구획화는 때때로 실제적인 현상일 수 있다. 그러나 일반적으로 삶이란 상호작용이 전혀 없는, 완전히 분리된 구역들로 분할되는 것이 결코 아니다. 예컨대, 교수들은 학생들이 교실에서 논리와 설명문에 대해 배운 것을 교실 밖에서 비판적 분석과 더 나은 작문으로 이어간다고 추정한다. 이와 마찬가지로, 만약 부모가 어린 자녀들을 잔혹하게 대하면, 자녀들 또한 나중에 성장하여 잔혹하게 될 수 있다. 만약 또 어떤 부모가 가족들에게 친절하고 배려심이 많다면, 그 곳에서 자란 자녀들의 행동에도 반영될 가능성이 크다.

따라서 구획화 이론이 어떤 맥락에서는 매우 설득력이 있긴 하지만, 특별히 운동경기가 그의 직접적인 영향권 밖에서는 거의 영향력을 발휘하지 못한다는 견해에 대해서는 의심해볼 만하다. 진지하게 운동을 하는 운동선수에게 있어서 스포츠는 단순한 취미가 아니라 흔히 하나의 열정이며, 그것은 결과적으로 자신의 정체성을 형성하는 데 도움을 준다. 일반적으로 그의 팀 동료들과 코치들과의 관계성은 강렬하고 지속적이다. 운동선수가 스포츠 참여를 통해 미덕을 배양하도록 교육을 받거나 도움을 받았는데, 다른 삶의 영역에서 이러한 미덕을 표현하지 않는다면 놀라운 일이다.

마찬가지로, 학업과 관련하여 입학 조건이 보다 까다로운 대학에 합격한 학생들은 이미 자신이 견실한 학업 능력을 갖추고 있음을 입증하였지만, 그런 대학은 입학 이후에 이룬 그 학생들의 성공을 전적으로 학생들이 입학 등록 전에 소유하고 있던 자질의 결과로만 보지 않는다. 가장 그럴듯한 입장은 학생들이 이들 대학에 입학하여 학업을 할 수 있는 준비를 하였지만, 그들의 능력은 대학에 다니면서 쌓은 경험을 통해 발달되고 연마된다는 것이다. 왜 운동선수에게는 똑같은 방식이 적용되어서는 안 된다는 말인가, 특히나 대학 수준에서? 전도가 유망한 대학 운동선수들은 이미 기술을 갖추고 있다. 그렇지 않았다면 그들은 애당초에 선발되지도 않았을 것이다. 그러나 훌륭한 교수가 학생들이 발달하고 학습하는 것을 도울 수 있는 것처럼, 훌륭한 코치는 운동선수들이 이미 소유하고 있는 기술과 가치를 발달시키고, 새로운 것을 학습시키며, 경기 도중 더 나은 전략적 결정을 내리는 것을 도울 수 있다. 모든 성공을 사전 선택의 결과로 귀속시키는 비평가들의 주장과 달리, 내가 여기에서 말하고자 하는 기본적인 입장은, 학문이든 운동경기든 상호 작용이 있다는 것이다. 즉, 참가자들은 부분적으로 형성된 품성을 지니고 대학에 오지만, 충실한 교육을 받음으로써 품성의 향상을 기할 수 있다.

운동경기가 선수들의 품성을 더 나쁘게 변화시킬 수 있다고 말하는 연구는 어떤가?

우리는 가치를 주입하는 스포츠의 힘에 대해 부정적으로 말하는 사람들이 수행한 실제적인 경험 연구를 진지하게 고려할 필요가 있다. 그러나 단순히 스포츠에 참가하게 되면 나쁜 가치를 배운다는 결론은 잘못된 것일 수 있다. 사실, 그 분야의 최고 연구자들인 브렌다 브레드마이에(B. Bredemeier)와 데이비드 쉴즈(D. Shields)는 "스포츠 참가와 도덕적 품성에 관한 일반화는 확고한 것이 아니다."라고 말하며 우리의 주의를 환기할 뿐만 아니라, "스포츠가 참가자들에게 미치는 영향력은 그 특정한 스포츠와 관련된 일련의 복잡한 요소, 그리고 야기된 사회적 상호작용에 따라 달라진다."고 지적한다.[19]

예를 들면, 브레드마이에와 쉴즈는 자신들이 수행했던 한 연구에서 디비전 I에 소속된 대학 농구 선수들의 표집 집단이 운동선수들이 아닌 사람들로 구성된 통제 집단에 비해 도덕적으로 덜 민감하였지만, 여기에 수영선수들을 혼합하여 표본을 구성하면 그 차이가 사라진다는 것을 발견하였다.[20] 이는 어쩌면 스포츠 종류에 따라 참여자들을 다르게 사회화하기 때문일 수 있다. 에티켓의 원리가 규정집의 한 부분을 차지하고 있는 골프의 경우는 그 기풍이 럭비와는 매우 다를 것이며 그에 따라 품성에 미치는 영향 또한 다를 것이다. 성에 따라서도 차이가 날 것이다. 예컨대, 어떤 학자들이 제시하는 의견에 따르면, 여자들은 그들이 다루는 사람들의 개인적 정황에 더욱 호의적인 유형의 도덕적 추론을 하는 경향이 있는 반면에, 남자들은 공정과 정의라는 보다 추상적인 관념에 호소하는 경향이 있다.

내가 볼 때 가장 중요한 것은 코치의 영향력이다. 만약 선수들이 아주 어린 나이 때부터 승리에 최고의 가치를 부여하고, 상대를 그저 자신의 진로에 방해되는 장애로 바라보며, 좋든 나쁘든 자기 팀만을 최우선으로 생각하라는 지도를 받아왔다면, 그들은 상대를 존중하고, 비판적 판단을 권장하며, 구차하게 얻은 승리보다 탁월한 수행과 같은 다른 요소들에 가치를 부여하라는 지도를 받은 선수들과는 다른 도덕적 입장을 발달시키기 쉽다. 이는 마치 권위주의적인 교사들이 사고의 독립성을 격려하는 교사들과는 다른 영향을 학생들에게 미치기 쉬운 것과 같이, 권위주의적인 코치들은 더욱 정감적이고 협동적인 코치들과는 다른 가치를 그들의 선수들에게 증진하기 쉽다.

운동선수들의 도덕성 발달과 관련한 연구들에서 가장 중요한 문제는 어떤 품성을 훌륭한 품성으로 간주할 것인가, 도덕적 판단과 비도덕적 판단을 구분하는 것은 무엇인가, 혹은 어떤 도덕적 결정을 타당한 것으로 받아들일 만하다고 간주할 것인가이다. 이런 것은 과학이 아닌 윤리학에서 제기되는 의문들이다. 비록 그런 의문에 대한 답변이 경험적 요소를 지닐 수 있겠지만, 연구자들은 그 의문에 대해 어떤 답변이 윤리적으로 받아들일 만한 것이고 또한 받아들이기 어려운 것으로 간주할 것인가에 대해 때때로 인정되지 않은 도덕적 판단을 내리고 있다.

예를 들면, 어떤 연구자들은, 칸트가 말한 인간에 대한 존중의 개념이나 존 롤스(J. Rawls)가 말한 우리에게 개인적으로 어떻게 영향을 미칠 것인지를 이해하기 어렵게 하는 무지의 베일 뒤에서 정의의 원리를 평가하도록 강조하는 것과 같은, 편견 없이 주장될 수 있는 추상적인 보편적 원리로부터의 추론을 가장 정교한 윤리적 추론의 형식으로 간주할 수 있을 것이다. 그러나 이것은 분명히 세련된 공리주의 이론가들에 의해서뿐만 아니라 공동체주의자들, 덕 윤리학자들, 그리고 추상적인 추론보다는 구체적인 상황에서 타당한 판단을 강조하는 배려 윤리의 옹호자들로부터 저항을 받을 것이다. 그 결과, 어떤 연구자들은 공동의 목적을 위해 서로 다름을 무시하고 다양한 사람과 함께 일하는 능력뿐만 아니라 팀워크나 자신의 공동체에 대한 기여와 같은 사회적 가치를 강조할 수 있는 반면에, 다른 연구자들은 운동선수들이 연구자 자신들이 제시한 도덕적 딜레마에 대해 추상적인 공평성의 입장에서 어떻게 논리적으로 응답하는가에 초점을 둘 수 있을 것이다. 다시 말하면, 연구자마다 도덕적 품성, 덕, 도덕적 발달과 같은 개념을 서로 다르게 이해할 수 있으며, 그럼으로써 그들이 채택하는 도덕적 성숙의 기준이 서로 달라서 각기 다른 결과에 이를 수 있다. 예컨대, 도덕적으로 말해서, 우리는 팀워크와 자신의 팀 동료들에 대한 충성심을 긍정적으로 바라보아야 할 것인가, 아니면 팀워크 역시 마찬가지로 그들 자체로 소중한 인간들인 상대를 희생하여 자기 팀에만 편파적이고 편협한 관심을 이끄는 것으로 격하시켜야 할 것인가?

그러함에도 불구하고, 우리는 마음속에 두 가지 요점을 간직할 필요가 있다. 첫째, 운동선수들의 도덕성 발달이 운동선수가 아닌 다른 사람들과 비교했을 때 다소 어려움을 겪고 있음을 시사하는 연구들이 많이 축적되고 있으나, 그 연구 결과들 또한 비판에 열려 있다. 둘째, 이것이 더 중요한 것인데, 운동경기의 참여가 참가자들의 도덕성 발달과 품성에 미치는 결과는 '운동경기가 어떻게 수행되는가'에 따라 상당히 달라질 수 있다. 이 점에 대해서는 다음의 몇 가지 질문에 대한 답변을 통해 더욱 광범위하게 논의될 것이다.

운동경기가 적절하게 수행될 경우, 그것이 증진할 긍정적인 가치들이 존재하는가? 그런 가치는 학업과 조화를 이룰 수 있는가?

우리가 이 질문에 대한 답변을 진전시키기 위해서는 앞에서 언급했던 세 가지 부류의 가치를 개략적으로나마 구분할 필요가 있다. 우선, 교육 자체의 전제 조건으로 간주할 수 있는 소위 핵심적인 지적 가치가 존재한다. 여기에는 진리에 대한 존중, 비판적 탐구에 참여하고자 하는 의지(자기 자신의 신념에 대한 비판적 검토를 포함하는), 자신의 능력과 하는 일에 대한 솔직함, 그리고 타당한 추론 및 사실의 정확성에 대한 기준과 같은 합리적인 논쟁에 요구되는 핵심 요소의 고수 등이 포함된다.

두 번째 부류의 가치로는 우리가 시민적 가치라 부르는 것으로, 여기에는 공동체의 일원으로서 기능할 수 있는 능력, 자기 자신의 관점과 반대되는 합리적인 의견에 대한 존중, 우리 자신과는 다른 배경을 가진 사람들과 함께 일하는 능력, 그리고 우리 자신의 관점에 합리적으로 동의하지 않는 사람들에 대한 존중 등이 포함된다. 관련 단어들이 암시하고 있듯이, 이런 가치들은 민주주의가 적절하게 작동하는 데 반드시 요구되는 것들이다.

세 번째 부류의 가치는 더욱 평등한 부의 분배에 대한 지지, 시장경제의 규제에 대한 반대, 환경을 보호하는 엄격한 법률에 대한 지지나 반대, 그리고 특정 정당에 대한 충성과 같은 것으로, 이는 편파적인 정치적 가치로 불릴 수도 있을 것이다. 핵심적인 지적, 시민적 가치는 우리가 이런 문제에 관하여 생산적인 논의 — 우리를 정당화 가능한 결론으로 이끄는 논의 — 를 하고자 한다면 반드시 전제되어야 하는 것들이다.

비록 세 가지 부류의 가치에 대한 이러한 구분은 개략적인 것으로서 결코 완전한 것이 아니며, 또한 그 중간에 속한 여러 부류가 있을 수도 있겠지만, 그런 구분은 유용하며 관련 논의를 한층 충실하게 해줄 것으로 믿는다.

학업과 운동경기가 상호 공존할 수 있는 양립 가능성과 더불어 상호 지원한다는 주요 주장은 운동경기 또한 시민적 가치뿐만 아니라 핵심적인 교육적 혹은 지적 가치, 또는 최소한 그와 유사한 것들도 증진한다는 것이다. 그 주장은 조직화한 운동경기가 항상 그렇게 한다는 것이 아니라, 운동경기가 적절하게 수행될 때 그런 효과를 발휘할 수 있다는 것이다. 즉, 만약 운동경기가, 스포츠에서의 상호 부조론의 이상이 제시하고 있는 것과 같이 교육 목적에 중요한 우선권이 주어진 상태에서 수행된다면, 운동경기는 의미 있는 교육적 가치를 내포하게 된다.

따라서 진실과 정직의 가치는 학업에서뿐만 아니라 운동경기에서도 똑같이 중요한 것이 될 수 있다. 그들 자신의 능력이나 상대의 능력에 대하여 거짓 가정을 하거나 그들 자신의 강점과 약점에 관하여 솔직하지 않은 참가자들은 모두 실제 경쟁에서 뜻밖의 일에 매우 불쾌해질 가능성이 크다. 만약 그들이 한층 향상된 선수가 되고자 한다면, 그들은 비판을 받아들이고 그런 비판을 활용할 수 있어야 한다. 경쟁 자체는 상대방의 전략을 예측하고 이에 대응하려고 하는 대화와 비교될 수 있다.[21]

코치가 만약 교육자로서 기능을 발휘한다면, 그는 기꺼이 팀원과 함께 왜 다른 전략이나 기술이 있는데도 이것을 채택하는가에 관하여 합리적인 대화를 하고자 해야 한다. 그는 자기 팀과 상대 팀의 강점과 약점에 관하여 사실대로 말할 때 솔직하면서도 빈틈이 없어야 하며, 선수들이 비판을 받아들이고 그로부터 배우도록 해주어야 한다.

이처럼 핵심적인 지적 가치를 고취하고 지지할 수 있듯이, 코치는 또한 앞에서 구체적으로 언급했던 시민적 가치를 옹호할 수 있다. 예를 들면, 그는 서로 다른 정치적 관점을 가진 팀원, 서로 다른 사회적 및 경제적 배경 출신의 팀원, 그리고 서로 다른 인종이나 민족의 팀원들이 공통의 목표를 향해 함께 일하도록 격려할 수 있다.

해밀턴 대학 철학과의 동료 한 사람이 인종을 포함하는 주요 문제에 관하여 강의를 하고 있었다. 그는 한 학생으로부터 인종과 더불어 캠퍼스에서 흔히 일어날 수 있는 논란의 여지가 많은 주제에 대해 대화를 준비하는 제일 좋은 방법이 무엇인가라는 질문을 받았다. 그는 "친구가 되어라!"라고 대답해 주었다.

친구들이 종종 낯선 사람보다 더 솔직하게 어려운 토론에 참여할 수 있다는 것은 사실이지만, 다양한 인종적, 민족적, 성적, 그리고 문화적 차이를 관통하는 이해를 증진할 수 있는 다른 중요한 요소들 또한 존재한다. 아마도 여기에는 다른 사람들의 말을 경청하기, 명백한 부정의 사례들을 성찰해 보기, 그리고 우리 자신의 고정관념을 비판적으로 검토하기 등이 포함될 수 있을 것이다.

그렇지만 스포츠와 운동경기는 우정이 구축될 수 있는 교실 밖의 특별한 장소를 제공해 주며, 이는 결국 어려운 대화를 훨씬 더 쉽게 풀어나가도록 만들어줄 수 있다. 사실, 유명한 사회과학자인 제임스 큐 윌슨

(J. Q. Wilson)은 교회, 군대와 함께 운동 팀을 인종적으로 그리고 민족적으로 다양한 개인들이 다른 사람들과 함께 지내며 협력하는 것을 배우는, 사회의 그 밖의 다른 어디에서도 거의 찾아보기 힘든 세 가지 주요 영역으로 꼽았다.[22]

물론, 스포츠가 이런 점에 있어서 아주 특별하다고 말하기는 어렵다. 토론팀, 교실 협동 프로젝트, 사회봉사단체, 그리고 교실 토론은 분명히 다름에 대한 존중을 포함하는 핵심적인 교육적, 시민적 가치를 증진할 수 있는 가장 중요한 현장에 속한다. 운동경기에 관한 주장은 앞에서 제시했던 점에서 유일무이하다는 것이 아니라 운동경기 또한 교육적, 시민적 가치를 강화할 수 있는 중요한 원천이 될 수 있다는 것을 말하는 것이다.

더욱이 교육기관에서의 운동경기는 꼭 참가자들에게서만 핵심적인 교육적, 시민적 가치를 강화하는 것은 아닐 것이다. 그런 운동경기는 더 넓은 공동체에서 이런 가치를 실제로 보여주거나 드러낼 수 있다. 예컨대, 축구 경기장에서 서로 협력하며 화목하게 경기를 하는 선수들은 팀워크의 가치를 입증할 수 있다. 반면에, 팀보다는 그들 자신의 통계에 더욱 관심을 두는 이기적인 선수들은 그 반대를 보여줄 수 있다. 천천히 그러나 아주 열심히 코치로부터 배우고 개선하고자 시즌을 시작하는 선수들은 비판을 진지하게 받아들이며 더 나아지기 위해 열심히 노력하는 가치를 실제로 보여줄 수 있다. 따라서 운동경기와 학업이 서로를 강화하여 상호 간에 도움이 될 수 있다는 생각은 참가자들과 관중 모두에게 똑같이 적용된다.

당신은 이론상으로 괜찮아 보이는 하나의 이상을 말하고 있는데, 그것이 실제로 교육 기관 내의 조직화한 운동경기에 적용되는가? 운동과 학업이 서로를 강화하도록 돕기 위해 우리가 할 수 있는 실용적인 일은 무엇인가?

많은 대학의 화려한 선언 문구는 암암리에 운동경기와 학업 간의 상호 강화의 이상을 지지한다. 예를 들면, 디비전 III에서 경쟁하는 까다로운 과정을 통해 선정된 인문과학대학들의 집단이자 내가 있는 기관도 소속해 있는 뉴잉글랜드 소규모 대학 운동경기 연맹(NESCAC)의 강령에는 "소속 구성원은 다른 무엇보다도 학문적 수월성을 최우선으로 생각하며 운동 프로그램이 항상 우리의 교육적 사명을 지원해야 한다고 믿는다."라고 명시되어 있다.

많은 디비전 I 우승팀의 홈이자 학문적으로나 운동적으로 엘리트인 듀크 대학의 강령도 비슷한 인상을 준다. "듀크의 디비전 I 운동경기의 참가를 이끄는 지도 원리는 우리의 학생들에게 갖는 운동경기의 교육적 가치에 대한 우리의 신념이다. 대학 대항 운동경기는 개인적 발달과 만년의 성공에 높은 가치를 지닌 품성 특질을 증진한다." 비슷한 진술이 체육 특기자 장학금을 수여하지 않으며 기관의 임무를 운동과 학업을 통합하도록 정해놓은 디비전 III에 속한 기관들부터 규모가 큰 주립 대학의 인기 있는 디비전 I 프로그램을 포함하는 기관들까지 대부분의 대학 대항 운동경기 프로그램 강령에서 발견된다.

그런 미사여구 선언이 실제로 행동에 적용되는가? 내가 생각하기에 뉴잉글랜드 소규모 대학 운동경기 연맹과 같은 연맹들은 이를 거의 실행에 옮기고 있으며 대학 대항 스포츠의 가장 순수한 형식을 보여주고 있다. 우리가 앞에서 지적했던 바와 같이, 스포츠와 학업의 통합을 어렵게 만드는 세간의 관심이 높은 디비전 I 프로그램과 관련해서는 심각한 문제가 없잖아 있다. 물론 디비전 III에도 문제가 있다. 예컨대, 한 연구는 학업과 관련하여 매우 까다로운 과정을 거쳐 선발하는 기관들조차도 특히 남자 운동선수들의 학업 수행이 전반적으로 일반 남학생들의 수행에 미치지 못하고 있음을 보여준다. 이것은 규모가 비교적 작은 대학에서는 운동선수들이 전체 학생 수의 3분의 1 정도를 차지하기 때문에 매우 중요할 수 있다. 다른 한편, 같은 연구에 따르면, 문제가 되는 기관의 여자 운동선수들은 그 학교의 전반적인 여학생들의 학업 수행과 비교했을 때 비슷하거나 더 잘하고 있다.[23]

경쟁의 수준이 어떻든 간에, 만약 어떤 운동선수가 대학의 학업을 준비하지 못하거나 팀의 이동이 너무 잦아 수업 시간에 자주 참여하지 못한다면, 사실상 운동경기와 학업은 갈등을 빚을 것이다. 이 장의 후반부에서 나는 디비전 I 운동경기와 관련하여 운동경기와 학업을 더 잘 통합하는 데 도움이 될 수 있는 몇 가지 개혁 방안을 제시할 것이다.

양립 가능성에 대한 견해는 대학 수준을 초월하여 적용될 수 있다. 많은 비평가는 미국에서 고등학교 스포츠를 너무 강조하는 것을 개탄하는데, 만약 고등학교의 스포츠가 앞에서 검토해 보았던 방식으로 수행된다면, 그 스포츠는 대학 수준에서보다 더 교육적 가치를 강화할 수 있을 것이다. 어떤 경우에는 고등학교 스포츠가 많은 젊은이가 학교를 중퇴하기보다는 머무르고자 하는 유인책을 유지하거나 창조할 수도 있다. 고등학교 스포츠는 결과적으로 운동에 전혀 흥미가 없던 젊은이들이 우리가 이미 탐구하였던 핵심적인 교육적, 시민적 가치를 발달시키고 내면화하도록 이끄는 고리가 될 수 있다.

이런 점에서, 스포츠의 참가는 특히 어린 여자아이들과 젊은 여자들에게 유익할 수 있다. 당시 펜실베이니아대학 와튼 스쿨(The Wharton School)에 있던 벳시 스티븐슨(B. Stevenson)은 한 복합적 연구에서 스포츠의 참여와 여성들의 교육적 성과 및 고용 증가 간의 인과관계를 발견하였다. 그녀는 그 연구에서 "인생을 잘 살고자 하는 사람들이 스포츠를 하는 것이 아니라, 스포츠가 사람들이 더 나은 삶을 사는 데 도움을 준다."[24]고 하였다. 참가자들이 우리가 논의하는 몇몇 핵심 가치를 받아들여 그들의 삶을 증진할 수 있는 것은 운동경기에 참여한 결과에서 온 것으로 가정하는 것이 합리적이다.

물론 유소년 스포츠는 특히 중요하다. 비록 이 수준에서 경쟁이 지나치게 강조되고 때때로 부모의 개입이 과도하긴 하지만, 우리가 나중에 논의할 주제인 경쟁을 적절히 강조하는 것은 아동들이 헌신, 개선을 위한 도구로서 비판의 수용, 상대에 대한 존중과 같은 가치, 그리고 우리가 이미 고려했던 다른 많은 가치를 내면화하는 데 도움을 줄 수 있다.

스포츠가 어떻게 지도되는가는 그것이 교육적 기능을 발휘하는지 아니면 어떤 일이 있더라도 우승해야 하는 시도로 취급되는지에 큰 영향을 미친다. 만약 스포츠가 교육과 양립할 수 있거나 심지어 그것을 강화할 수 있다면, 그때 코치의 역할은 참으로 중요하다.

다양한 수준의 경쟁에서 코치들의 윤리적 책임은 무엇인가?

코치의 역할은 흔히 지도가 이루어지는 스포츠의 수준에 따라 다르고 또한 어느 정도는 달라야 한다. 엘리트 디비전 I 대학 대항 스포츠의 경우, 사람들의 이목을 끄는 스포츠의 디비전 I 코치는 우리가 이미 보았던 것처럼 주지사나 혹은 어떤 경우에는 미국의 대통령보다 더 높은 수익을 내는, 보통 대학에서 최고의 연봉을 받는 사람일 것이다.[25] 또한, 일반적으로 일류 코치들은 그들 대학 공동체뿐만 아니라 지역적, 국가적인 우상으로 떠받들어지며, 때로는 그들의 선수들보다 더 많은 매스컴의 관심과 주목을 받는 중심 대상이다. 일부 사람은 결과적으로 그런 스타 코치들이 때로는 교수들의 일에 참견하여 관용의 분위기를 유도한다거나 심지어는 앞에서 언급했던 학문적 기만행위와 관련된 스캔들에 대한 유인책도 창출하는 등 대학의 다른 분야에 너무 많은 영향력을 발휘하지 않을까 염려한다. 물론 이것은 디비전 I에 속한 대다수 코치나 세간의 관심이 별로 없는 스포츠를 지도하는 사람들에게는 해당하지 않는 일이지만, 비평가들이 그러한 스타 코치의 현상이 운동경기와의 갈등 가능성을 의심스러운 수준으로 끌어올리지는 않을까 하고 염려하는 것은 분명히 옳다. 그 계층 구조의 다른 한쪽 끝에 있는 유소년 코치들은 대부분 자원해서 하는 사람들이지만 교육적 과정에서 매우 특별한 역할을 할 수 있다. 이 수준에 있는 코치들은 그래서도 안 되지만, 단순히 기술을 가르치는 사람이 아니고, 혹은 최소한 그래서도 안 되며, 오히려 어린 운동선수들을 사회적 관습으로 안내하고 운동경기에 내재한 탁월함을 진정으로 느껴볼 수 있도록 가르치는 임무를 지진 사람이다.[26]

그러므로 스포츠에 대한 지도가 이루어지는 모든 수준을 관통하는 일반화를 제시하는 데에는 어려움이 있다. 그렇기 때문에 지금은 프로 스포츠와 엘리트 수준의 아마추어 스포츠에서 이루어지는 지도의 문제점을 한데 묶어 생각해 보고, 유소년 스포츠, 학교 대항 스포츠, 대부분의 대학 대항 운동경기와 함께 미국 이외의 다른 나라의 클럽 스포츠에서 이루어지는 지도를 위한 몇 가지의 윤리적 지침에 도달할 수 있는지를 검토해 보자. 우리는 그 과정에서 그런 원리가 프로와 최고 수준의 대학 스포츠가 지닌 문제에 어떻게 적용될 수 있는지를 알 수 있을 것이다. 여기에서 우리의 초점은 스포츠의 넓은 측면에서 팀이나 개인을 지도하는 데 있는 것이지, 프로 골프 선수가 장차 훌륭한 선수가 되고자 하는 사람이나 심지어는 미국프로골프협회 투어의 스타들을 지도할 때처럼 단지 기술 강사로서의 역할에 있는 것이 아니다.

지도의 윤리를 왜 간단명료하게 말하지 않는가? 코치의 주된 업무는 승리하는 것이라고 왜 말하지 않는가? 기술을 가르치는 것은 그 목적에 대한 수단이다. 그런데 코치를 그들의 승패 기록만으로 판단하지 않는 까닭은 무엇인가? 나는 우리가 심사숙고해 보면 그런 관점이 너무나 단순하다는 것을 알게 된다고 생각한다. 예컨대, 기술을 가르치는 것은 유소년 스포츠의 코치가 경기에서 중요한 시점에 아직 경험이 많지 않은 선수들이 경험을 쌓고 그런 경기 상황에서 경기를 풀어가는 것을 배우도록 하고자 할 때 승리와 상충할 수 있다. 코치는, 예컨대 어느 선수에게 더 열심히 하면 현재 1군에서 뛰고 있는 특정 선수에게 도전하여 선발 선수명단에 들어갈 기회라고 거짓말을 하는 것처럼, 선수들이 더 나은 플레이를 할 수 있도록 유도하기 위해 거짓말을 해도 되는가?[27] 경쟁 수준에서 지도하고 있는 코치는 중요한 경기 상황에서 오직 최고의 선수들만 기용해야 하는가, 아니면 나머지 다른 선수들의 참가를 독려할 의무도 있는가? 만약 후자라면, 그것은 오직 유소년 스포츠(유소년 스포츠의 규칙은 때로는 팀의 모든 선수에게 의미 있는 경기 시간을 주도록 규정하기도 한다), 고등학교 스포츠, 그리고 대학 대항 경기에만 적용되는가? 패배 전력을 갖고 있지만 그 팀의 실력을 점차 향상시키는 코치는 승리를 거두지만 그 팀을 늘 똑같은 경기 수준에 머물러 있게 하는 코치보다 정말로 더 안 좋은 코치인가? 상대를 존중할 것을 강조하는 코치는 팀에 동기를 부여하기 위해 상대에 대한 적개심을 유도하며 승리를 더 많이 챙기는 코치보다 더 좋은 코치인가?

이런 질문은 코치의 역할이 단지 경기에 승리하는 데 그치는 것이 아니라 분명히 그보다 훨씬 더 넓고 윤리적으로 더욱 중요하다는 것을 시사해 준다는 점에서 매우 중요하다.

당신이 말한 바와 같이, 코치의 역할에 윤리적 요소가 있다면, 그 요소를 가장 잘 이해하는 방법은 무엇인가?

플라톤의 철학 학교에서 운동경기의 역할을 묘사한 철학자 히터 라이드(H. Reid)는 우리가 코치를 거의 모든 맥락에서 폭넓게 미덕을 가르치는 교사로 여겨야 한다고 제안한다.[28] 특히 유소년 스포츠뿐만 아니라 교육기관에 종사하는 코치는 선수들이 공정, 타인에 대한 존중, 압박감 속에서의 용기, 그리고 좋은 판단의 실천과 같은 핵심적인 시민적 가치를 내면화하고 그에 따라 행동하도록 가르쳐야 한다. 이 관점에 의하면, 코치는 본래 교육자이며 운동선수들이 탁월함과 훌륭한 시민 정신을 갖춘 삶을 사는 데 도움이 되도록 설계된 도덕 교육에 직접 개입한다.

이것은 하나의 매력적인 관점이다. 이는 현대 스포츠의 경우와 같이 운동경기가 그의 성공으로 뒤따라오는 명성이나 부와 같은 소위 말하는 외적 자산을 강조해서는 안 되고, 그 대신 어떻게 하면 훌륭한 사람이나 시민이 되는지, 그리고 어떻게 하면 훌륭한 삶을 영위할 수 있는지에 관한 훈련을 제공해야 한다는 것을 의미한다. 이런 관점에서 보면,

최고의 코치는 윤리적 원리를 엄격하게 논리적으로 적용하는 사람이라기보다는 판단력이 좋고, 자신의 행동이 미덕의 본보기가 될 만큼 윤리적이며 다양한 운동경기 맥락에서 선수들을 다룰 때 현명한 판단력을 발휘할 수 있는 합리적인 사람이라고 할 수 있다.

우선 무엇보다 코치가 교육자여야 한다는 관점이 매우 유력한 것이긴 하지만, 코치가 본래 덕을 가르치는 교사라고 말하는 것은 너무 지나친 비약일 수 있다. 코치 또한 특수한 상황에서 좋은 판단을 하는 분별력 있는 사람 그 이상이 될 필요가 있다. 게다가, 그들은 흔히 자신이 그렇게 결정을 내린 이유를 — 특히 선수들을 다루는 방식에 관한 논란의 여지가 많은 판단 — 부모, 선수, 관중, 그리고 때로는 더 넓은 공동체에 분명하게 설명할 수 있어야 한다. 예컨대, 만약 선발 출장하는 농구 선수가 연습에 자주 불참하여 벤치를 지키고 있다면, 코치는 출석의 중요성과 함께 다음 상대와 맞서기 위해 마련된 팀 전략에 대한 중요한 핵심 선수가 적응 훈련에 참여하지 않을 때 팀이 어떤 영향을 받게 될 것인지에 대해 설명할 수 있어야 한다.

우리가 지금까지 몇 차례 논의하였던 것처럼, 코칭 윤리에 관한 하나의 중요한 글에서 제프리 프라이(J. Fry)는 코치들은 칸트에 의해 훌륭하게 옹호된 명령, 즉 우리는 다른 사람을 단순한 수단이나 도구로서 결코 대우해서는 안 되며 그 자체로 소중한 인간으로 대우해야 하거나 칸트가 말하는 목적 그 자체로 대우해야 한다는 명령을 따라야 한다고 주장하였다. 이 장의 앞에서 이미 언급되었던 것인데, 프라이는 시즌이 시작되기 전에 코치가 선발 자리의 한 후보 선수에게 열심히 연습에 매진하면 자신이 이미 정해 놓은 팀 동료와 경쟁할 수 있도록 그 자리의 선발로 출장시킬 수 있다고 거짓말을 하는 사례를 제시하였다. 코치는 그 도전이 두 선수의 경기능력을 향상시켜 줄 것을 기대하지만, 적어도 그 선수 중 한 선수는 코치의 거짓말로 인해 교묘하게 조종을 당하는 꼴이 된다. 이러한 조종은 속은 선수가 운동하지 않기로 결정하거나 다른 학교로 전학을 가는 것과 같은 선택권을 잃게 할 뿐만 아니라, 그런 행위는 그 선수를 목적에 대한 단순히 하찮은 수단 — 경기에서 이기는 과정 속의 그저 하찮은 일원 — 으로 대우하는 것이다.[29]

선수들이 단순히 수단으로 조종되거나 활용되어서는 안 된다는 생각은 확실히 코치들에게 도덕적 기준을 제공해 준다. 물론, 이런 칸트의 원리가 적용되는 방식은 나이에 따라 상대적이다. 어린 선수들은 완전히 자율적인 행위자로서 대우받을 정도로 아직 충분히 성숙하지 않았다. 그러함에도 불구하고 아동들은 경쟁에서 성공에 대한 단순한 수단이 아니며, 그들의 행복이 항상 일차적인 관심이어야 한다. 그들이나 그들의 부모는 팀의 정책에 관하여 충분히 관련 정보를 알고 있어야 하며, 코치는 관련된 아동들의 나이에 적절한 좋은 의사결정과 전략의 기본을 가르칠 기회를 만들어야 한다.

왜 다른 사람을 인간 혹은 목적으로서 대우하고 결코 단순한 수단으로 대우하지 말라는 칸트의 명령만을 윤리적 코칭의 지침으로 간주하는가? 코칭과 관련한 문제들은 너무 복잡하기 때문에 코치들은 이러한 단 하나의 원리만이 아니라 보다 폭넓은 범위의 적용 가능한 도덕적 자원이 필요하거나, 아니면 최소한 칸트의 공식이 서로 다른 맥락에서 어떻게 적용될 수 있는지에 대한 구체적인 지침이 사실 필요하다. 그런데 다른 사람을 단순한 수단으로 대우하지 말라는 명령은 너무 추상적이어서 코치들이 대부분 전혀 그들의 일과 관련이 없을 운동장 밖의 선수 행동에 대한 제한을 정할 때 어느 선까지 할 수 있는지 혹은 경기 시간의 분배에서 선임자들에게 기회를 많이 주어야 하는지 아니면 잠재적으로 더욱 재능이 있는 어린 선수들을 내보내고 선임자들을 벤치에 대기시켜야 하는지를 구체적으로 일러주지 않는다.

미덕 교사로서의 코치에 대한 설명은 스포츠를 지도하는 특유의 과업으로 좁혀지면 좀 더 분명해질 것이며, 다른 사람을 단순한 수단으로 대하지 말라는 칸트의 명령은 기본적인 지침을 제공하지만, 코치들이 직면하는 모든 문제를 포괄하지는 않을 수 있다. 내가 제안하고자 하는 바는 우리가 이미 경쟁 스포츠의 중심이 된 가치로 되돌아감으로써 미덕의 범위를 좁히고 칸트의 지침을 넓히는 것이다. 여기에는 기꺼이 책임을 지고 다른 사람과 함께 일을 하는 것과 같은 시민적 가치뿐만 아니라 정직함, 비판을 수용하고 그로부터 혜택을 얻는 것을 배우기, 그리고 탁월함에 대한 공감과 같은 지적 덕이라 불리는 것들이 포함된다.

우리는 앞에서 대략 언급했던 사례를 고려해 봄으로써 이런 접근이 어떻게 적용되는지를 분명하게 알 수 있다. 한 코치는 몇 명의 고참 선발 출장 선수를 보유하고 있으나 시즌이 끝나가는 동안 팀이 경기의 대부분을 질 가능성이 커 보이며 포스트시즌 플레이오프에 나갈 자격을 얻을 기회가 거의 없다. 그 코치는 그동안 고참 선수들이 팀에 이바지했던 공로로 계속 그들을 기용해야 하는가, 아니면 더 재능이 있을 수 있고 다음 시즌을 대비하기 위해 경기 경험이 필요한 젊은 선수들을 선발로 내보내야 하는가? 만약 코치가 후자의 결정을 한다면, 선임자들은 미래 — 그들이 어떤 역할을 하지 못할 미래 — 에 있을 팀의 성공에 대한 단순한 수단으로 대우받고 있는 것은 아닌가? 만약 젊은 선수들이 경기 시간 대부분을 벤치에서 대기한다면, 그들의 재능과 열망이 무시되고 있는 것은 아닌가? 그들은 선임자들을 기분 좋게 만드는 단순한 수단으로 활용되고 있지는 않은가?[30]

우선 무엇보다 이 시나리오는 단순히 어떤 추상적인 윤리적 원리를 취하고, 그것을 사례의 사실에 적용하며, 쉬운 답을 알아내는 단순히 기계적으로 대입하는 방식이란 존재하지 않는다는 것을 말한다. 덕 이론이 제시하는 것처럼, 윤리적 원리는 사리 분별이 필요 없이 결정을 내리는 엄격한 규칙으로서보다는 윤리적 의사결정의 한계를 정하는 지침과 같은 기능을 한다. 코치가 할 수 있는 일은 선수들을 인간 이하로 대우하지 않는 전제하에서, 핵심적인 지적 및 시민적 덕의 적용을 수반하는 다양한 방식으로 사례에 접근하는 것이다.

예를 들면, 코치는 선수들에게 관련 정보를 충분히 알려주고, 그들과 그 상황을 논의한 후, 선임자들이 젊은 선수들이 성장해 가는 것을 도우며, 기꺼이 그 목적에서 경기 시간을 함께 공유하는 보조 코치로서 행동해 줄 것을 제안할 수 있다. 비록 팀이 교실만큼 그렇게 민주적이지 못한다고 하더라도, 일반적으로 교실에서 교수는 과제와 같은 일과 논의가 얼마나 오래갈 것인가 등에 대해 최종 판정을 내려야 하듯이, 코치 또한 그 상황을 어떻게 처리하는 것이 최선인가를 결정해야 한다. 그러나 선수들을 논의에 끌어들이고, 그들의 관점을 고려하며, 그들 모두 다양한 접근의 결과가 자기 자신뿐만 아니라 다른 사람에게 미치는 영향을 고려하도록 격려함으로써, 코치는 정직함, 모든 사람에 대한 존중, 팀워크와 같은 핵심 가치를 적용한다.

만약 코치가 교육자로 생각되고 또한 그렇게 행동할 것으로 예상한다면, 그리하여 경기와 그 가치에 대한 존중을 가르치는 하나로 핵심적인 지적, 시민적 가치에 대한 존중심을 심어준다면, 경쟁 운동경기와 연관된 많은 문제가 완전히 근절되지는 않겠지만 적어도 많은 부분 해소

될 수 있을 것이다. 승리가 모든 경쟁의 주된 목적이긴 하지만 너무 지나치게 강조되지는 않을 것이며 운동경기는 현재의 경우보다 공유된 가치를 강조함으로써 학업 추구를 더 잘 보완할 것이다.

이 접근은 유소년 스포츠나 더 나아가 미국의 학교 대항 스포츠와 같은 중간 수준의 경쟁에 적용된다면 타당해 보인다. 그러나 그것이 과연 대학 대항, 올림픽, 혹은 프로 수준의 엘리트 스포츠에도 적용될 수 있는가?

운동경기의 경쟁이 엘리트 수준으로 접근할수록, 보통은 승리와 경쟁에서의 성공을 더 강조하게 된다. 그러나 이것은 경우가 그렇다는 것을 우리에게 말해주는 하나의 서술적인 의미이지, 그것이 곧 그런 수준에서는 코치의 역할이 어떠해야 하는가에 관한 윤리적 문제를 해결해 주지는 않는다. 사실, 선수들이 경쟁, 순회, 학업 준비가 되지 않은 대학 환경에 대한 적응 등의 압력에 직면하는 엘리트 대학 대항 스포츠에서, 코치나 코치진의 안내는 특히 중요할 수 있다. 코치들은 학업적으로 취약한 운동선수들이 교실에서 학업을 성공적으로 이수하는 데 필요한 쓰기, 말하기, 그리고 다른 학업 기능을 발달시키도록 격려할 수도 있고, 아니면 선수들이 도전적인 강좌를 최소로 선택하거나 사실상 공부를 포기하고 운동경기에 집중하는 쉬운 길을 택하도록 권장할 수도 있다. 가장 터무니없는 경우는 운동선수들이 강의실에서 요구되는 필수적인 학업 기술을 획득하도록 돕기보다 그들이 계속 운동을 할 수 있는 자격을 유지하는 일에 더 높은 우선권을 부여했던 것으로 보이는 노스캐롤라이나, 미네소타, 그리고 다른 기관들에서 밝혀진 바와 같은 학력 사기와 유사한 행위를 결국 우리가 저지르는 것이다. 대학의 젊은 운동선수들은 어떻게 행동하는 것이 성숙하고 윤리적으로 행동하는 것인지에 대해 경력이 많은 윤리적 역할 모델로부터 지침을 배울 필요가 있다.

텔레비전 드라마 시리즈 〈프라이데이 나잇 라이트(Friday Night Lights)〉에서 그려졌던 가상의 고등학교 코치인 에릭 테일러(E. Taylor)는 어쩌면 윤리적 코치란 어떤 사람을 말하는가의 모델이라고 할 수 있다. 선수들에게 거칠고 요구하는 것이 많으면서도 반면에 좋은 아빠와 남편이 되고자 애쓰는 사람이지만, 그는 선수들이 자신의 삶에서 직면하게 되는 개인적 위기에 대처하고 더 나은 사람으로 성장하도록 돕는다. 몇 가지 점에서 단점도 보이긴 하지만, 테일러 코치는 선수들의 행복을 승리보다 더 우선하며 또한 그러면서도 우리가 주장해 왔던 헌신, 탁월함에 대한 전념, 정직, 그리고 존중의 핵심 가치가 윤리적 경쟁 그 자체와 불가분하게 연관되어 있다는 것을 강조한다.

스포츠 세계의 많은 코치는 유소년 스포츠로부터 고등학교와 미국 대학 대항 스포츠의 미국대학체육협회 각 디비전에서 교육자로서 행동하고자 노력한다. 그런데도 승리를 해야 하고, 수익을 창출해야 하며 즐거움을 주는 '작품'을 경기장에 내놓아야 한다는 압박감은 분명히 선수들에 대한 코치의 광범위한 책임과 갈등을 빚을 수 있다. 그런데 윤리적 책무는 프로 수준에서도 마찬가지로 사라지지 않는다. 유럽의 축구 코치들은 분명히 선수들이 상대에 대한 인종차별적인 발언을 하지 못하게 하고 팬들이 유럽 축구 공동체에서 점차 심각한 문제를 일으키고 있는 인종차별적이며 반 유대적인 구호를 외치는 행동을 저지할 도덕적 의무를 갖고 있다. 예컨대, 네덜란드 축구 임원들은 팬들이 관중석에서 "하마스, 하마스, 유대인을 가스실로" 그리고 "유대인이 가장 잘 타지!"[31]와 같은 구호를 외치며 자신들의 감정을 표현했을 때 사과를 해야만 했다.

더욱이, 프로 코치들 또한 분명히 선수들을 존중으로 대우하고 승리에 대한 단순한 수단으로 대우하지 않아야 할 의무가 있다. 예컨대, 코치들은 다친 선수의 건강에 관심을 가져야 하고 중요한 시합을 이기기 위해 의료진의 승인 없이 그를 곧바로 경기에 복귀시키는 일이 없어야한다. 팀과 연결된 의료인은 프로 팀의 코치진이나 경영진으로부터 독립적으로 존재해야 하는 이유가 여기에 있는 것이며, 그럼으로써 그들은 선수들의 건강을 최우선으로 하여 돌볼 수 있게 된다. 사실, 때로는 운동선수들이 부상 이후 너무 빨리 경기에 복귀하고 싶어 하는데, 따라서 코치는 특히 젊은 선수들과 심지어 대학 선수들의 경우에도 선수를 보호하는 차원에서 이 문제에 개입할 필요가 있다.[32]

선수들이 프로선수가 된다는 것은 경쟁에서의 성공을 추구하는 데 수단으로 활용되는 것에 동의하는 것이라고 주장할 수도 있겠지만, 이 것은 우리 모두와 마찬가지로 프로선수들 또한 그들이 경쟁하는 전문 기관의 성공을 위해 고용된 사람이 아니라 인간으로서 대우받기를 바라기 때문에 그렇지 않다.

여자를 추행하는 것과 같은 악랄한 행동을 저지르는 선수는 분명히 출장 정지를 당하거나 그렇지 않으면 사법제도를 통해 처벌을 받아야 할 필요가 있다. 그러나 어떤 사람도 단순한 수단이나 하찮은 존재로 대우받아서는 안 되기 때문에, 우리는 모두 정당한 절차에 따를 권리를 갖는다. 어쨌든, 인내심, 기술, 헌신, 그리고 경기와 다른 사람에 대한 존중심을 행동으로 보여주는 선수들은 분명히 그저 하찮은 존재나 단지 그들이 계약하는 팀의 단순한 소유물로 여겨져서는 안 된다. 실제로, 커트 플러드(C. Flood) 선수가 1969년에 소송을 제기했지만 패소한 이후, 메이저리그 야구 선수들을 '소유한' 팀에 그들을 합법적으로 묶어놓는 보류 조항(프로 스포츠 선수의 이적에 관한 계약 조항)이 1975년에 합법적으로 폐지된 것과 같은 프로 스포츠의 발전을 생각해 보라. 그 이후로 선수들이 일단 현재 소속된 그들의 팀에 대한 계약 의무가 다하면 다른 팀으로 옮겨가는 것을 허용하는 이른바 자유계약선수(FA) 제도의 출현으로 미국의 프로 운동선수들은 이전의 경우와 비교해 자신의 경력을 한결 더 관리할 수 있게 되었다. 프로선수들이 자율성을 더 많이 확보하고자 했던 이러한 노력은 그들이 자신을 단순한 도구로 간주하지 않을뿐더러 그들이 프로선수가 됨으로써 그러한 것에 동의했다고 믿지도 않는다는 것을 보여준다. 그들이 새로운 계약을 협상하고 새로운 팀에 가입할 자유를 주장함으로써, 선수들은 애초에 그들이 계약하거나 그들을 고용한 팀의 단순한 소유물이라는 시각을 거부하였다.

의심할 필요도 없이 승패 기록이 엘리트 스포츠의 주된 목표이긴 하지만, 앞에서 보았던 것처럼, 윤리적 요건은 그 수준에서도 절대 사라지지 않는다. 프로 코치들은 몇 가지의 윤리적 표준을 준수하고 있고 또한 그래야만 한다. 앞에서 언급했던 바와 같이, 뉴올리언스 세인츠가 채택했던 장려금 제도에 대해 북아메리카 프로 미식축구 리그(NFL)가 코치들에게 내린 벌칙은 스포츠 조직이 그러한 관점을 지지한다(혹은 최소한 받아들이고 있다)는 것을 명백하게 보여주는 하나의 사례이다.

코치들은 자기 팀의 운동선수들에게 경기 시간을 분배하는 권한을 갖고 있다. 그들은 어떤 기준에 따라 누가 경기에 참여하고, 언제 참여하며, 그리고 누가 벤치에서 대기할 것인가를 결정해야 하는가?

이 질문에 대한 대답은 우리가 고려하는 스포츠의 수준에 따라 많이 좌우된다. 전통적인 사회적 관습으로는 유소년 스포츠의 경우 경기 시간이 거의 똑같이 분배되어야 하지만, 경기의 경쟁 수준이 높아지고 선수들의 나이가 많을수록 경기 시간은 점점 더 능력에 따라 분배되어야 한다. 많은 사람은 미국의 운동선수들이 고등학교 대표 수준에서 경기할 때쯤에는 승리가 경쟁의 주된 목표가 된다고 말한다. 승리하는 방식은 최고 기량의 선수들이나 현장의 경기 상황에서 승리를 거두는 데 가장 적합한 선수들을 기용하는 것이다.

그러나 그런 전통적인 사회적 관습은 앞에서 우리가 옹호하였던 스포츠의 잠재적인 교육적 가치에 관한 전제에 근거한 비판에서 벗어날 수 없다. 이런 주장을 하는 지지자들은 만약 우리가 스포츠의 참여에 따른 교육적 혜택을 중요하게 생각하고 또한 모든 선수를 동등하게 자율적인 인간으로 존중한다면, 시합에서 팀의 선수 개개인에게 의미 있는 경기 시간 — 즉, 결과가 아직 불확실한 경기 상황에서의 시간 — 을 분배함으로써 그들 모두가 혜택을 입을 수 있다고 주장한다.[33] 이런 관점을 옹호하는 사람들 역시 보다 높은 경쟁 수준의 팀에 있는 코치들이 더 낮은 수준의 경우에서보다 승리에 훨씬 더 많은 무게를 두는 것에 대해 당연하다고 생각할 것이다. 그러나 그들은 승리의 가치가 관련된 운동선수들의 발달과 교육을 증진하는 것과 같은 목표보다 무조건 더 소중하다는 것에는 동의하지 않을 것이다.

이런 접근은 특히 유소년 스포츠에서 설득력이 있다. 아동들과 초기 청소년에 해당하는 자들은 기본적인 기술과 전략을 배우고, 경기에 참여하고 싶어 하며, 우리가 앞에서 이미 논의하였던 핵심적인 지적, 시민적 가치를 내면화하고 그에 따라 행동하는 것을 배우는 시기이다. 그 수준에서는 모든 선수에게 참가의 기회를 주어야 한다는 주장에 대해 반론을 제기하기가 어려워 보인다.

더욱이, 의미 있는 참가는 반드시 경기 시간이 동등해야 할 필요는 없다. 나는 내 생애 처음으로 우리 지역의 리틀 야구 리그에 코치로서 경기에 참여했을 때 이것이 매우 어렵다는 것을 알았다. 나의 철학과 동료이자 더 풍부한 경험을 가진 감독이 일찍 자리를 떠야 했을 때 우리 팀은 크게 이기고 있었다. 그는 나머지 몇 회를 내가 대신 맡아서 잘 해주길 바란다고 하였다. 우리가 많은 점수 차로 이기고 있었기 때문에, 나는 투구의 경험이 아주 적은 선수들에게 투구할 기회를 줌으로써 나의 평등주의적 성향을 실행에 옮겨보자고 생각하였다. 상대 타자들이 잇따라서 걸어 나가거나 안타를 치면서 우리가 이기고 있던 큰 점수 차는 거의 사라졌다. 마침내, 마지막 회 투 아웃 때 주자 만루가 되었고, 우리는 이제 겨우 1점만을 이기고 있었다. 다행히 다음 타자가 삼진 아웃을 당해 겨우 경기를 마무리할 수 있었다. 다음 날 감독이 내게 경기가 어떻게 되었느냐고 물었을 때, 나는 그저 "잘 끝났어요!"라는 말밖에 할 수 없었다.

분명히 동등한 경기 시간을 주장하는 것은 도가 지나칠 수 있다. 예컨대 야구를 이제 막 배우고 있는 아동에게 1루에서 경기하도록 요구하는 것은 오히려 위험하다. 왜냐면 1루로 향하는 송구는 너무 강해서 그런 아동이 다루기가 어렵기 때문이다. 얼굴을 얻어맞는 아이는 심각한 상처를 입을 위험까지 있다. 스트라이크를 던질 수 없는 아이에게 던지라고 요구하는 것은 운동장에 있는 다른 모든 선수가 볼넷을 얻은 상대가 걸어 나가는 것을 물끄러미 바라보며 서 있게 하고, 상대가 타격한 볼을 수비할 기회를 잃게 만든다.

설령 대부분의 유소년 스포츠에서 경기 시간을 엄격하게 똑같이 분배하는 것이 합리적인 조건이라 할 수는 없다 하더라도, 유소년 스포츠의 코치들은 그 선수의 기술 수준에 적합한 위치에서 그가 의미 있는 경기 경험을 할 수 있도록 경기 시간을 배정하는 것을 일차적으로 고려해야 한다. 어떻게 이를 이행할 것인가는 상황에 따라 다르며 어떤 하나의 공식으로 수렴될 수는 없다. 다만, 그것은 그저 코치들의 타당한 판단과 상식을 요구한다고 볼 수 있다.

고등학교에서 대학에 이르는 보다 경쟁적인 스포츠의 수준에서는 어떤가? 하나의 관점은 비록 승리가 그런 수준에서도 중요하지만, 의미 있는 경기 시간에 대한 교육적 주장이 설득력이 있다는 것이다. 예비선수들이 헌신적으로 쏟아부었던 노력과 그들이 연습 때 했던 팀에 대한 기여를 고려해 볼 때, 그들은 코트나 운동장에서 마땅히 의미 있는 시간을 가질 자격이 있는 것이 아닌가?[34]

경기 시간을 승리보다 더 소중하게 여겨야 한다는 논거는 많은 상황에서 상당한 설득력이 있지만, 우리는 반드시 고려해 보아야 할 사항들이 있다. 그 가운데에서도 특히 우리가 고려해 보아야 할 것은 경기 시간이 주어지는 것보다는 노력해서 얻는 것이 더 도덕적 가치가 있지 않을까 하는 것이다.[35] 코치가 실제 경기와 이전의 경기에서 각 선수가 얼마나 잘했는가, 얼마나 열심히 했느냐와 더불어 벤치에서 대기하는 선수들이 그 스포츠의 기술을 그동안 얼마나 향상하였는가를 보고 경기 시간을 배정하는 것은 선수들을 인간으로서 대우하는 것이라 할 수 있다. 경기 시간을 노력을 통해 얻기 위해서는 인내, 헌신, 협력, 비판으로부터 배울 수 있는 능력이 필요하기 때문에 경기에 투입될 수 있을 만큼 그런 능력을 충분히 향상하는 데서 오는 교육적 이득은 매우 클 수 있다. 각고의 노력은 경기 시간을 요구할 수 있는 근거로 기여하지만, 아울러 똑같은 경기의 수준에 머물러 있기보다는 좋은 전략적 결정을 내리는 것을 배우거나 실제로 기술을 개발하는 것과 같은 다른 요소 또한 경기 시간에 대한 요구를 정당화해 줄 수 있을 것이다.

그래서 나는 비록 사회 통념상 벤치에 있는 선수들이 의미 있는 경기 시간을 요구하는 것을 완전히 거부하는 것은 도가 지나칠 수 있겠지만, 그런데도 일단 유소년 스포츠보다 경쟁 수준이 훨씬 높은 스포츠의 경우에는, 경기에 참여할 시간이 훌륭한 플레이와 각고의 노력을 통해 얻어지는 것이라고 주장할 수 있는 충분한 근거가 있다고 제안한다.[36]

일부 코치들이 이와 매우 다른 방향으로 나아가고 있는 것은 사실이다. 다시 말해, 그들은 어쩌면 받을 수 있는 큰 이익이 있거나 교체 선수를 투입함으로써 상대에게 반등할 기회를 허용하는 것이 두려워 가능한 한 기량이 가장 우수한 선수들만 기용한다. 한 번 더 말하지만, 우리는 경기 상황에서 승리의 목표와 의미 있는 참여 사이에 빚어지는 상충을 적절하게 조화시키는 좋은 결정을 내릴 수 있는 판단력 있는 코치가 필요하다.

핵심적인 교육적 가치를 우선시하는 접근이 국내 선수권 우승, 수익, 그리고 세인의 관심이 주요 목표로 보이는 미국대학체육협회 디비전Ⅰ 소속 주요 연맹들의 일류 스포츠에도 적용될 수 있는 어떤 희망이 있는가?

어쩌면 우리는 사람들의 관심을 끄는 엘리트 대학 대항 스포츠가 교육과 어떤 관련성을 갖고 있다는 생각을 버려야 할지도 모른다. 그 스포츠는 교육보다는 승리와 그 승리로부터 나오는 수익에 관심이 있다. 아마도 그 스포츠는 규모가 큰 대학이 일반인들에게 제공하는 합법적인 오락의 형식을 갖추고 있을 것이다. 그러나 이런 관점에서 그 스포츠들은 대학의 교육 사명과 멀어지게 된다.

이전의 일부 글에서, 나는 디비전Ⅰ 수준에서 학업과 운동경기의 조화 전망에 대해 지나치게 낙관적인 견해를 보였었다.[37] 최근에 일어난 일 중 특히 교육적으로 높게 평가받는 기관에서조차 우리가 보아왔던 학력 사기와 같은 일이 일어나는 것을 보면서, 나의 그런 낙관주의는 확실히 누그러졌다.

그런데도 우리가 생각한 만큼 상황이 그리 비관적이지만은 않다. 첫째, 우리가 이미 지적한 바와 같이, 디비전Ⅰ 운동선수들의 졸업률이 나아지고 있으며 일반 학생들의 졸업률보다 더 높게 나타나고 있다. 심지어 세간의 관심이 높은 디비전Ⅰ 스포츠의 많은 선수가 졸업을 하고 다른 경우라면 그들의 관심 밖에 있었을 교육을 받으며 몇몇 훌륭한 코치로부터 중요한 도덕적 교훈을 배우고 있다. 또한 훌륭한 팀은 팀워크의 중요성, 탁월함을 향한 전념, 그리고 운동선수들이 서로 다른 스포츠를 하는 선수임에도 불구하고 함께 어울려 생활하는 것과 같은 중요한 가치를 여러 팬들에게 확실하게 보여주고 있다.

그러나 비록 디비전 I의 일류 운동경기에 상당수의 사려 깊고 헌신적인 코치 및 관리자들을 위시하여 희망적인 부분이 있는 것은 분명하지만, 구조적인 문제와 승리에 대한 시장 우대책(경제적 유인책)은 여전히 존재한다. 몇몇 훌륭한 예외에도 불구하고, 앞에서 인용했던 디비전 I 남자 미식축구와 농구에 대한 비판적인 평가는 대부분 사실로 보인다. 설령 우리가 엘리트 대학 대항 스포츠를 교육이 아닌 문화생활이나 오락의 영역으로 생각한다고 하더라도, 여전히 실제로 운동장이나 코트에서 경기하는 학생 운동선수들을 착취해서는 안 되는 의무가 있다. 우리가 완전한 프로화의 길로 나아가지 않는 한, 앞에서 대강 언급했던 모든 문제와 함께 그런 움직임이 수반할 중요한 몇 가지 개혁이 이루어짐으로써 교육기관이 학생 운동선수들에게 진정으로 의미 있는 교육의 기회를 제공하도록 할 필요가 있다.

나는 최소한 다음의 변화들을 제안하고자 한다. 가능성이 거의 없지만, 만약 조직으로 구현된다면, 디비전 I을 아이비리그와 디비전 III의 방향으로 움직이게 하는 것이다. 그러나 내가 제안하는 것은 엘리트 디비전 I 경쟁을 폐지하는 정도까지는 아니며, 이는 현시점에서 현실성 있는 선택도 아니다.

첫째, 진행되는 경기 수, 특히 수업과 충돌하는 시합(평일 시합)의 수를 제한하고, 순회 경기를 학사 일정에 맞춰 주로 방학, 휴가 기간 및 포스트 시즌 경기로 제한하는 것이다. 어떤 특정 스포츠에 이상적이지 않은 프로그램 하나를 예로 든다면, 아이오와 대학의 여자 소프트볼 팀은 포스트 시즌 대회를 제외하고 50 경기 이상을 치르며, 그중 대부분은 평일에 이루어진다. 선수들은 팀 지도교수와 특별한 학업 지원을 받겠지만, 그런 대규모의 일정이 그들의 수업 출석과 학업 수행에 부담을 주지 않는다고 믿는다면 너무 순진한 일일 것이다. 만약 모든 스포츠가 더 많은 주말 시합, 더 적은 순회 경기, 그리고 휴가 기간만의 일정을 강조한다면, 운동선수들이 자신에게 열려 있는 학업 기회의 혜택을 활용하는 데 많은 도움이 될 것이다.

둘째, 시즌의 기간을 제한한다. 내가 1960년대와 70년대에 대학 농구 팬이었을 때, 대학 농구 시즌은 전형적으로 추수감사절 즈음에 시작하였지만, 지금은 많은 디비전 I 팀으로 인해 11월 초반에 시작한다.

비평가들은 시즌의 기간을 제한하는 것은 시합을 위해 잡아둔 시간을 압축할 것이라고, 다시 말해 선수들이 경기와 경기 사이의 휴식 시간을 더 짧게 가지게 될 것이라고 대답할지 모른다. 그러나 만약 허용된 시합의 수가 줄어든다면, 이것은 경우가 달라질 것이다.

셋째, 디비전 I의 1학년 학생들은 그런대로 괜찮은 성적으로 만 1년의 과정을 마칠 때까지 대표 팀 경기에 출전할 수 있는 자격을 주지 않는다. 그들은 제한된 일정에서 경기하는 신입생 팀에서 시합에 참여할 수 있고 또한 높은 수준의 시합에서 성공하는 데 필요한 기본기를 발전시키기 위해 대표 팀 직원들로부터 꾸준히 지도를 받는다. 이것은 새로 뽑힌 운동선수들이 높은 압박감을 이겨내야 하는 경쟁에 투입되기 전에 대학에 적응하는 데 많은 도움이 될 것이다. 그것은 또한 선수로 뽑히지 못하였던 자들이 1학년 팀에서 단역을 맡아 지금은 존재하지 않는 참가 기회를 만들 수 있는 여지를 제공할 것이다.

하나의 부작용이라면, 오직 1학년 1년 동안만 대학에서 우열을 다투다 크게 성공하면 바로 프로 리그로 떠나는 '1년만 하고 끝'을 선언하는 데에만 관심이 있는 그런 선수들은 더 이상 학교에 다닐 동기가 없을 것이다. 어떤 선수들은 프로 리그가 후원하는 마이너리그에서 자신의 능력을 보여주는 것이 더 나을지도 모른다. 예컨대, 미국프로농구협회 (NBA)의 'G 리그 혹은 게토레이 리그'가 그에 딱 들어맞는 경우이다. 경제적으로 힘든 배경을 가진 운동선수들이 가능한 한 빨리 프로로 전환하고자 하는 까닭을 충분히 이해할 수는 있지만, 대학 대항 운동선수들이 반드시 그런 과정의 주요 경로가 되어야 할 어떤 이유도 없다.

넷째, 대학 수준의 학업을 할 능력이 있고 준비가 되어 있는 운동선수들만 입학을 허용해야 한다. 대학은 아직 학업 부담을 떨쳐낼 준비가 안 된 학생들에게 프로그램을 제공하는 것을 허용해야 하지만, 그렇다고 그런 프로그램에 대한 등록을 운동선수들에게만 허용해서는 안 된다. 학교 또한 학생들이 운동경기에 참여할 조건을 갖춘 것으로 간주하는 데 충족해야 할 엄격한 학업 기준을 확립해야 한다.

마지막으로, 코치들은 학생들의 교육에 대한 그들의 기여에 대해 운동 관리자뿐만 아니라 교수진으로부터 평가를 받고 그 결과가 그들의 임용 및 재임용 과정에서 높은 비중을 차지해야 한다(이상적으로는, 내가 근무하는 기관의 경우와 같이, 나는 코치들이 교수들과 비슷한 봉급이 지급되는 교수진의 일원으로 여겨지길 바란다. 그러나 언젠가 내가 주요 연맹에서 경쟁하는 어느 주요 대학 총장에게 이를 제안하자, 그는 "그것은 좋은 생각입니다만, 내가 그것을 실행하고자 하면, 나는 일주일 내에 해고될 것입니다."라고 대답하였다).

사실을 말하면, 이런 개혁이 도입될 가능성은 별로 없다. 어쨌든, 그것은 최고의 대학 대항 운동경기와 학업의 양립 가능성을 증진하기 위해 취해질 수 있는 사례를 단지 모아본 것이다. 가장 직접적인 중요한 효과를 가져올 수 있는 제안은 신입생에게 대표 팀 경기에 참여할 수 있는 자격을 부여하지 않는 것이다. 그 이유는 그렇게 함으로써 뽑힌 학생 선수들은 대학의 학업 부담에 적응할 수 있는 숨 돌릴 시간을 확보할 수 있으며, 그리고 어쩌면 애당초 대학에 가는 것보다는 프로로 전환할 가능성이 더 많은 '1년만 하고 끝'을 외치는 운동 스타가 만연하는 것을 줄여줄 수 있을 것이기 때문이다.

다양한 수준의 숙련도를 위해 클럽 스포츠 모델로 전환해야 하는가? 이것이 스포츠가 학교에서 제공하는 교육을 훼손하지 않도록 하는 데 도움이 되지 않을까?

지역 중심의 클럽이나 팀에 관한 생각은 매우 매력적이며 미국에도 그런 팀들이 존재하고 있다. 지역 소프트볼 팀, 축구 클럽, 테니스 조직, 골프 조직, 그리고 일부 지역에는 별로 잘 알려지지 않은 컬링과 같은 스포츠가 전국에서 번창하고 있다.

교육기관과는 독립된 경쟁 스포츠 조직으로 클럽 체제가 갖는 이점은 특별한 의미가 있다. 운동선수들은 졸업할 때도 그 스포츠를 그만둘 필요가 없고, 기관은 운동 프로그램에 상당한 액수의 예산을 들일 필요가 없으며, 학생들은 학교에 있을 때 스포츠가 아닌 학업에 열중할 수가 있다. 지역이나 지방 클럽을 중심으로 조직된 스포츠는 교육기관과 독립되어 있음에도 불구하고 분명히 학교 대항 혹은 대학 대항 운동경기와 공존할 수 있고 또한 공존해야 하는 것으로, 운동경기와 학업을 함께하는 데 상당히 유리한 처지에 있다.

우선, 중학교와 고등학교 수준에서 경쟁을 없애는 것은 주로 앉아서 생활하는 청소년 세대에게 긍정적으로 이바지할 것이며, 그것은 물론 그들의 전체적인 행복의 관점에서뿐만 아니라 공중보건의 관점에서도 함축하는 바가 있을 수 있다(그러나 이런 문제는 바로 대표 팀 선수들 뿐만이 아니라 모든 학생에게 체육 교육을 더 많이 요구하는 조건을 부과함으로써 개선될 수도 있을 것이다). 더욱 중요한 것은 운동경기가 그렇지 않았으면 중도에 그만두었을 많은 청소년을 학교에 남아 있도록 해주는 고리로서 기능을 할 수 있다는 것이다. 앞에서 지적했던 바와 같이, 관련 연구도 경쟁적인 운동경기에 참여하는 것은 여자아이들에게 특별한 장점이 있다고 밝히고 있다.

그러나 우리가 고려한 가장 중요한 주장은 적절하게 수행될 경우 운동과 학업 프로그램이 서로 강화를 시켜줄 수 있다는 것이다. 두 영역에서 성공하려면 각 영역에서 탁월함을 추구할 때 전제되고 있는 핵심적인 지적, 시민적 가치가 강조될 필요가 있다. 이것은 코치들(혹은 교실의 교사들)이 설교자가 되어야 한다는 것을 의미한다기보다, 적절한 경우에 한 영역의 핵심 가치가 구현될 때 다른 영역의 성공을 촉진할 수 있음을 설명할 수 있다. 예컨대, 자신의 글에 대한 비판을 받아들이고 그로부터 배우려고 하지만 코치의 비판에 분개하는 학생들은 각 영역에서 자신의 성과에 대한 솔직한 비판의 중요성을 이해할 수 있다.

핵심 가치는 지역 및 지역 클럽 또는 경기 협회 같은 학교나 대학 밖에서 '적절하게 운영'되는 운동 프로그램에서도 또한 전제된다. 그러나 운동경기와 학업이 적절하게 운영될 때 둘 사이에 일어나는 상호 강화의 기회는 상실될 것이다. 고등학교와 대학 운동경기에 대해 비판적인 많은 비평가가 믿고 있는 바와 정반대로, 운동경기의 참여는 기관의 학업 프로그램을 보완하고 강화하는 데 도움이 될 수 있다.

그러한 융합력의 가능성은 다양한 요소에 의해 높아질 수 있다. 무엇보다도 코치들은 교육자로 여겨지고 대우받아야 한다. 여러 시즌 동안 승리하지 못한다는 것은 코치가 실력 없는 교사라는 하나의 신호일 수 있다. 승리는 중요하긴 하지만 그 코치가 교사로서 평가받아야 하는 유일한 준거는 아니다. 상대에 대한 존중 및 경기에 대한 헌신을 가르치는 것과 아울러 핵심적인 지적, 시민적 가치에 대한 관심 또한 하나의 준거가 될 수 있다.

학생 운동선수들과 더불어 대표 팀 운동경기에 참여하지 않는 학생들도 모두 교실에서뿐만 아니라 다양한 방식에서 스포츠의 문화적 현상을 탐구할 기회가 있어야 한다. 스포츠에서의 사회학적, 윤리적, 사회적 문제에 관한 수업은 학생들이 경쟁 스포츠로 인해 야기되는 문제를 더 잘 이해하게 될 것이며, 학생 운동선수들이 참여를 통해 제기된 윤리적, 사회적 문제를 훨씬 더 의식하게 만들 것이다.

수년 전, 나는 바로 그러한 실험 작업에 참여했던 운동선수들과 일반 학생들을 대상으로 강연을 하기 위해 위스콘신 대학을 방문하였다. 그들은 특별히 운동경기를 다루고 있는 작품들에 주목한 소규모 문학 강좌에 등록하였다. 나는 운동경기와 관련한 문제에 대해 갖는 그들의 인식과 발표에 깊은 인상을 받았다. 이들이 제출한 보고서는 스포츠에서의 문제를 문학, 역사, 그리고 다른 학문의 연구에 연결함으로써 운동선수들을 다른 분야와 융합시켰다. 그 프로그램은 운동경기와 학업이 어떻게 교실 수준에서 통합될 수 있는지를 보여주는 정말 멋진 사례였다.

앞에서 보았던 바와 같이, 플라톤이 자신의 철학 학교에서 역설했던 운동경기에 대한 강조가 오늘날 흔히 잘못 적용될 수 있는데, 이는 특히 최고 수준의 대학 대항 경쟁에서 더욱 그렇다. 승리는 중요한 것이긴 하지만 모든 것이 아니며, 스포츠의 교육적 가치는 시장에서의 수익과 성공의 추구로 절대 성취될 수 없다.

그런데도 우리는 논의에서 운동경기와 학업이 옳은 맥락에서 서로 강화할 수 있고, 때로는 그렇게 하고 있다고 언급하였다. 비록 상호 강화가 어느 정도는 우리가 달성하고자 노력해야 하는 하나의 이상이지만, 대규모의 이름난 대학 스포츠의 무대 밖에서 경쟁하는 대학의 운동 프로그램들과 많은 중·고등학교의 운동 프로그램이 모두 실제로 보여주듯이, 우리는 종종 그에 이를 수 있다. 어쩌면 내가 너무 순진하거나, 아니면 학업 중심이지만 운동 경쟁력이 있는 디비전 III 기관에서 가졌던 나 자신의 경험에 너무 많은 영향을 받았는지 모른다. 그런데도 나는 만약 우리가 교육적, 시민적 가치를 포함하여 스포츠의 적절한 가치를 증진할 경우 운동 경기는 중요한 교육적 경험이 될 수 있고 때로는 그러하다는 것에 여러분이 동의해 줄 것을 기대한다.

제 6 장

스포츠, 공평, 그리고 사회

제6장

스포츠는 정치와 독립적이어야 하는가? 정치는 스포츠에 관여하지 말아야 하지 않은가?

만약 스포츠가 소위 말하는 탁월함을 향한 상호 탐색과 연관된 활동이라면, 예술에서 우리가 그의 내적 목표인 미의 성취에 몰두하듯이, 스포츠는 탁월함의 성취라는 내적 목표에 초점을 두는 그 자체의 세계에 전념해야 하지 않을까? 이 관점에서 보면, 정치는 스포츠를 오염시키고 그럼으로써 많은 사람이 신성한 것으로 여기는 어떤 것을 붕괴시킬 위험이 있다. 1952년부터 1972년까지 국제올림픽위원회(IOC) 위원장을 지냈던 에이버리 브런디지(A. Brundage)는 1936년 나치 독일에서 개최 예정이었던 올림픽에 대해 미국이 참가를 거부하자고 했던 제안을 반대하면서 그러한 관점을 표명하였다. 그런데 그 관점은 정당화될 수 있을까?

스포츠는 정치와 독립적이어야 한다거나 거리를 유지해야 한다고 주장하는 것은 무엇을 의미하는 것인가? 무엇보다 먼저, 우리는 정치가 스포츠와 거리를 유지'해야 한다'는 규범적 논지와 정치와 스포츠는 '사실상 서로 별개의 것'이라는 기술적 논지를 서로 구분할 필요가 있다. 기술적 논지는 분명히 거짓으로 보인다. 1936년 베를린 '히틀러' 올림픽의 참가와 관련하여 일어났던 정치적 폭풍, 인종차별에 대한 항의로 1964년부터 1988년까지 남아프리카 팀을 올림픽에서 배제한 일, 1972년 뮌헨 올림픽에서 팔레스타인 검은 9월단이 이스라엘 선수들에게 저질렀던 대학살, 그리고 최근 2014년과 2015년에 경찰이 무기를 소지하지 않은 아프리카계 젊은 미국 남성들을 향해 총격을 가한 것에 대응하여 일어났던 '흑인의 목숨도 소중하다' 운동에 대해 미국의 유명한 프로 운동선수들이 지지를 표현한 것 등은 모두 실제로 스포츠와 정치가 자주 겹친다는 것을 보여준다. 또 다른 증거로 우리는 1969년에 엘살바도르와 온두라스가 이민 문제(온두라스는 엘살바도르로부터 온 이민자들에게 불리하게 영향을 미치는 토지 개혁을 시도하였다)로 축구를 통해 서로 싸웠던, 100시간 전쟁으로도 알려진 유명한 축구 전쟁을 들 수 있다. 충돌의 원인이 정치적이고 매우 복잡했지만, 어떤 사람들은 그 싸움이 국제축구연맹에서 주관하는 월드컵 예선 기간에 일어났던 폭동으로 인해 유발되었다고 말한다.

나는 우리가 스포츠와 정치는 사실상 서로 별개의 것이라는 기술적 논지를 거부해야 한다고 제안한다. 그러면 우리는 스포츠와 정치는 서로 독립성을 유지해야 한다는 규범적 논지를 어떻게 이해해야 할까? 만약 그것이 스포츠는 완전히 가치중립적이어야 한다는 것을 의미하는 것이라면, 우리가 윤리와 스포츠에 대해 논의할 때 일어났던 어려움에 직면하게 된다. 대부분의 스포츠 개념에서 운동선수들은 헌신적이고 비판을 받아들이며, 자신의 수행에서 나타나는 결점을 극복하고 탁월함을 추구하며 압박감 속에서도 좋은 전략적 결정을 내리도록 노력해야 한다. 이것들은 모두 경쟁 스포츠와 분리하는 것이 사실상 불가능한 가치들이다. 마찬가지로, 유소년 스포츠를 담당하고 있는 코치들은 자신이 맡고 있는 선수들의 향상을 돕고 선수들이 펼치고 있는 경기에 애정을 갖거나 적어도 존중하고 이해하고자 노력해야 한다. 이것 역시 모두 가치에 해당한다. 특히, 운동경기가 도전에 응하는 활동을 통해 탁월함을 상호 탐색하는 것과 같은 것으로 이해한다면, 탁월함과 도전이라는 가치는 이미 거기에 전제된 것이다. 분명히, 스포츠는 가치에서 벗어날 수 없다.

규범적 논지를 이해하는 어쩌면 가장 그럴듯한 방식은 정치적으로 매우 논란의 여지가 많은 당파적인 가치를 특정 스포츠와 관련시키지 않아야 한다는 것이다. 따라서 우리는 프로 스포츠 팀들이 미국의 대통령 후보를 지지하거나 국내 지출에 견주어 국가 예산 중 얼마를 해외 원조에 배당해야 하는가와 같은 스포츠의 경계를 훨씬 벗어나는 문제들에 대해 견해를 밝히지 않도록 해야 한다.

그러나 당파적인 가치와 비당파적인 가치 간의 경계가 흐릿해 보인다. 정당을 지지하는 스포츠 팀은 당파적일 수 있기 때문에 고려되는 관점에서 금지된다고 하더라도, 인디애나 페이서스 프로 농구팀과 일부 프로 스포츠 팀들이 미국대학체육협회(NCAA)와 정부의 조치가 개인의 종교적 자유에 상당한 부담이 될 때 정부로부터 일정한 면제를 허가한 2015 인디애나 법령에 대해 날카롭게 비판한 것은 어떤가? 예컨대 어떤 제과점이 게이 결혼식에서 축하 연회용으로 사용할 케이크를 구워달라는 부탁을 받았을 때, 그 법령은 게이처럼 자신과 다른 성향의 사람들에게 어떠한 서비스를 거부하는 것을 허용할 수 있다. 인디애나폴리스와 그 지역 주변의 업계뿐만 아니라, 스포츠 팀과 운동선수들도 그 법령이 게이 종업원, 게이 운동선수, 팬, 그리고 주를 찾은 방문객에 대한 차별을 정당화하는 데 활용될 수 있다는 이유에서 그 법령에 반대하는 목소리를 공개적으로 냈었다. 비슷한 논란은 2016년에도 노스캐롤라이나와 미시시피에서 평론가들이 성적 소수자들(LGBT: 레즈비언, 게이, 양성애자, 성전환자)에 대한 차별을 허용하는 것으로 간주했던 '종교적 자유' 법안과 관련하여 일어났다. 이러한 것들은 당파적인 정치적 입장을 표현하는 것인가, 아니면 그 법령을 비판하는 사람들이 운동 경기의 핵심으로 보이는 원리, 즉 누구도 인종, 성, 성적 지향과 같은 스스로 자유롭게 선택하지 않은 어떤 특성을 근거로 배제되어서는 안 된다는 원리를 적용하고 있는 것인가?

한편으로는 강력한 당파적인 정치적 견해를 취하고 다른 한편으로는 경쟁 스포츠의 중심과 밀접하게 관련된 가치를 옹호하는 스초프 조직들 사이의 경계가 매우 흐릿하긴 하지만, 이를 면밀하게 검토해 보는 것은 나름의 의미가 있다. 나는 다른 지면에서 대학과 같은 교육 기관은 보통 교수진과 학생 집단에서의 당파적 담론에 대해 심판자로서 역할을 할 필요가 있기 때문에 당파적 가치들을 지지해서는 안 된다고 주장한 바가 있다. 어느 누가 자신의 반대편만 추종하는 심판을 신용하겠는가? 이와 함께, 당파심은 지적으로 다양한 학생 집단과 교수진의 형성을 어렵게 만들 것이라는 점도 매우 중요하다. 예를 들면, 임신 중절 합법화를 찬성하는 교수진이나 학생들이 명백하게 낙태를 반대하는 대학에서 매력을 발견하겠는가?[1]

그런데도 똑같은 논리가 프로 스포츠 팀에 아주 효과적으로 적용되지는 않는다. 그런 프로 팀들은 사업체이며, 사업체의 유일한 책무는 이윤을 내는 것이다. 이런 관점에서 보면, 논쟁에서 요구되는 공정한 틀에서 담론을 진척시키는 일은 프로 팀을 포함한 영리 사업체의 관심사가 아니다. 그런데도, 스포츠 팀을 운영하는 사업체들이 도덕적 책무를 지니는 것은 당연하다 할 것이다. 예를 들면, 자기 근로자들과 소비자들의 안전을 증진하는 것 등이 이에 속할 것이다. 내 관점에서 보면, 만약 스포츠 팀이 그렇게 하도록 허용된다면, 그들은 상당히 논쟁적인 여러 가지 이유를 내세우며 도를 넘어서는 적극적인 정치적 대리인이 될 것이다. 그러나 특히 스포츠 팀은 인종, 성, 성적 지향, 종교에 근거한 차별을 금지하는 것과 같은 어떤 가치를 수용할 만한 이유가 있다. 이런 가치들은 공정한 스포츠 경기에 내재된 도덕적 원리의 확장일 뿐만 아니라 그들의 선수, 종업원, 팬들을 차별로부터 보호하는 데에도 또한 요구된다.

물론, 운동선수들은 개인적으로 다른 일반 시민처럼 어떤 주요 문제에 대해 자신의 견해를 공개적으로 말할 수 있는 권리를 갖고 있다. 많은 운동선수가 정치로부터 일정한 거리를 유지하는 것을 선택하고 있지만, 무하마드 알리(M. Ali)와 같은 일부 스포츠 스타는 논쟁적인 문제에 대해 세인의 주목을 받는 대변인이 되기도 하였다. 이에 대해서 우리는 나중에 다시 논의할 것이다.

따라서 스포츠와 도덕적 논쟁이 전적으로 서로 다른 영역에 속하고 또한 그래야 한다는 주장은 옹호하기가 참으로 어려워 보인다. 그보다는 매우 정파적인 문제들이나 논쟁들을 대상으로 그런 주장을 한다면 옹호할 만할 것이다. 올림픽은 고대 그리스에서 처음 시작될 때부터 오늘날까지 전 세계(혹은 고대 그리스에서는 서로 다른 도시국가들) 선수들 간의 우정과 같은 가치를 표현하고 장려하며 탁월함과 상대에 대한 존중과 같은 미덕을 증진하기 위해 의도된 것이었다. 그런데 이것은, 비록 정파적이지 않을 뿐만 아니라 스포츠의 참모습을 구현하는 데 중심이 되는 핵심 가치들을 옹호하는 것이지만, 그 자체로 하나의 정치적 입장이다.

당신은 모든 사람에 대한 평등과 개방성이 스포츠의 — 적어도 최고의 스포츠라면 — 핵심 가치라고 주장하지만, 스포츠 또한 불공정한 불평등을 조장하는 하나의 수단이 되고 있지 않은가?

스포츠가 때로는 불공정한 차별의 도구가 되거나 지지하는 하나의 수단이 되는 것은 부인하기 어려운 사실이다. 메이저리그 야구에서 인종차별은 재키 로빈슨(J. Robinson)이 용기 있게 흑인과 백인의 차별을 깨트렸던 1947년까지 하나의 관습이었다. 프로골프협회(PGA)는 1961년에 이를 때까지 그 규칙에 백인 한정 조항을 담고 있었으며, 흑인 골프 선수들은 그 이전의 흑인 야구 선수들처럼 그들만의 리그에서 경기하였다. 결과적으로, 우리는 테드 로데스(T. Rhodes)와 같은 최고의 골퍼들과 르로이 '사첼' 페이지(L. S. Paige) '역주: 그 당시에는 '가방'이 '사첼'이라 불렸는데, 그가 가방을 들어주는 일로 돈을 벌었다 하여 본래 이름인 '로버트(Robert)' 대신에 '사첼(Satchel)'이라 불렀다 나 '쿨 파파' 벨(C. P. Bell) '역주: '쿨 파파(Cool Papa)'는 별명으로, 그의 원래 이름은 '제임스 토마스(James Thomas)'이다 과 같은 최고의 재능을 가진 야구 선수들이 만약 전성기에 당시의 최고 백인 선수들과 맞서 경쟁을 했었다면 어떠했을지 결코 알 수 없을 것이다.

미국 밖에서는 주요 축구 경기가 인종차별주의자, 최근에는 관중에 의한 반유대적인 구호, 그리고 심지어는 일부 선수에 의한 인종차별주의적인 조롱으로 오염되고 있다. 널리 보도되었던 바와 같이, 네덜란드 축구 경기에서는 관중들이 "유대인들이 불에 가장 잘 타지.", "하마스, 하마스, 유대인들을 가스실로" 같은 구호를 외쳤다.[2] 폴란드에서는 한 나이지리아 선수가 경기 중 팬으로부터 바나나로 공격을 당했다. 이와 비슷한 일로는 2014년에 치러진 스페인의 바르셀로나와 비야레알 간의 경기에서, 브라질 출신의 선수 다니 알베스(D. Alves)는 자기 앞으로 떨어진 바나나를 주워서 한 입 베어 물고, 여분의 칼륨을 준 것에 감사하다고 말했다. 많은 다른 일류 선수들도 알베스의 편을 들어 "우린 모두 원숭이입니다."라는 슬로건 아래 바나나를 먹는 자신의 사진을 게시하였다.

인종 이외에도 스포츠에서는 성 평등의 문제 또한 존재한다. 미국에서 타이틀 IX의 통과 이전에는 테니스와 골프에서 여자들을 위한 프로리그가 있긴 했지만, 소녀들과 성인 여자들은 사실상 고등학교와 대학 대항 스포츠에서 대부분 제외되었다.

스포츠는 남자들과 똑같이 여자들에게도 유의미한 것일 수 있다는 주장은 오늘날 어떤 말도 필요 없는 당연한 일이지만, 20세기 초에 일어났던 나의 개인적인 일화는 그 핵심을 잘 보여준다. 나의 이모 샐리(Sally)는 90년대까지 잘 살았지만, 점차 기억을 잃고 결국 치매가 왔는데, 그녀가 계속 간직했던 한 가지 기억은 고등학교 학창 시절에 맨해튼의 남동쪽 부근에서 농구를 했던 일이었다. 당시에 소녀들이 하던 농구경기는 오늘날 소녀들이 하듯 농구장 전체를 사용한 것이 아니라 경기를 소화하기에 너무 연약하다는 이유에서 일부는 오직 공격만 했고 나머지 다른 일부는 코트의 다른 쪽에 머물러 있다가 오로지 수비만 했다. 그녀는 자신이 어디서 일을 했는지와 같은 자기 삶의 여러 세부적인 것에 대해서는 기억을 잘하지 못하였지만, 숨을 거두기 전에 여러 차례에 걸쳐, "나도 공격을 해볼 기회가 있었으면 하고 바랐어."라고 자주 말하곤 하였다.

거의 20세기 내내 미국 내 대부분의 경쟁 스포츠에서 여자들이 공식적, 비공식적으로 배제되었음에도 불구하고, 뛰어난 여성 운동선수들은 자신의 이름을 떨쳤다. 테니스의 앨시아 깁슨(A. Gibson), 트랙과 필드의 윌마 루돌프(W. Rudolph), 그리고 여자들 리그인 여자프로골프협회(LPGA)에서뿐만 아니라 때로는 프로골프협회(PGA)에서 남자들과 경쟁하기도 했던 골프의 베이브 자하리아스(B. Zaharias) 등이 그들이다. 그러나 테니스, 수영, 골프 같이 '여성스러운' 것으로 여겨졌던 일부 스포츠에서 예외가 있긴 했지만, 전체적으로는 남성이 스포츠를 지배하였다.

스포츠에서의 인종차별 및 성을 기반으로 한 스포츠에서의 배제는 우리가 앞에서 논의했던 상호 부조론의 철학뿐만 아니라 탁월함의 추구라는 이상과 부합하지 않는다. 스포츠 자체의 이상적인 관행의 맥락에서 이를 고려하더라도 경기장에서 합당한 상대를 제외시킨다는 점에서 이에 반대할 만하다.

인종과 성별에 기반을 둔 차별 — 그리고 이것은 또한 종교, 성적 지향, 사회적 계층, 그리고 다른 특성들에도 해당한다 — 은 무엇보다 기본적으로 그 자체로 소중한 권리를 지니고 있고 그래서 존중받아야 하는 다른 사람을 비하한다는 점에서 불공정하다. 우리가 논의했던 바와 같이, 스포츠에 본래 내재하여 있는 윤리는 모든 종류의 차별에 반대하는 이러한 논거를 강화해 준다. 사람들은 인간으로서 — 평등하게 그리고 선천적으로 존중과 관심을 받을 자격이 있는 인간으로서 — 바로 그 본성과 무관한 특성들보다는 노력에 대한 그들의 기여로 평가되어야 한다.

아무튼, 미국에서 성 평등에 영향을 주고 있는 중요한 하나의 법안인 타이틀 IX와 그의 결과로 야기된 문제를 중심으로 스포츠에서의 평등이라는 주제를 좀 더 검토해 보자.

타이틀 IX는 무엇이며 그의 시행으로 어떤 도덕적 문제가 일어나는가?

타이틀 IX는 1972년에 의회에서 통과된 법률인 교육개정안의 한 조항이다. 이 법률안은 "미국의 어떤 사람도 연방 정부의 지원을 받는 모든 학교 대항, 대학 대항, 클럽 혹은 교내의 프로그램에서 성별로 인해 제외되거나, 혜택을 거절당하거나, 차별의 대상이 되어선 안 된다."고 명시하고 있다. 이 법이 통과된 이후, 그 법안이 생물학과와 같은 직접 정부의 지원을 받는 교육 기관 내의 특정한 프로그램에만 적용되는지, 아니면 모든 기관에 적용되는지, 그리고 개인이 보상을 청구할 수 있는지 아니면 오로지 정부 관계 기관만이 차별의 혐의에 대해 수사를 할 수 있는지 등과 같은 그런 문제에 대해 논란이 많았다.

이런 문제에 대해 명확성이 부족함에도 불구하고, 타이틀 IX의 영향은 신속하고 매우 컸다. 예를 들면, 1970-1971 학기에, 거의 400만 명의 남학생과 비교하여 단지 30만 명의 여학생만이 학교 대항 스포츠에 참가하였다. 그러나 1978-1979 학기에는 200만 명 이상의 여학생이 고등학교 스포츠에 참가하였고, 2013-2014 학기에는 326만 7천 명의 여학생이 참가하였다. 이후 여성들의 참가는 26년 연속 증가하였으며, 450만 명의 남학생이 참가한 것도 기록이었다.

게다가, 그 법안의 애매한 표현들은 시간이 지나면서 점차 명확해 졌다. 대법원은 '그로브 시티 대 벨(Grove City v. Bell, 1984)' 판결문에서 타이틀 IX는 직접 연방 정부 자금을 지원받는 교육 기관 내의 프로그램에만 적용된다고 판시하였다. 그러나 몇 년 후에 의회에서 통과된 시민 권리회복법(the Civil Rights Restoration Act)은 타이틀 IX가 모든 기관에 적용된다고 명령하고, 타이틀 IX는 통상적으로 정부 보조를 받지 않는 운동 프로그램들에도 적용된다는 점을 분명히 함으로써 원래의 법안이 안고 있던 불명확성을 해소하였다.

1990년에 미국 법무부 민권과는 어떤 기관이 실제 타이틀 IX를 준수했는지의 여부를 결정하는 중요한 지침을 공표하였다. 지침의 가장 중요한 측면은 세 가지 검사인 것으로 알려졌다. 이 검사에 따르면, 검사를 받는 기관은 다음과 같이 기술된 세 가지의 준거 가운데 어느 하나라도 충족한다면 잘 준수하고 있는 것으로 판정된다.

1. 한 성의 운동선수의 비율이 전체 학생집단에서 한 성의 비율과 사실상 거의 똑같다.
2. 지위가 미약한 성별을 위해 기회를 확대한 역사가 있다. 즉, 과거에 참가 기회가 더 적었던 성을 위해 스포츠 팀을 더 늘린다.
3. 소외된 성의 관심과 능력은 기존 프로그램에 '완전하고 효과적으로' 수용된다.

어떤 기관이 규정을 준수하기 위해서 세 가지 준거 중 어느 하나만 만족시켜도 된다는 점을 기억하는 것은 중요하다. 타이틀 IX에 대해 비판적 입장을 가진 사람들도 때로는 이 점을 놓쳐버린다.

1992년에 대법원은 타이틀 IX에 따라 성공적으로 소송을 제기한 개인은 징벌적 손해배상을 받을 권리가 있다고 만장일치로 판결함으로써 기존 법률에 이를 추가하였다.

타이틀 IX는 여러 가지 윤리적 문제를 일으켰다. 우리는 비평가들에 의해 제기된 주요 반대 이유 가운데 두 가지를 고려할 것이다. 첫째, 비평가들은 비례 요구조건이 다름 아닌 여성들을 편애하는 일종의 할당제도에 해당한다고 주장한다. 그들은 그 할당을 충족하기 위해 여성들을 위한 기회를 늘리는 것이 아니라 남성들을 위한 기회를 줄이는 가장 쉬운 방법을 택하는 결과를 빚는다고 주장한다. 둘째, 일부 이론가들은 타이틀 IX에 의해 허용되고 또한 어쩌면 장려된, 광범위하게 시행된 '분리 평등 원칙'의 여성 스포츠 모델은 결국 여성들의 스포츠를 열등한 지위로 떨어뜨리게 한다고 주장한다. 비평가들의 관점에서 볼 때, 분리되지만 평등하다는 것은 그것이 시민권 운동 이전의 미국에서 인종에 적용되었을 때와 마찬가지로 성에 적용될 경우 수용하기가 어렵다. 이들 비판을 차례로 하나씩 검토해 보자.

타이틀 IX의 비례 요건이 여성 스포츠의 몫을 안정적으로 확립하는가?

비례 요건을 검사하는 수치 기준을 마련하고 있다. 예컨대, 만약 X 대학에서 학생들의 60%가 남성이고 40%가 여성이라면, 운동선수들의 거의 40% 또한 여성이어야 한다. 해마다 약간의 변동의 여지가 있지만, 그 비율은 전체 학생집단과 거의 똑같아야 한다.

이것은 할당인가? '할당'이란 의미는 그 자체가 불분명하긴 하지만, 어느 한 기관이 타이틀 IX를 준수하기 위해 비례 요건을 반드시 충족시켜야 할 필요가 없다는 것을 알아야 한다. 기관은 대신에 다른 두 가지 중 한 가지를 충족시키면 된다. 따라서 할당이 반드시 충족되어야 하는 수치 목표라면, 비례 원칙은 할당이라고 할 수 없다.

어떤 사람들은 비례가 잘못된 수치 기준에 근거하여 활용되고 있다고 주장한다. 비례와 관련된 기준이 도전을 받았던 사례를 보면, 브라운 대학은 전체 일반 학생집단의 여성 비율을 따를 것이 아니라, 운동경기에 참여하는 데 관심이 있는 여성들에 비례하여 한 대학의 운동 프로그램에 참여하는 여성들의 숫자를 산정해야 한다고 주장하였다.[3] 사실, 그 주장은 여자들이 남자들보다는 운동경기에 참여하는 데 관심이 더 적을 것이며 따라서 전체 학생집단에서 여자들이 차지하는 비율을 반영하는 여자 운동선수들의 비율은 비현실적일 뿐만 아니라 불공정하다는 것이다.

경쟁 운동경기에 참여하는 데 여자들이 남자들보다 관심이 더 적다는 주장을 옹호하는 자들은 2006-2007 학기에 미국고교체육연맹(NFHS)이 수행했던 최근의 한 조사에서 고등학교 스포츠에 참가한 자들이 남성이 400만 명을 넘어섰고, 여성 참가자들의 숫자는 처음으로 300만 명 기록을 깼다고 지적하였다. 만약 남성들보다 여성들이 고등학교 스포츠에 참가하는 인원이 더 적다면, 그것은 여성들이 참가에 관심이 더 적다는 것을 입증하는 것 아닌가?

법원은 브라운 대학이 제기한 소송에서 비례 요건을 무시하기 위한 근거로서 여자들이 남자들보다 참여하는 데 관심이 더 적다는 주장을 받아들이지 않았다. 나는 남자들과 여자들의 스포츠에 대한 불균형적인 관심과 관련한 이런 주장을 의심의 눈초리로 바라보아야 한다고 제안한다. 우리는 미국에서 여자들이 오랫동안 여러 형식의 운동경기에 참여하는 것을 단념해야 했으며, 그런 결과로 소녀들은 아직도 소년들이 운동경기에 참여하는 것처럼 똑같은 격려나 권장을 받지 못하고 있다는 것을 마음속에 간직하고 있을 필요가 있다. 왜냐하면 타이틀 IX가 통과된 지 수십 년이 지난 지금도 젊은 여성들은 은연중 그리고 심지어는 의도하지도 않은 좌절을 초래한 지속적인 차별의 여파 속에서 스포츠에 대한 선호를 형성하기 때문에, 이런 성별에 따른 스포츠 참가에 대한 선호는 고정된 것이라고 볼 수 없으며 또한 액면 그대로 받아들여서도 안 된다.

이것은 한가하거나 — 혹은 이상적인 — 추측이 아니다. 여성들의 운동경기 참여에 관한 관심은 타이틀 IX의 통과 이후 꾸준히 증가하고 있다. 게다가, 설령 여자들이 스포츠에 대한 참여에 다소 관심이 덜 한 것으로 나타난다고 하더라도, 법원이 시사했던 바와 같이, 과거에 제외당해 왔던 결과일 수 있는 현재의 선호를 액면 그대로 받아들이기에는 시기적으로 너무 이르다.

더욱이, 여성들이 스포츠에 참가할 기회를 확대하는 것과 여성들이 스포츠에 참가하는 것 사이의 인과관계에는 역동적인 상호작용이 존재한다. 그 증진과 참가 간의 관계는 스포츠에 성별 균형을 가져오는 데 도움을 줄 가능성이 있다. 예컨대, 선수들의 기술 향상과 더불어 디비전 I 미국대학체육협회(NCAA) 선수권의 텔레비전 보도 덕분에 대학 대항 여성 소프트볼의 스포츠 팬들이 증가하듯이, 우리는 엘리트 수준에 이르지 못한 경기에 참여하는 인원수가 점차 상승세를 타는 것을 보게 될 가능성이 크다. 다른 사례를 든다면, 고등학교 대표 팀 수준에서 경기하지 않았던 여자들은 일단 대학에 들어가면 고등학교 수준의 그들에게 기회가 제공되지 않았거나 매력적으로 보이지 않았던 어떤 스포츠에 빠져들 수 있다. 그런 점에서 대학에 재학 중인 여자들은 조정과 크로스컨트리와 같은 스포츠에 매력을 느낄 수 있다. 그런 스포츠는 규모가 작은 많은 기관에서 낮은 운동 수준의 대학 대항 스포츠로서 경쟁하며, 선수 명단이 제한되지 않음으로써 경험이 적은 운동선수들도 팀에 합류하여 경쟁에 참여할 여지가 있다.

지금까지 위에서 논의한 이 모든 것은 만약 충분한 기회가 제공된다면, 여자들은 그런 기회를 잘 이용할 것이라고 말하는 것이다. 따라서 지금까지 검토했던 비판은 비례의 요건을 약화시키지 않는다. 브라운 대학 소송에서 법원이 판단하였던 바와 같이, 타이틀 Ⅸ의 통과 이후 여자들이 참여할 기회가 증가하고 있어 스포츠에 대한 참가와 관련하여 성별 간의 어떠한 차이가 고정되어 있다거나 여자들이 남자들보다 경기하는 것에 관심이 더 적다고 단언하기에는 시기상조다.

비례 원칙은 흔히 여자들의 참가 기회를 늘리지도 못한 채 남자 스포츠만 위축시키는 결과로 이어지지 않는가? 그것은 공정한가?

타이틀 Ⅸ가 시행된 이래, 남자들이 하는 대학 대항 운동 팀이 많이 줄어든 것은 사실이다. 대학들은 이른바 비례 요건을 충족시키기 위해 체조, 수영, 육상, 그리고 150개 이상의 레슬링 프로그램 같은, 별로 수익이 되지 않는 남자 스포츠를 빈번히 폐지하고 있다.

더욱이, 그런 팀 감축이 반드시 여자들에게 더 많은 기회를 주는 결과를 낳는 것도 아니다. 일부 학교는 남자 선수들에 해당하는 만큼 여자 선수들을 위한 자리를 마련하기보다는 못마땅하지만 운영 중인 팀의 남자 선수들의 인원을 줄이는 것이 ─ 혹은 문제가 되는 그 스포츠를 완전히 폐지하는 것이 ─ 더 낫다고 생각한다. 예를 들면, 만약 가상의 대학 X는 전체 학생집단이 50%의 남성과 50%의 여성 비율로 이루어져 있다. 이 대학의 운동선수는 500명이 남성이고 여성은 400명에 불과하다면, 남성 선수들 가운데 100명을 감원하면 비례 요건을 충족시킬 수 있다. 그것이 여성 선수들 몫으로 100명의 자리를 더 늘리는 것보다 비용 면에서 훨씬 더 유리할 것이다.

그러나 비례 요건이 꼭 그러한 감축의 원인이 된다고 할 수는 없을 것이다. 그보다는, 세간의 관심이 높고 때로는 수익을 창출하는 남자 선수들의 프로그램이 이미 특정한 기관의 운동경기에 배정된 전체 예산에서 지나치게 많은 자금을 받고 있으면서도 이에 대한 적정한 삭감을 요청하고자 하는 의지가 없는 데 더 큰 책임이 있는지도 모른다. 예를 들면, 만약 최고 수준의 미식축구 프로그램이 시즌별로 한 경기를 줄이거나, 방문 경기를 위한 장기 이동을 제한하거나, 혹은 선수 명단의 규모나 선수 충원에 드는 어마어마한 예산을 줄인다면, 그렇게 절약된 자금은 특정 남자 선수들의 프로그램을 폐지하지 않고도 새로 출범된 여자 선수들의 팀을 지원하는 데 사용될 수 있을 것이다.

더욱 중요한 것은, 기관이 비례 요건 검사를 충족시키지 않고도 타이틀 Ⅸ를 준수할 수 있다는 것이다. 우리가 보았던 바와 같이, 기관은 여자들의 프로그램을 확대한 역사를 입증하거나 혹은 그들이 '충분히 그리고 효과적으로' 학생집단의 관심을 수용하고 있다는 것을 보여줄 가능성이 좀 더 있다. 결국, 기관은 타이틀 Ⅸ를 준수하고 있다는 것을 충족시키는 데 필요한 다른 두 가지 기준 중 어느 하나 — 그 가운데 오로지 하나 — 를 충족시킬 가능성이 매우 크다. 우리는 이 점을 기억해야 할 것이다.

하지만 비례 요건이 여자들을 위해 팀을 늘리지 않고 남자들의 팀을 줄이는 유인책을 새로 마련할 수 있다는 것은 사실로 보인다. 그러나 그러한 전략은 여성들을 위한 운동 기회를 증가시키고자 의도되었던 타이틀 Ⅸ의 정신과는 분명히 배치된다. 어쩌면 남성 팀을 줄이는 기관이 그렇게 하지 않으면 타이틀 Ⅸ를 준수하기가 어렵다는 것을 입증하도록, 세간의 관심이 높은 남성 스포츠에서 자금을 이체하는 것과 같은 여성 스포츠를 활성화하기 위한 다른 선택이 실행 가능하지 않다는 합리적인 사례를 제시하도록 기존 법안을 수정해야 할 수도 있다.

전 올림픽 수영 금메달리스트이자 여성 스포츠재단 변호사인 낸시 혹스헤드 매카(N. H. Makar)는 남자들의 팀을 줄이는 것이 불공정하지 않을 수 있다고 주장한다.[4] 이는 마치 매우 궁핍한 부모가 둘째 자녀가 태어날 때 첫째 아이에게 관심을 덜 기울일 경우 그것을 불공정하다고 말하기 어려운 것과 같다는 것이다. 그러나 내가 다른 곳에서 주장한 바가 있는데, 그 비유가 항상 남자들의 스포츠 팀을 줄이는 것에 적용되지는 않는다. 새로 태어난 아이는 이전에는 혼자였던 자녀에게 오로지 갔던 관심을 나눠 받고 있지만, 남자들의 팀을 줄임으로써 절약된 자금이 항상 여자들을 위한 기회를 늘리는 데 사용되는 것은 아니라는 것이다.

하여튼, 비례 요건이 몇 가지 논쟁적인 문제를 일으키지만, 그 제도는 기관이 충족해야 하는 중요한 기준을 설정해 주고 있다. 내가 보기에, 그에 대한 반대는 만약 여자들을 위한 어떠한 기회를 조성하지도 않은 채 단순히 남자들을 위한 기회만을 제거함으로써 타이틀 IX를 준수하는 것이 매우 어렵게 된다면 많이 완화될 수 있을 것이다.

고등학교와 대학들은 일반적으로 대부분의 학교 대항 스포츠에서 남자와 여자가 분리된 팀끼리 경기를 갖는다. 이러한 분리 평등 철학은 여자들의 스포츠를 영구적으로 열등하게 만드는가? 축구, 농구, 미식축구, 하키 같은 주요 스포츠는 힘, 높이, 그리고 체질량이 뛰어난 사람들에게 유리하다는 점에서 남성을 기반으로 하는가?

비록 남성 스포츠와 여성 스포츠의 분리는 평등을 성취하는 기본 방법이었지만, 비평가들은 인종차별의 사례와 같이 분리는 본래 불평등하다고 주장한다. 이런 비평에 따르면, 남성 스포츠는 비슷한 경쟁 수준에서 남성들이 더 뛰어난 기량을 구사하기 때문에 더 우월한 것으로 간주할 것이다. 이런 입장을 가진 일부 사람은 세간의 관심이 높은 주요 스포츠가 기운과 힘이 큰 사람들에게 유리하기 때문에 그런 스포츠를 남성 중심적인 것으로 간주한다. 여자들은 일반적으로 같은 경기의 수준에 있는 남자들과 비교해 더 작고, 약하기 때문에, 이런 인기 있는 스포츠에서 최고의 선수들은 거의 항상 남자일 것이다.

이제, 인종차별과 성별에 따른 별도의 스포츠 팀 제공 사이의 유추를 시작으로 이러한 점들을 차례로 검토해 보자. 근본적으로 다른 윤리적 입장을 형성하게 한 두 관습 간에는 하나의 중요한 차이가 있다. 즉, 인종차별은 힘 있는 집단이 상대적으로 힘이 약한 집단에 그들의 의지에 반하여 부과되었고, 피해자들의 기회를 제한하고 그들에 대한 편견, 멸시, 혐오를 표현하기 위해 의도되었다. 이와 대조적으로, 남자들과 여자들을 분리한 스포츠 프로그램의 규정은 여자들에게 기회를 증대시키기 위해 의도되었고, 그들의 의지에 반하여 부과된 것이 아니며, 여자들에 대한 편견, 혐오, 멸시를 표현하지도 않는다. 더 정확히 말하면, 그래서 논란이 되는데, 남자들의 스포츠와 여자들의 스포츠를 구분한 것은 남자들과 여자들 사이의 생리적 차이를 인정하고 체구가 더 크고 힘이 더 센 남성들에 맞서 경쟁하여 팀 명단에서 한 자리를 차지하기 위해 고군분투한다 하더라도 기회가 거의 없을 여자들에게 경쟁할 기회를 제공하기 위한 것이다[5](이 점은 남자들이 생리적 이점을 갖지 못하는 스포츠, 예컨대 소총 사격과 승마 경기 같은 스포츠에는 적용되지 않을 것이다. 아마도 그런 스포츠는 남성과 여성을 위한 별도의 대회를 제공해서는 안 된다).

이 답은 결정적인가? 그에 대해 두 가지 종류의 반응이 취해질 수 있을 것이다. 누군가는 평등을 도모하기 위해서 우리가 남성들에게 생리적으로 유리하지 않는 스포츠를 개발하거나 더욱 효과적으로 장려해야 한다고 말할 것이다.[6] 여기에는 체조, 피겨스케이팅, 승마, 혹은 기운과 힘보다는 민첩성, 우아함, 유연성 같은 특질을 강조하는 새로운 스포츠의 창조가 포함될 수 있다. 비록 이런 제안이 설득력을 갖고 있긴 하지만, 몇 가지 주의를 마음에 새겨둘 필요가 있다. 첫째, 그런 스포츠는 장래가 유망한 젊은 여자 운동선수들에게 축구, 라크로스, 농구 같이 현재 세간의 관심이 높은 스포츠만큼 그렇게 인기가 있어 보이지 않는다. 젊은 사람들에게 다양한 스포츠를 경험하게 하는 것은 좋은 생각이지만, 그렇다 하여 이미 대중적으로 인기 있는 스포츠들이 그 결과로 인기가 꼭 떨어지는 것은 아니다.

둘째, 이것이 더 중요할 수 있는데, 나는 단순히 남자 팀들이 대체로 같은 수준의 경쟁에서 여자 팀들을 자주 이긴다는 이유만으로 여자들의 스포츠가 남자들의 스포츠보다 더 열등하다는 가정을 의심해 보아야 한다고 생각한다.

여자들의 스포츠는 흔히 그 스타일이 남자들의 스포츠와 다르며 지식이 풍부한 관중이 똑같이 흥미를 느낄 수 있도록 만드는 다른 전략이 필요하다. 예컨대, 여자 농구는 팀 동료를 위해 방어벽을 치고 상대 수비수에게서 떨어져 있는 슈터에게 패스하는 것을 강조하지만, 남자 농구는 이와 다르게 정열적인 활동성을 강조한다. 그러나 서로 나름대로 재미가 있을 수 있다. 나는 미국프로농구의 많은 경기를 관람하지만 그와 더불어 아름다운 플레이 유형을 보여주는 코네티컷 대학의 훌륭한 여자 농구팀 경기 또한 기꺼이 지켜볼 것이다. 마찬가지로, 골프 팬들은 힘은 강하지만 때로는 비능률적인 남성 골퍼들의 스윙을 주시함으로써 배울 수 있는 것처럼 미국여자프로골프협회 투어에서 활약하는 여성 골퍼들의 스윙을 연구함으로써 역시 많은 것을 배울 수 있을 것이다. 따라서 그것은 틀림없이 남성 스포츠가 우월 하냐 혹은 여성 스포츠가 우월 하냐가 아니라 각각이 지닌 최고의 자질을 제대로 알고자 하는 배움의 문제이다.

더욱이, 우리가 제1장에서 논의하였던 상호 부조론의 입장은 스포츠에서 도전이 지닌 역할과 누가 그에 최고로 부응하는가를 판단하는 일에 관심을 가질 것을 강조한다. 따라서 보통 함성을 지르며 응원하는 지역 팬들 앞에서 펼쳐지는 경쟁이 치열한 여자고교 플레이오프 경기는 팬들의 열정이 떨어지고 그 두 팀 중 어느 팀도 선수권에서 우승할 기회가 없는 시즌 후반 약한 팀들 간의 프로 경기만큼 경쟁적이고 흥미가 있을 수 있다.

비평가들은 여자들이 대체로 그들의 스포츠에서 최고의 선수들이 아니라고 대답할 수도 있다. 최고의 여자 선수들은, 설령 그들이 거의 모든 남성 선수들보다 우월하다 할지라도 그들의 스포츠에서 뛰고 있는 최고의 남자 선수들만 못하다는 것이다. 농구에서의 탁월함의 전형은 미국프로농구협회(NBA) 선수권 대회에서, 축구의 탁월함은 남자 월드컵이나 최고 올림픽 남자 팀에서, 혹은 미국대학체육협회 디비전 I 플레이오프의 남자 4강전에서 발견된다고 말한다. 물론 이에 대해서는 논쟁이 있을 수 있을 것이다.

만약 위 논거가 타당하다면, 여자들이 진정으로 평등을 확보하는 유일한 길은 남자들과 경쟁하는 것이며 최고에 맞서 이기는 것이다. 따라서 나는 골프 스타 미셸 위(M. Wie)가 아직 십 대였을 때 남자들의 투어에서 경기하면서 자신을 시험해 보았던 것은 바람직했다고 본다. 설령 그녀의 노력이 몇 가지 기준에서 성공적이지 않았다(그리고 상당한 비판을 당했다) 하더라도, 그런 노력은 여성에 대한 한계를 밀어내고 어쩌면 그녀가 나중에 2014 US 여자오픈에서 우승하는 그런 선수로 성장할 수 있게 하였는지도 모른다.

나는, 비록 많은 일류급 여자 선수가 남성 스포츠에 끌려 그쪽으로 가버리면 여성 스포츠의 전반적인 경쟁 수준이 결과적으로 저하될 수 있음을 고려할 필요가 있다고 하더라도, 남성 스포츠는 예선을 통과하고 경쟁을 원하는 여자 선수들에게 문호를 개방해야 한다고 본다. 더욱이 남자들과 여자들은 어떠한 중대한 성적 편견이 존재하지 않는 스포츠의 경우에서도 동등하게 경쟁할 수 있다.

그러나 나는 이와 관련한 최선의 평등주의 전략은 여성 경기의 미묘한 차이를 더 잘 이해할 수 있도록 팬들과 일부 운동선수들 스스로를 더 잘 교육하는 것이라고 제안한다. 사실, 여자 선수들의 경기력은 이미 몇몇 스포츠 팬들의 경우에는 남자 선수들의 경기력과 동등하게 인식되고 있다. 예컨대, 테니스 팬들은 적어도 남자들의 경기에서 나오는 강력한 서브만큼이나 여자들의 경기에서 긴 시간 동안 이어지는 발리를 감탄하며 바라본다. 윌리엄스(Williams) 자매 같은 여성 스타들은 남자들의 투어에 걸린 상금과 비슷한 규모의 상금을 놓고 경기를 한다.

이런 관점에서 보면, 여성 스포츠는 남성 스포츠와 미묘하게 다르지만, 그 차이가 열등함을 암시하는 것은 아니다. 남성과 여성을 위한 분리 스포츠 프로그램을 증진하는 '다원적인' 전략은 우리가 이를 통합하여 여자들이 남자들과 직접 경쟁해야 하는 경우보다 여자 운동선수들에게 훨씬 더 많은 기회를 만들어낼 뿐만 아니라, 운동선수들이 탁월함을 향한 상호 탐색을 추구하는 방식에서 나타나는 미묘한 차이를 제대로 인식할 기회를 만들어낸다.

다원주의적 접근은 여성의 신체적 특징에 치중한 스포츠는 지원을 받아야 하고 그런 스포츠는 더욱 발달하여야 한다는 것을 부정하지 않는다. 같이 동등하게 경쟁할 만한 수준에 있는 남자들이 여자들보다 더 크고 힘이 세다는 이유만으로 남자들의 스포츠가 더 낫다고 하는 것을 부정하는 것이다. 즉, 남자들과 여자들은 모두 똑같이 그들의 스포츠에 내재한 도전에 응하고자 열심히 시도하는 것이다. 우리는 스포츠에 대한 그들의 접근에 있어서 미묘한 차이를 인식하고 또한 그런 차이를 동등하게 인식하는 것을 목표로 해야 하지 않을까?

인종 평등과 존중을 증진하는 면에서 스포츠는 진보적이었는가?

이 일반적인 질문이 폭넓게 그렇다 혹은 그렇지 않다는 대답을 허용하지는 않지만, 이 질문은 우리에게 탐색할 만한 가치가 있는 다양한 탐구의 체계를 구분할 수 있게 해준다는 점에서 매우 유용하다. 우선 첫째로, 아프리카계 미국인들에 대한 평등의 명분을 진전시키는 데 도움이 되었던 주요 사건이 스포츠에서 많이 있었다. 1936년 베를린에서 개최되었던 올림픽에서 금메달 4개를 획득하였던 아프리카계 미국인 육상선수 제시 오언스(J. Owens)의 뛰어난 성적은 히틀러와 나치 그리고 그들의 '아리안 민족' 우월성의 신화에 의해 창도된 악의에 찬 인종차별주의 이론을 명백하게 반박한 것이었다. 1947년에 재키 로빈슨(J. Robinson)이 메이저리그 야구에서 피부색에 의한 인종차별을 깨트린 것은 미국에서 시민권의 대의명분을 진전시키는 것과 관련하여 여러

면에서 변화를 가져왔다. 오늘날 많은 흑인 운동선수의 성공이 스포츠는 공평한 경쟁의 기회를 제공한다는 관점을 뒷받침해 주고 있다. 우리가 이미 언급했던 유명한 사회과학자 제임스 큐 윌슨(J. Q. Wilson)은 스포츠 팀을 인종의 경계를 넘어 자주 신뢰와 협력관계가 나타나는 미국에서 몇 안 되는 기관 중 하나로 꼽았다.[7]

그러나 거기에는 또 다른 측면이 있다.[8] 두 명의 아프리카계 미국인 육상선수 존 카를로스(J. Carlos)와 토미 스미스(T. Smith)가 메달 시상식에서 미국과 남아프리카에서의 인종차별과 분리에 대한 주의를 촉구하기 위해 검은 장갑을 낀 주먹을 들고 블랙 파워 경례를 하였을 때, 그들은 정치를 스포츠에 끌어들였다는 것과 급진적 집단으로 간주되던 단체에 대한 명백한 지지를 표명한 것으로 많은 비판을 받았다. 찰리 시포드(C. Sifford)와 같은 흑인 골퍼들은 프로골프협회 투어에서 최초로 인종차별을 무너뜨렸을 때 심한 괴롭힘, 조롱, 심지어는 위협을 당했던 피해자들이었지만, 그들은 역대 최고의 위대한 골퍼 중의 한 사람인 타이거 우즈(T. Woods)의 성공을 위한 길을 열어놓았다.

오늘날, 북아메리카 프로 미식축구 리그를 포함한 일부 프로 스포츠 리그에 흑인 코치와 행정가들이 부족한 것은 중대한 관심사로 남아 있다. 많은 나라의 축구 경기에서 앞에서 보았던 바와 같은 인종차별 구호와 조롱이 여전히 지속하고 있는 것은 큰 문제이다. 2014년에, 당시 프로 농구팀 로스앤젤레스 클리퍼스의 소유자였던 도널드 스털링(D. Sterling)은 테이프에 담긴 인종 차별적인 발언으로 인해 미국프로농구협회(NBA)의 최고 관리자 아담 실버(A. Silver)에 의해 미국프로농구협회로부터 종신 추방을 당했다. 스털링의 발언은 미국프로농구협회 소속 선수 가운데 유색인 선수가 불균형적으로 많기 때문에 더욱 놀랍고 충격적이었다.

우리는 또한 제5장에서 엘리트 디비전 I 대학 대항 프로그램에서 장학금을 받는 운동선수 중 흑인이 불균형적으로 많고, 그런 운동 프로그램이 때때로 만들어내는 재정적 보상을 나눠 갖지 못하는 등의 착취를 당하거나, 혹은 불공정하게 대우를 받는다는 주장을 검토하였었다. 그러나 나는 그 주장의 설득력이 이 운동선수들에게 견실한 대학 교육을 받을 기회가 진정으로 주어지느냐 혹은 그렇지 않으냐에 달려 있다고 보기 때문에 우리가 이 주장을 전적으로 옹호해서는 안 된다고 생각한다.

일부 논자는 아프리카계 미국인 운동선수들의 성공이 교실에서의 성공보다 운동장 위에서의 성공을 더 높이 찬미함으로써 흑인 공동체에 악영향을 끼치고 있다고 주장한다. 또한, 어떤 사람들은 아프리카계 미국인들을 운동경기를 수단으로 성공적인 사람들로서 묘사하는 것은 결과적으로 흑인들을 주로 지적인 존재보다는 신체적인 차원에서 그 존재를 인식하는 고정관념을 재차 확인시켜주는 것이라고 주장하고 있다.[9]

내가 주장하고 있는 바와 같이, 우리가 운동의 성공만을 강조하면서 학업과 운동을 통합하지 못하면 운동선수의 교육을 소홀히 할 수 있다. 이것은 특히 재정이 빈곤한 학교의 경우 더욱 그럴 수 있다. 그런 학교의 학생들은 때때로 부모의 적절한 안내를 받지 못하고 특히 또래 압력에 쉽게 노출될 수 있다. 그런 경우, 어린 학생들은 옳건 그르건 운동경기를 미래의 성공을 향한 몇 안 되는 길 중의 하나로 생각할 것이다. 반면에, 만약 학교가 운동경기와 학업을 조화시키고자 강력히 노력한다면, 스포츠의 참가는 앞에서 보았던 바와 같이 운동장뿐만 아니라 교실에서도 성공을 촉진하는 데 활용될 수 있는 매우 유용한 도구가 될 수 있다.

더욱이, 우리는 운동 능력과 지적 능력 — 신체를 통한 표현과 정신을 통한 표현 — 의 소위 이원론이라는 것을 의심해 보아야 한다. 특히, 스포츠는 신체적 기술의 경기지만, 그것이 곧 스포츠란 '단순히' 신체적 기술의 경기라는 것을 말하지는 않는다. 이미 앞에서 논의했던 바와 같이, 스포츠에서의 성공은 현명한 결정을 내리는 것을 포함한 아주 복잡한 전략의 활용과 헌신, 압박감 속에서의 냉정함, 그리고 기꺼이 비판으로부터 배우고 결과적으로 더 나아지고자 하는 의지와 같은 미덕의 실천이 뒤따라야 한다. 따라서 운동 능력과 지적 능력을 서로 극명하게 구분하는 것은 경쟁적인 운동경기에서 어떤 능력이 실제로 작용하는지를 곰곰이 생각해 보면 별로 도움이 되지 않을 것이다. 흑인 운동선수들은 그들의 인종이 지적 기술보다는 신체적 기술이 더 나은 경향이 있기 때문에 뛰어나다는 주장은 특히 이런 이유에서 터무니없는 것이다.

마지막으로, 꼽힐 수 있는 여러 선수 가운데 몇 사람만 예로 든다면, 올림픽 스타 윌마 루돌프(W. Rudolph), 권투선수 무하마드 알리(M. Ali), 메이저리그 야구 선수 재키 로빈슨(J. Robinson)과 최근의 어니 뱅크스(E. Banks), 그리고 미국프로농구협회의 팀 던컨(T. Duncan)과 같은 흑인 운동선수들은 운동경기를 초월하여 우리 모두에게 유익할 수 있는 도덕적 미덕을 보여주는 본보기가 된다는 점에서 역할 모델이 되고 있다.

이러한 개략적인 지적은 비록 인종 평등을 향한 중요한 진보가 스포츠를 통해 꾸준히 이루어져 오긴 했지만, 인종적 적대감과 편견이 스포츠 세계에서 완전히 사라지지 않았다는 것을 시사해 준다. 그러나 설령 현대 스포츠의 역사가 인종적 평등의 진보에 대해 긍정적 측면과 부정적 측면이 뒤섞인 모습을 보여주고, 또한 인종 평등과 관련한 스포츠의 의의가 논란의 여지가 있다 하더라도, 운동경기의 윤리는 배제나 인종 차별이 아닌, 포함과 평등을 지향하고 있다.

탁월함을 향한 탐색에 참여한 운동선수들은 시합에 참여한 모든 사람을 위해 최선의 도전을 새로 만들어낼 수 있도록 경쟁할 만한 가치가 있는 상대와 맞서고, 고도로 기술을 연마한 팀 동료들과 함께 경기하기를 원해야 한다. 인종과 같이 운동과는 무관한 특징 때문에 어떤 선수를 배제하는 것은 이런 원리를 위반하는 것이다.

이 점은 스포츠 윤리란 것도 더욱 일반적인 윤리적 원리에서 유리되거나 마치 다른 도덕적 경험 세계에 있지 않다는 것을 보여주는 것이다. 예컨대, 상호 부조론은 동료 경쟁자를 인간으로서 존중하고 경쟁에서 전반적인 공정을 추구하는 것과 같은 보다 넓은 도덕적 원리에 기초하고 있다. 우리의 논의는 그런 가치들이 경쟁 스포츠에 어떻게 적용될 수 있는지를 보여주는 것이라 할 수 있을 것이다.

스포츠에서 인종 차별적인 비방으로 사용하지 않도록 워싱턴 레드스킨스, 클리블랜드 인디언스, 노터데임 파이팅 아이리시와 같은 팀 별명을 변경해야 하는가?

이 문제는 상당히 논란이 되었는데, '레드스킨스'는 그런 논란의 한가운데에 있다. 많은 사람은 그 용어가 인디언들과의 전쟁, 가죽을 벗기는 관습, 그리고 미국 역사에서 오랫동안 그들을 악마로 만든 것까지 거슬러 올라가는 인종 차별적인 비방에서 유래한다고 생각한다. 반면에 어떤 학자들은 백인들뿐만 아니라 인디언들도 그 용어를 사용하였다고 하면서 그 용어의 기원을 호의적인 차원에서 이해한다.[10]

아무튼, 많은 인디언 집단을 포함하여 한쪽은 그 별명을 그들을 향한 하나의 비방으로 인식하는 반면, 대부분의 워싱턴 팬은 그것을 그 팀과 연관된 전통의 근거뿐만 아니라 인디언들을 존중하는 하나의 방식으로서 옹호한다.

'레드스킨스'라는 용어의 유래가 어떻든 간에, 그 말은 미국의 일부 지역에서 여전히 심각한 차별에 직면하여 있고 억압과 잔혹한 폭력으로 점철된 과거의 짐을 견뎌내고 있는 많은 인디언에게는 단순히 하나의 비방으로만 들리는 것이 아니라 그런 기억을 떠올리게 하는 용어로 여겨진다.[11] 사실, 여러 사전에서는 그 용어가 모욕적인 것으로 언급되어 있다. 나는 이 책을 읽는 독자들에게 만약 여러분이 소속된 집단을 부르는 방식, 그리고 여러분이 모욕을 당한다고 생각되는 방식이 어떤 스포츠 팀의 별명으로 사용되고 있다면 어떤 기분이 들지 묻고 싶다. 또한, 깃털이나 북 같은 팀 마스코트로 사용되고 있는 많은 상징은 아메리카 원주민들의 종교적 의식에서 사용되었던 것이다. 다시 말하지만, 우리 각자는 우리 자신의 종교적 상징이나 성상이 스포츠 행사에서 응원을 위한 도구로 사용되기를 원하는가?

어쨌든, 내가 제안하고자 하는 것은 '레드스킨스'와 같은 경멸적인 용어의 사용이 특히 도덕적 관점에서 볼 때 문제가 있을 수 있다는 것이다. 나는, 노테데임 대학의 애칭인 '파이팅 아이리시'처럼, 별명이 때로는 비방(이 용어가 애초에는 아일랜드 사람들이 술주정뱅이였다는 것을 암시함으로써 그들에 대한 편견을 표현하는 데서 유래했을 수 있다)에서 지금은 거의 틀림없이 자긍심의 원천이 되는 것처럼 변화될 수 있다는 것을 부정하지 않는다. 그러나 분명히 '레드스킨스'의 경우는 그와 다르다.

클리블랜드 인디언들과 캔자스시티 치프스처럼 다른 별명들 또한 아메리카 원주민을 지목하지만, 그것들은 거의 분명히 '레드스킨스'로 상기되는 것과 같은 그러한 경멸적인 의미를 연상시키지는 않는다. 그런데도 이런 유형의 문화적 도용은 비방이나 경멸적인 용어의 사용을 둘러싼 것과는 또 다른 도덕적 문제를 일으킨다. 비록 정치적 정당성(차별적인 언어 사용·행동을 피하는 원칙)이 때로는 우리를 잘못된 방향으로 이끌 수 있다 하더라도, 나는 우리가 고정관념으로 생각할 수도 있는 집단에 대해 모욕적일 뿐만 아니라 그 집단 구성원에 대해 차별을 조장할 수도 있는 표어, 별명, 구호를 사용하여(예를 들어, 아메리카 원주민들이 토마호크라는 도끼를 내리찍던 동작을 원용한 '토마호크 촙'을 응원가로 사용하여 인디언들을 호전적인 사람들로 묘사하는 것과 같은) 소수를 공격하는 힘 있는 다수의 윤리에 대해 의심해 보아야 한다고 생각한다.[12]

우리는 경쟁 스포츠에 대한 윤리적 접근의 아래에 놓여있는 핵심 가치 중의 하나가 가치 있는 상대이자 동료 경쟁자로서 인간에 대한 존중과 공정하고 정중하게 대우받아야 할 정당한 권리를 가진 우리 자신과 같은 인간으로서 존중하는 것임을 알고 있다. 우리는 권력을 장악한 다수의 사람들이 보다 취약한 위치에 있는 사람들을 무례할 뿐만 아니라 다른 사람들의 모욕적인 고정관념에 의존하고 있다는 점에서 편견을 드러내는 것일 수도 있는 방식으로 대우하는 것이 과연 그러한 규범을 준수하는 것인지 자문해 볼 필요가 있다.

엘리트 스포츠는 상품화되었는가, 그리고 이는 경기의 순수성을 해치고 있는가?

엘리트 스포츠, 특히 프로 수준에 있는 스포츠는 수백만 명의 팬을 즐겁게 해주며 결과적으로 하나의 커다란 사업이 되었다. 프로 구단의 소유권은 때로는 수억 달러 혹은 그 이상으로 평가되고, 선수들과 코치들의 급료는 수백만 달러로 치솟았다. 심지어 미국대학체육협회(NCAA) 디비전 I의 남자 농구 토너먼트는 대학 대항 수준의 경기임에도 회사 동료들끼리 하는 사무실 내기 도박부터 온라인 경연에 이르기까지 경기를 관람하면서 승자를 알아맞히는 대회에 참가하는 엄청난 인원의 팬을 확보한 미국의 연중 주요 스포츠 행사 중의 하나이다. 대학 미식축구 볼 경기(bowl games)는 관련 기관들과 그 경기가 개최되는 지역 공동체의 큰 사업이며, 북아메리카 프로 미식축구 리그(NFL) 경기, 그 중에서도 특히 슈퍼 볼(Super bowl)은 미국 스포츠 일정에서 최고 주요 행사로 꼽는다. 영국의 경우 축구의 메이저리그에 해당하는 프리미어 리그는 선수들이 거액의 연봉을 받고, 다양한 상품을 홍보하는 대가로 거액의 수수료를 받는 하나의 주요 사업이며, 팀들은 입장권 판매뿐만 아니라 상품 판매와 방송 매체를 통해 엄청난 수익을 벌어들인다. 프리미어 리그는 세계에서 가장 많은 사람이 관람하는 축구 리그로, 6억 가구 이상과 앞으로 열렬한 팬이 될 가능성이 있는 40억 명의 텔레비전 시청자들에게 중계되는 것으로 알려졌다.[13] 결과적으로, 인기 있는 스포츠는 시장에서 판매될 수 있고 이익을 위해 계속 유지될 수 있는 하나의 상품이 되었다. 이러한 현상은 스포츠를 위해 좋은 일인가 나쁜 일인가?

하버드 대학 철학자 마이클 샌델(M. Sandel)은 너무 지나친 시장 확장, 소위 말하는 '상업화'가 지닌 위험에 대해 호소력 있는 글을 썼다.[14] 그는 어떤 상품이 금전적 가치를 지니게 되고 시장에서 가장 높은 가격을 제시한 사람에게 팔리게 되면, 그들의 사회적 중요성이나 의미는 종종 우리의 공동생활을 악화시키고 해를 끼친다고 주장한다.

우선 먼저 스포츠 밖의 사례를 생각해 보자. 오늘날 미국에서, 생존을 위해서 신장 하나가 필요한 중환자들은 호환이 가능한 기증자가 기꺼이 자발적으로 신장을 기증하기를 소망해야 한다. 건강한 사람은 두 개의 신장이 있으며 한 개의 신장만 갖고도 활동적이고 건강한 생활을 할 수 있지만, 이식이 가능한 신장의 공급은 생존을 위해 한 개의 신장 이식이 필요한 환자들의 숫자보다 훨씬 못 미친다.

이런 부족 사태를 해결하기 위한 하나의 방안은 잠재적 기증자들이 공개 시장에서 그들의 신장을 구매하길 희망하는 사람들에게 판매할 수 있는 체계를 갖추는 것이다. 이런 방안을 옹호하는 논거는 본래 공리주의적이다. 즉, 두 당사자는 거래를 통해 서로 이득을 볼 것이다. 구매자는 신장이 없어 건강이 위협받는 것보다 차라리 돈을 지급하고 신장을 이식받고자 할 것이다. 판매자는 보통은 여분이라 할 수도 있는 신장을 그대로 갖는 것보다 차라리 판매하여 돈을 벌고자 할 것이다.

비록 그런 방안이 매력적이고 또한 정당화될 수 있다 하더라도, 모든 것을 고려해 볼 때, 그것은 또한 심각한 반대에 직면하게 된다. 하나는 공정성과 분배 정의에 기반을 둔 것이다. 부자들은 절망적으로 신장이 필요하지만 돈이 별로 없는 사람들보다 더 비싼 값을 제시할 것이며, 반면에 판매하고자 하는 최고의 유인 동기를 가진 사람은 대개 가난한 사람들일 것이다. 비평가들에 따르면, 가난한 사람들은 부유한 사람들을 위한 사실상 장기 농장에 해당하는 장기 기증자 부류로 전락할 것이다. 이런 비판을 피하기 위해서는 경제적으로 별로 여유가 없는 사람들이 장기를 구매할 수 있도록 그들에게 국고 보조금이나 자선 기부금을 제공하는 등 시장에서의 신장 판매 방식을 변경할 수 있을 것이다. 그러나 시장이 윤리적으로 의미 있는 행위의 사회적 의의를 어떻게 붕괴시키는지에 대한 다른 비판으로 시선을 돌려보자.

현재, 신장을 기증하는 행위는 다른 사람의 곤경에 대한 연민을 필요로 하고, 용기를 요구하는, 그리고 상호 원조가 하나의 공인된 사회적 규범인 공동체의 구성원으로서 우리를 하나로 결합해 주는 의의를 지닌다. 하지만 우리는 신장을 사고파는 시장이 신장 기증을 개인적 이익 추구로 전락시킴으로써 그러한 행위의 의의를 변질시킬 것이라고 주장할 수 있을 것이다. 사실, 생명을 구하는 장기를 시장에서 판매하는 것이 사회적 규범인 세상에서는 기증자가 공동체의 자비로운 구성원으로서 보다는 다른 사람들이 자신을 이용하도록 허용하는 바보나 '표적'으로 보일지도 모른다. 이득이 적절한 범위를 넘어서는 세상에서는 신장 기증의 윤리적 의의가 그 원형을 찾아볼 수 없을 만큼 붕괴될 것이다.

독자들은 이것이 스포츠에 어떻게 적용되는지 궁금할 것이다. 세간의 관심이 높은 스포츠들이 탁월함을 향한 탐색과 같은 내적 가치보다는 시장에 의해 규제되는 하나의 사업이 될 경우, 그의 내적 가치는 근본적으로 훼손되거나 상실될 위험이 있다. 몇 가지 사례를 검토해 보자.

농구는 선수들의 신체적 훈련이 성공에 결정적일 만큼 끊임없이 움직이는 것이 매력인 경기이다. 그런데 텔레비전 매체에서 광고를 내보내기 위해 도입된 '텔레비전 타임-아웃'은 시합의 탄력을 떨어뜨릴 뿐만 아니라 전략을 수시로 바꿔가며 경기를 할 수 있을 만큼 훈련을 받아 그런 휴식 시간이 불필요한 선수들의 노력을 평가절하 시킨다.

샌델은 주요 스포츠 경기장의 이름이 특정 도시나 팀의 이름 혹은 한 개인을 기리는 이름에서 스포츠에 대한 기업의 참여를 알리는(그리고 홍보하는) 이름으로 변경되는 사례를 든다. 게다가 포스트시즌 챔피언십 티켓 가격은 흔히 높게 치솟는다. 이런 관행은 많은 충직한 팬을 스포츠 시장에서 멀어지게 할 뿐만 아니라 열의가 떨어지거나 그 스포츠에 대한 지식이 별로 없는 이전과는 다른 팬들이 큰 행사에 참여하게 됨으로써 역동적인 관중과 경기의 분위기를 바꿔버릴 수 있다.

팀이 그룹의 챔피언십을 결정하기 위해 서로 경쟁하는 슈퍼 콘퍼런스 또는 리그에 참여하도록 기관들이 전통적인 경쟁을 포기함에 따라 세간의 관심이 높은 엘리트 대학 스포츠 또한 영향을 받는다. 전국적인 추종자를 가진 최고의 엘리트 경쟁자들로 구성된 슈퍼 콘퍼런스는 많은 관중에게 다양한 수준의 기술과 매력을 가진 팀들로 구성된 리그에 비해 텔레비전에서 더 많은 돈을 벌고 그들의 팀에 대한 세간의 관심을 더 많이 확보할 수 있다. 그러나 때로는 국가적 규모에 이르는 이런 슈퍼 콘퍼런스의 형성은 특정 지역의 선수들과 팬 모두에게 특별한 관심이 있는 지역 기관 간의 전통적인 대항이나 경기 일정을 많이 줄이는 결과로 이어질 수 있다.

물론, 그 위험은 스포츠가 점점 더 하나의 사업이나 오락으로 전락함으로써 훌륭한 스포츠에 있어서 아주 중요한 중심적인 가치들이 사라지거나 약화될 수 있다는 것이다. 팬들이 더 이해하기 쉽도록 그리고 더 많은 오락적 가치를 끌어내기 위해 경기가 '지나치게 단순화'될 수 있다. 어쩌면 메이저리그 야구에서 오직 타격만 하고 수비를 하지 않는 지명 타자의 도입이 하나의 사례가 될 것이다. 이 지명 타자는 더 많은 공격을 유발하고 고득점 게임을 보고 싶어 하는 팬들의 기대를 충족시키기 위해 일반적으로 타격에 약한 투수를 대체한다. 이 규칙은 더 많은 점수와 더 많은 홈런을 나오게 하지만, 한 번의 대체 타자인 대타자를 그 경기에 집어넣고 투수를 뺄 것인가와 같은 전략적 선택을 없앰으로써 경기의 묘미를 떨어뜨린다. 최악의 경우, 스포츠는 점점 더 프로레슬링처럼 될 수도 있다. 그 경기는 아마도 실제 경기에 앞서 쓰인 오락 각본으로 대체될 수 있을 것이다. 나는 최근에 프로 농구 경기를 관람한 적이 있는데, 큰 소리를 내는 아나운서, 경기가 진행되는 동안 울린 요란한 음악, 선수들의 활동 동작만큼이나 광고나 팬들의 모습을 보여주는 대형 화면 같은 경기 외적 요인들이 코트 위의 실제 활동을 너무 압도하는 것 같아 매우 실망하였다.

더욱 중요한 것은, 텔레비전과 인터넷이 우리가 생활하는 어느 곳에나 스포츠를 존재하게 했다는 것이다. 만약 팬들이 주요 스포츠 시합을 보고자 원한다면, 그들은 보통 대중매체의 일부 형식을 통해 실제 행동을 보거나 따라 할 수 있는 방법을 찾을 수 있다. 흔히 게임 형식인 판타지 스포츠는 팬들이 그들의 판타지 팀의 대표 선수를 선정하고 그들의 팀이 어떻게 수행하느냐에 따라 승패가 결정되도록 함으로써 한층 더 스포츠에 몰두하게 하는 수백만 달러의 산업이 되었다. 비평가들은 대중매체가 게임에 한층 더 많은 기회를 제공했을 뿐만 아니라 탁월함을 향한 상호 탐색으로서 스포츠의 이상 또한 이익의 추구로 뒤덮어버렸다고 비판한다.

스포츠 상업화의 이점, 특히 대중매체에 편승한 엘리트 스포츠의 높은 인기로 인한 이점은 무엇인가?

시장은 많은 장점을 갖고 있다. 시장은 많은 경우에 능률적일 뿐만 아니라, 개인이 그들의 자원이나 수입을 자신이 적절하다고 생각하는 대로 할당하는 것을 허용함으로써 개인의 선택을 존중한다. 그러나 스포츠의 상업화에 대해 비판적 입장을 가진 사람들이 반대하는 것은 시장 그 자체가 아니다. 앞에서 보았던 바와 같이, 그보다는 시장 가치 평가에서 면제되어야 하는 상품에 대한 확장이다.

상업화에 대해 비판적인 사람들이 스포츠가 순수 오락으로 변하는 위험을 경고할 때 거기에 스포츠 구단들의 주요 혹은 유일한 목적이 이윤을 얻는 데 있다고 하는 것은 분명히 일리가 있다. 물론 스포츠의 상업화 또한 다양한 방식에서 성과가 있었다. 우선 첫째로, 미디어는 1950년대와 1960년대까지는 알려지지 않았던 방식으로 대중에게 유용한 스포츠 행사를 제공했다. 예를 들면, 내가 자랄 때 우리가 메이저리그 야구팀의 홈 가까이 살지 않으면, 우리는 경기를 보기 위해 수백 마일을 여행하거나 재주껏 라디오 중계방송을 들어야 했다. 지금은 사실상 모든 주요 스포츠의 경기를 텔레비전에서 볼 수 있으며, 판타지 스포츠 리그는 하나의 주요 사업이 되었다.

게다가, 경기를 단지 텔레비전을 통해서만 접할 수 있는 것도 아니며, 주요 스포츠는 일부 규정을 바꿔서 경기를 더욱 재미있고 훌륭하게 만든다. 즉, 경기를 더 잘 팔리게 하는 것은 때로는 경기를 더 훌륭하게 만든다. 농구에서 공격하는 팀이 슛하지 않고 공을 잡고 있을 수 있는 시간을 제한하는 샷 시계의 도입은 교묘하게 시간을 버는 것을 막아 빠른 속도의 경기를 가능하게 할 뿐만 아니라 팀이 경기에서 이기고 있을 때도 그저 공을 잡고 있기보다는 그들이 가진 모든 기술을 시험하도록 유도한다. 이와 마찬가지로, 비록 메이저리그 야구에서 지명 타자 규정이 경기의 묘미를 떨어뜨리고 있다는 비판을 받고 있긴 하지만, 그 규정은 아무래도 타격에 약한 타격 투수가 노련한 투수에게 압도당하는 재미없는 광경을 차단할 수 있다는 옹호를 받을 수 있다.

더욱이, 여러 관전자가 지적하였듯이, 스포츠는 하나의 도덕적 실험실 혹은 적어도 우리가 도덕적 문제를 고려해 볼 기회를 얻는 하나의 공공장소로 볼 수 있다. 예컨대, 세간의 관심이 높은 스포츠에 대한 대중매체의 보도는 도덕적 문제를 대중에게 곧바로 던져준다. 스포츠의 테두리 안에서는 정치 분야의 뜨거운 쟁점처럼 그렇게 격렬하게 하지 않아도 논란의 여지가 있는 문제에 대해 논쟁할 수 있다.

예를 들면, 북아메리카 프로 미식축구 리그(NFL)에서 있었던 디플레이트게이트 추문은 부정행위와 게임스맨십을 분명하게 구별하는 데 도움이 되었다. 우리가 이미 보았던 바와 같이, 전자는 경쟁 우위를 차지하기 위해 공공 규범 체계를 임의로 위반하는 것을 의미하는 반면에 후자는 보통 그 스포츠에 적용되고 있는 규칙이나 원리를 위반하지 않는 행위로 상대의 정신력과 집중력을 시험하고자 하는 시도와 관련된다. 플레이오프 경기에서 패트리어츠가 사용했던 미식축구공의 바람을 뺀 불법적 행위가 의도적이었느냐 아니었느냐와 상관없이, 그리고 혹여 스타 쿼터백 톰 브래디(T. Brady)가 그에 연루되었다면 그 정도가 어느 정도인지와 무관하게, 그 사건은 진실성과 스포츠맨십이라는 문제를 세인의 눈에 띄게 해주었다.

우리는 상업화되고 있는 스포츠에 대해 비평가들이 제기한 부패의 위험을 최소화하면서 그의 긍정적인 면을 어떻게 보존할 수 있는가?

비록 스포츠가 전반적으로 점점 더 시장 지향적이 되고, 광범위한 매체를 통해 대규모로 홍보되는 혜택을 누리게 되면서 스포츠를 가치 있게 만드는 윤리를 유지하는 것이 어렵다고 하더라도, 우리는 그러한 균형을 유지하는 방법을 찾을 수 있을 것이다. 이것은 예를 들자면 프로리그 협회 회장들, 미국대학체육협회, 국제올림픽위원회 같은 스포츠 당국, 그리고 골프 같은 스포츠의 행정 기구들에 달려 있을 것이다. 그들은 자신들의 규제 아래에 있는 스포츠의 순수성을 보존하는 특별한 기능을 갖는다.

개인으로부터 여러 팀에 이르는 엘리트 스포츠의 경쟁자들은 누구나 그들에게 사용이 허용된 모든 수단을 활용하여 승리와 재정적 및 개인적 보상을 추구하고자 한다. 홉스(Hobbes)가 우리는 자연의 상태에서 만인의 만인에 대한 투쟁을 통제할 통치자가 필요하다고 했듯이, 스포츠 당국이 스포츠의 도전을 확실히 보존하기 위해서는 성공에 대한 경쟁적인 투쟁을 통제할 필요가 있다. 골프에서 경기에 대한 국제적 표준을 세우는 두 조직인 미국골프협회(USGA)와 영국왕립골프협회(R&A)가 경기에 관한 기술공학적 혁신의 효과를 엄격하게 시험하여 장비를 규제하는 것은 바로 그런 까닭에서이다. 다른 스포츠의 경우를 보면, 2008년에서 2009년에 수영 선수들에게 활력을 불어넣어 주었던 폴리우레탄 전신 수영복과 네오프렌 슈트와 같은, 스포츠의 도전을 심각하게 격하시키는 장비가 2010년부터 관련 행정 기구에 의해 금지되었다.

스포츠 당국은 그때 그들의 스포츠의 순수성을 보호하는 데 있어서

신탁 역할을 맡는다. 미국 법무부와 스위스 당국이 2015년에 국제축구연맹(FIFA)의 고위직 관리들에 대해 광범위한 부패의 책임을 물어 고발했을 때 그렇게 충격적이었던 것도 그런 이유 중의 하나이다. 만약 이들 혐의가 사실이라면, 고발을 당한 관리들은 '아름다운 경기'를 보호하고 그것이 더욱 번창하는 데 도움을 주기보다는 그들 자신의 호주머니를 채우는 데 더 많은 관심이 있었다.

어쨌든 주요 스포츠의 행정 기구들 또한 일반 대중이 좋아하는 상품을 내놓는다는 미명 아래 경기의 가치를 떨어뜨리는 과도한 상업화로부터 스포츠를 보존할 윤리적 책무가 있다. 예컨대, 미국프로농구협회(NBA)의 최고 관리자는 선수들의 빈번한 부상을 줄이기 위한 노력의 하나로 정규 시즌의 경기 수를 줄이는 것을 고려했을 수도 있다. 같은 맥락에서, 비록 상대에게 부상의 위험을 가하는 거친 반칙이 미국프로농구 경기를 관람하는 일부 관중에게는 흥미를 줄지도 모르지만, 아마도 선수들에게 그들의 예술적 기교와 운동에 대한 열정을 보여줄 기회를 더 많이 제공하기 위한 목적에서 규정의 변화를 꾀하는 것은 좋은 일일 뿐만 아니라 경기에도 또한 도움이 될 것이다. 때문에, 스포츠의 상업화는 손실도 있고 이점도 있다.

스포츠가 흔히 참가자들과 관중들에게 똑같이 즐거움을 주지만, 그렇다 하여 스포츠가 단순한 오락으로 전락되어서는 안 된다. 스포츠가 애초에 인간의 마음을 사로잡는 능력을 지니게 된 것은 그 안에 정직성과 그 자체의 본질적인 핵심 가치를 지니고 있기 때문이다.

운동선수들은 역할 모델이 되어야 하는가?

스포츠의 상업화는 그의 가치를 오락으로 강화하였다. 여러 대중매체에서 주요 스포츠를 다룸으로써 많은 정상급 운동선수의 이름이 세상에 널리 알려지게 되었다. 비록 최고의 운동선수들에 대한 흠모가 새로운 현상이 아니며, 호머(Homer)의 『일리아드 *Iliad*』에 기술된 바와 같이 이미 고대 그리스에서 등장하였지만, 대중매체는 경쟁 스포츠의 정상급 선수들을 우리의 가정으로 그리고 올림픽 경기나 월드컵 같은 그런 시합에서의 최고의 선수들을 전 세계 시청자 곁으로 데려왔다. 아킬레스(Achilles)와 같은 고대 그리스의 최고의 운동선수들은 중요한 미덕의 전형으로 여겨졌는데, 오늘날의 정상급 운동선수들도 그들의 명성과 부에 따른 의무나 도덕적 책무가 있다고 보아야 하는가? 오늘날의 엘리트 운동선수들은 단순히 연예인인가, 그들 또한 그들의 지위로부터 발생하는 특별한 도덕적 책임을 받아들여야 하는가? 그리고 만약 그렇다면 운동경기 수행은 윤리적 책임과 어떻게 관련이 되는가?

전 미국프로농구협회 스타이자 현재는 방송진행자인 찰스 바클리(C. Barkley)는 "나는 역할 모델이 아니다 … 내가 농구를 할 수 있다는 것이 곧 내가 여러분의 자녀를 키워야 한다는 것을 의미하지 않는다는 바로 그 이유 때문이다."라는 유명한 말을 하였다. 그러나 우리가 보았듯이, 스포츠에는 본래 가치가 내재되어 있다. 그렇다면, 운동선수들의 사회적 책무가 함축하고 있는 것은 무엇인가?

바클리는 자신의 생각을 밝히고자 농담 삼아 두 가지 서로 다른 문제를 하나로 합친 것이다. 우리가 단지 역할 모델이라고 해서 그것이 곧 우리가 또한 다른 사람의 자녀를 키우는 책임을 지게 된다는 것을 함축하지는 않는다는 것이다. 특별히, 우리는 다른 측면에서 역할 모델일지 모른다. 예컨대 만약 어떤 과학자가 증거를 공정하고 사려 깊게 고려하며 서둘러 결론에 이르지 않는다면, 그 사람은 탐구를 수행하는 방식에 있어서 훌륭한 모델일 수 있겠지만, 어떻게 훌륭한 부모가 되는가와 같은 다른 분야에서는 역할 모델이 아닐지도 모른다. 더욱이, 사려 깊은 그 과학자는 학생들에게 훌륭한 역할 모델이 될 수 있겠지만 어쩌면 응급 시에 최소의 증거에 근거하여 빠른 결정을 내려야 하는 사람들에게는 그렇지 않을 수도 있을 것이다. 그래서 역할 모델이 된다는 것은 모델이 되는 사람들, 그들을 본보기로 삼는 집단, 그리고 그 집단이 본보기로 삼는 측면이나 특징이라는 세 가지의 변수를 포함한다. 위에서 언급한 예의 과학자는 계속된 연구와 비판적 탐구에 관여하는 학생들이나 다른 사람들에게 증거를 평가하는 데 있어서 공정성과 신중함의 본보기를 보여준다. 이와 마찬가지로, 교실의 교사들은 그들의 학생들에게 논란의 여지가 많은 주제에 대해 상대방의 인격을 무시하지 않고 예의가 있으면서도 강력하게 논쟁하는 방법과 관련하여 본보기가 될 수 있을 것이다.

우리가 운동선수들이 역할 모델인가 혹은 역할 모델이어야 하느냐고 물을 경우, 우리는 그들이 본보기가 되어야 하는 집단과 그 집단이 모방하고자 하는 측면을 구체화해야 할 필요가 있다. 우리의 논의가 주제에서 벗어나지 않도록, 운동선수는 경쟁에서 어떻게 처신해야 하는지와 관련하여 아동들과 청소년 운동선수들의 모델이 되어야 하는가에 초점을 맞추자. 이것은 아동들이 어떻게 생활해야 하는지와 관련하여 그들이 모든 면에서 본보기가 되는 모델의 역할이 아니라, 찰스 바클리가 말했던 바와 같이, 단지 경쟁자들로서 그들의 행위에 초점을 맞춘다.

분명히, 만약 운동선수가 경기 중에 싸움하거나, 팀 동료를 공개적으로 비방하고 당황스럽게 하거나, 혹은 코치의 합리적인 주문을 거역하는 등 좋지 않게 처신했다면, 그는 나쁜 역할 모델이 될 것이다. 아마도 더 중요한 것으로, 그들은 부정행위를 하거나, 의도적으로 상대를 다치게 하고, 특히 터무니없는 게임스맨십 행위를 함으로써 운동경기의 중심에 있는 가치를 훼손할 수 있다.

옳든 그르든, 아동들과 청소년들은 그들이 좋아하는 스타 운동선수를 우러러보며 그들을 따라 하고자 한다. 톰 브래디(T. Brady)의 디플레이트게이트 추문의 연루 가능성이 가슴 아픈 이유 중의 하나도 그런 점 때문이며, 만약 그것이 사실이라면, 그의 처신은 그를 칭송하며 따르는 많은 젊은 운동선수의 기대를 저버리는 것일 수 있다. 그것은 부정행위를 저지르기 위해서 다른 사람들에게 적용되는 규칙을 자기 멋대로 자기 자신만 예외로 하는 것은 괜찮다는 생각을 지지하는 것이다(물론, 브래디의 지지자들은 일부 그럴듯한 이유로 그가 결백하다고 생각할지 모른다. 그리고 그들의 관점에서 보면 옳을 수도 있다).

따라서 만약 우리가 운동경기는 탁월함을 향한 상호 탐색과 같은, 혹은 적어도 홉스(Hobbes)의 만인의 만인에 대한 파괴적인 투쟁과는 다른 것으로서 최선으로 수행되어야 한다는 의견을 받아들인다면, 운동선수들은 그들의 관습에 내재되어 있는 핵심 가치를 준수할 특별한 책무를 갖는다. 교수들이 그들의 분야에서 논란의 여지가 많은 문제에 대해 자신의 입장을 밝힐 때 그에 대한 증거를 제시할 특별한 의무가 있듯이, 운동선수들은 공정성과 탁월함과 상대에 대한 존중의 가치를 유지해야 할 책무가 있다.

운동선수들이 적어도 경기장에서 스포츠맨십의 기본적인 규범을 보호하고 따르는 최소한의 역할 모델이 되어야 한다고 말하는 것은 비교적 논란의 여지가 적을 수 있다. 그들이 경기장 밖에서 역할 모델이 되어야 하는 어떠한 특별한 책무가 있는지는 여러 논란이 있을 수 있다. 이것은 아마도 찰스 바클리가 자신은 역할 모델이 아니라고 주장했을 때 언급하고 있는 바와 같을 것이다. 분명히, 운동선수가 폭력적이고, 범죄를 저지르거나, 아니면 다른 사람들에게 폭력을 행사하는 것은 잘못된 일이다. 그러면 그들은 기본적인 도덕적 규범을 넘어서서 지켜야 할 의무가 있는가, 다시 말해서, 그들은 무슨 특별한 사람이 되어야 할 필요가 있는가?

분명한 것은 이런 질문에 대한 그 어떠한 대답도 이런저런 논쟁거리가 될 수 있다는 것이다. 그러나 하나의 비유가 우리의 생각을 집중하고 논의를 진전시키는 데 도움이 될 것이다. 우리가 앞에서 예로 들었던 것으로, 자기 자신의 결론에 이르기 전에 과학적 차원에서 논쟁적인 문제의 모든 측면을 공정하게 평가하고 제시하는 사려 깊은 과학자로 되돌아가 보자. 그런데 그칠 줄 모르고 계속되는 문제에 대한 논쟁을 모든 측면을 존중하며 진행하는 것으로 유명하며 심지어 상도 받았던 이 과학자가 한 사람의 부모, 배우자, 혹은 친구로서는 그와 정반대의 방식으로 행동한다고 가정해 보자. 즉, 그는 어떠한 확고한 증거도 없이 다른 사람들의 최악을 생각하고, 뚜렷한 이유도 없이 가족을 의심하며, 실제로 농구의 규칙이나 전략에 대해 거의 문외한이면서도 자기 자녀의 농구 경기 심판들에게 무자비하게 야유를 퍼붓는다. 그런 행위들로 미루어 볼 때, 그는 위선적일 뿐만 아니라 그가 직업적으로 옹호하는 신중함과 공정성의 가치를 훼손하고 있다. 확실히, 그는 일종의 도덕적 조현병적 행동을 하는 사람일 뿐만 아니라 자신이 중요한 것으로 간주하고 그가 지지할 만한 충분한 이유가 있는 가치를 공개적으로 경멸하는 사람이다.

다른 사람을 학대하고, 범죄를 저지르거나 아니면 다른 방법으로 나쁘게 행동하는 운동선수는 틀림없이 같은 문제를 안고 있다. 그들은 운동선수로서 상대가 같은 인간임을 인정하고 그들을 같은 인간으로서 대우해야 하며, 그들의 스포츠에 적용되는 규칙과 원리를 준수하는 것을 옹호해야 한다. 사실, 운동선수들은 흔히 스스로 기술 증진을 위해 분투하고, 압박감 속에서도 냉정함을 유지하며, 그들의 팀에 상처가 되는 도발에 대응할 때 경기에서 퇴장당하는 결과를 빚지 않도록 화를 삭이는 등 경기장에서 스포츠의 본질적 가치를 구현함으로써 개인적으로 교훈을 체득한다.

만약 그들이 경기장에서 그런 특질을 구현함으로써 존경받는다면, 그것은 그런 특질을 또한 경기장 밖에서도 드러내야 하는 하나의 특별한 책임을 함축하고 있는 것은 아닐까?

어쩌면 다음과 같은 원리를 고려해 볼 만하다. 즉, 만약 우리가 어떤 정황에서 특정한 덕을 행동으로 보임으로써 결과적으로 우리 자신에게 이득이 되었다면, 우리는 모든 조건이 같을 경우 다른 정황에서도 마땅히 그런 가치를 존중하고 옹호해야 할 것이다.

이 원리는 어떻게 지지를 받을 수 있을까? 한 가지 제안은 만약 다른 사람, 특히 어린 사람이 경기장에서 본 여러분의 도덕적인 행동을 따라하고 때때로 그 결과로 더 나은 자신으로 성장하게 된다면, 여러분이 다른 맥락에서 바로 그 똑같은 가치를 거부하거나 훼손하여 여러분을 우러러보며 따르고자 하는 사람들의 선한 의지에 상처를 주는 것은 잘못이라는 것이다. 위선적인 과학자의 사례에서처럼, 그런 상충하는 행동은 그런 가치에 대한 여러분의 헌신을 의심하게 한다. 어린 운동선수들은 여러분의 경기장 밖의 행동을 보고 여러분이 보여주었던 경기장에서의 품격 있는 행동들이 그저 허울일 뿐이라고 판단할 것이며, 아마도 여러분의 진정한 모습은 경기장에서 품격 있게 행동하는 사람이 아니라 경기장 밖에서 못된 짓을 하는 사람이라고 결론지을 것이다. 그리고 그들은 분명히 여러분의 그런 못된 행동을 모방할 것이다. 바꿔 말하면, 특별한 명예에는 특별한 책임이 따른다.

경기장에서 일련의 가치를 본보여 주고 경기장 밖에서는 그와 다른 일련의 가치를 보여주는 운동선수들은 그런 가치에 대한 자신의 개인적인 헌신에 의문을 제기할 뿐만 아니라 다른 사람들이 그들에 대해 품고 있던 긍정적인 지지 또한 무너뜨릴 수 있다. 예를 들면, 앞의 사례에서 그 과학자의 자녀들은 학교에서 보이는 그의 신중함은 그저 개인적 성취를 위해 채택한 하나의 위선일 뿐이라고 믿을 것이며 아마도 그들이 따라 할 실제적인 가치는 '옳든 그르든, 우리 팀'일 것이다.

물론, 이런 논의는 잘해야 그저 복잡한 문제에 대한 임시적 접근일 뿐이다. 그것은 분명히 많은 반론에 부딪힐 수 있을 것이다. 예컨대, 만약 그 주장이 그 교수와 그 운동선수에게 같이 적용된다면, 한 집단으로서의 운동선수들이 다른 사람들에게는 지워지지 않는 역할 모델이 되어야 하는 '특별한' 의무를 지닌다는 것을 어떻게 입증할 수 있다는 것인가? 하나의 임시적인 대답은 운동선수들은, 비록 그들만 유일하게 그러는 것은 아니지만, 세간의 주목을 받는다는 점에서 그리고 그들의 플레이가 스포츠의 핵심 가치를 그런 대중에게 분명하게 보여주거나 표현하기 때문에 특별한 위치에 있다는 것일 수 있다. 특히, 주요 스포츠의 엘리트 운동선수들은 대중매체를 통해 널리 알려짐으로써 그에 편승하여 그들의 이름으로 내놓는 운동복 판매를 포함한 상업화를 통해 이득을 얻고 있다. 그런데 만약 그들이 상대에 대한 존중, 탁월함을 향한 관심, 기술 증진을 위한 전념과 같은 스포츠의 내적 가치에 대한 헌신을 보여줄 것으로 기대될 경우, 그들이 경기장 밖에서 다른 사람들을 경멸하는 등 그들이 경기 중에 보여주는 가치들을 일관적이고 꾸준하게 보여주지 못하면 틀림없이 항간의 시빗거리가 될 것이다.

우리의 논의는 운동선수들이 부모, 교사, 이웃, 그리고 코치들이 해야 할 역할 모델을 대신하는 사람이라거나 그런 사람으로 간주해야 한다고 말하는 것이 아니다. 여기서 제안하고자 하는 것은 운동선수들이 어린이나 청소년에게 있어 가장 중요한 역할 모델이 아니라, 종종 역할 모델로 간주되고 또한 역할 모델로 행동해야 한다는 것이다. 현명하고 애정이 있는 부모, 헌신적으로 몰두하는 암 연구자, 혹은 학생들을 격려하는 교사는 청소년들의 삶에 있어서 핵심 역할 모델이 될 수 있으며 또한 당연히 그래야 한다. 그렇다 하여 운동선수들은 이 방면에 있어서 어떠한 도덕적 책임도 없다거나 스포츠 스타로서의 그들의 지위가 어떠한 도덕적 책임도 수반하지 않는다는 건 결코 아니다.

그런데 스포츠의 핵심 가치는 항상 도덕적으로 건전한가? 이 책 전체에 걸쳐 당신 자신의 많은 논의가 지적하듯이, 스포츠가 잘못되었다는 것을 감안한다면, 이 가정 자체가 부적절하지 않은가?

이 질문은 중요하고 공정하다. 어쩌면 우리의 논의로부터 등장하는 스포츠의 관점은 너무 장밋빛에 젖은 것이어서 결과적으로 도덕적으로 왜곡될 수도 있다. 마지막 결론 장에서 그것을 좀 더 자세하게 살펴보자.

제 7 장

결론적 논평

제 **7** 장

스포츠의 핵심 가치는 항상 도덕적으로 타당한가?

상호 부조론자는 스포츠를 윤리적으로 옹호할 수 있는 것으로 그리고 심지어 인간 번영을 증진하는 것으로 묘사한다. 어떤 사람들은 다음과 같이 생각할지도 모른다. 이런 관점은 윤리적으로 옹호할 수 없는 덜 매력적인 스포츠의 핵심 가치에 대해서는 모르는 체하는 것은 아닌가? 이런 의문은 두 가지 방식으로 받아들여질 수 있다. 첫째, 그들은 '실제로 시행된' 스포츠가 상호 부조론에 의해 제안된 것을 포함하여 스포츠가 수행 '되어야' 하는 방법에 대한 윤리적 지침들을 제대로 준수하는지 여부를 물을 수 있다. 나는 우리의 논의가 이를 분명히 하였기를 바라는데, 경쟁 스포츠가 종종 주요 윤리적 검증을 통과하지 못하는 것이 분명해 보인다. 경쟁의 최고 목적으로 승리를 추구하고, 세간의 관심이 높은 엘리트 대학 대항 스포츠가 하나의 사업으로 변신하며, 주요 축구 경기에서 관중들이 인종차별 행위를 드러내고, 성을 차별하는 그런 문제들은 다양한 수준의 경쟁에서 현대 스포츠를 괴롭혀왔고 또한 지금도 계속되고 있는 문제 중 일부에 지나지 않는다.

그렇지만 우리는 논의를 통해 스포츠의 윤리적 실천에 있어서 그의 핵심이라 할 수 있는 기준들을 설정하고자 시도하였다. 이런 기준들은 만약 준수된다면 윤리적으로 옹호할 수 있는 스포츠의 개념뿐만 아니라 도덕적으로도 가치 있는 개념의 요소를 구성한다. 상호 부조론은 스포츠가 어떻게 윤리적으로 수행될 수 있는지에 대한 하나의 개념이다. 어쩌면 우리가 참여하였던 그런 종류의 비판적 논의는 아마도 도덕적으로 더욱 유리한 다른 접근들의 방어 또는 발달로 이어질 것이다.

그런데 이런 관점은 스포츠를 너무 장밋빛으로 바라보는 것은 아닌가? 도덕적으로 덜 매력적인 스포츠의 특징을 관습 그 자체와 쉽게 구분할 수 있는가? 아니면, 인간의 동기에 대한 일반적인 특징을 고려할 때, 그렇게 하는 것이 사실상 불가능한가? 존 러셀(J. Russell)은 스포츠가 단지 탁월함을 향한 상호 탐색만으로 구성된다기보다는 '의례적으로 하는 신체적 싸움'[1]의 한 형식이라고 지적하고 있다. 러셀은 더 나아가 단순히 상대에 도전해야 하는 의무가 있어서 서로가 최선을 다하기보다는 보통 상대에 대한 혐오와 우위를 차지하고자 하는 욕망 같은 동기가 훌륭한 수행에 더 많은 공헌을 한다고 주장한다. 그는 1950년대에 뉴욕 자이언츠 야구팀의 매니저였던 리오 더로셔(L. Durocher)가 "사람 좋으면 꼴찌"라고 했던 말을 인용하고 있다. 상대가 도전에 응하여 최선을 다하기를 바라는 모든 훌륭한 스포츠에는 '상대를 때려눕히고' 이기기를 원하는 사람들이 있다.

러셀은 심지어 상호 부조론자들이 강조했던 상대들 간의 협력, 즉 경쟁자들이 탁월함을 향한 상호 탐색에 최선을 다하고자 서로 상대에게 있는 힘을 다하여 도전하고자 노력하는 협력은 도덕적으로 뭔가 의심이 가거나 아니면 적어도 상호 부조론자들이 주장할 것 같은 미덕의 본보기는 아니라고 말한다. 그런 협력은 경쟁자들 간의 진정한 도덕적 유대라기보다 개인적인 이익을 위한 일시적인 협조 관계에 더 가까울 수 있다는 것이다.

상호 부조론에 대한 이러한 비판은 한편으로는 탁월함의 추구와 또 한편으로는 평등이나 스포츠맨십 같은 도덕적 가치 간에는 본래 긴장이나 갈등이 존재할 수밖에 없다는 것을 말하고자 하는 것이다. 러셀 자신은 그런 갈등의 해결 방안과 관련하여 훨씬 더 큰 탁월함을 위해 윤리를 약간 절충할 수 있다는 다소 애매모호한 견해를 밝히고 있다. 하지만 그러한 절충이 정말로 필요할까?

자신의 능력에 대해 의미 있는 시험을 해보고 탁월함의 증진을 위해 서로 최선을 다할 것에 동의하는 상대방과의 협력을 고려해서 이 비평에 대한 검토를 시작하겠다. 운동선수들이 이런 방식에서 서로 협력하자는 데 동의하는 것은, 설령 그들이 자발적으로 그런 동의를 한다고 하더라도, 단지 개인적인(혹은 팀) 이득에서 비롯된 일시적인 편의의 협정일 뿐이다. 그러나 설령 그렇다 하더라도, 운동선수는 서로 상대의 선택을 존중하고 또한 각자 선택에 있어 개인적 자율성을 행사한다. 따라서 각자는 한 사람의 도덕적 행위자, 그 자체로 도덕적 의미가 있는 한 사람의 자율적 자아로서 행동하고 또한 대우받고 있다.

설령 그런 합의가 단순한 편의의 협정에서 출발한다고 하더라도, 더욱 중요한 것은 운동선수들은 탁월함의 상호 추구라는 규범을 내면화할 수 있고 또한 흔히 그렇다. 다시 말해서, 그 합의는 경쟁자들이 스스로 공정한 경쟁의 윤리를 받아들이기 때문에 도덕적 지위에 영향을 줄 수 있다.[2] 마치 일부 학생이 처음에는 발각될 위험 때문에 시험에서 부정행위를 하지 않을 수 있지만, 나중에는 탁월함과 지적 정직성에 대한 학업 규범을 내면화함으로써 부정행위를 하지 않는 것처럼, 운동선수들 역시 점차 훌륭한 스포츠의 핵심 가치들을 내면화할 것이다. 따라서 스포츠에서 경쟁자들 간 협력의 일부 요소는 단지 사리사욕에서 출발한 편의적인 동의로부터 유발될지 모르지만, 경쟁자들이 점차 성숙해지고 훌륭한 스포츠의 윤리를 지지하게 되면서 그럴 필요가 없어지게 된다.

그러나 우리는 경쟁이 운동경기라는 개념의 중심이라는 주장을 부정할 수는 없다. 경쟁은 보통 반감을 낳고 심지어는 상대에 대한 혐오의 감정을 유발하기도 한다. 그러나 상호 부조론자들은 스포츠가 상대를 존중하고 또한 비록 상대가 보여준 것이라 하더라도 그의 탁월함을 인정하는 그러한 중요한 원리를 반영하는 방식에서 가르쳐진다면, 경쟁이 도덕적 경계 내에서 이루어질 수 있다고 말한다. 실제로 어떤 운동선수는 상대에 대한 반감이나 증오가 없어도 주요 경쟁자와 맞서 이기고 싶어 한다. 사실, 어떤 선수가 경기를 존중하기 때문에 누군가를 심하게 때릴 수도 있다. 실제로, 그들이 최선을 다하기를 원할 것이므로 한 사람의 승리는 특별한 의미가 있게 된다. 더욱이, 상호 부조론이 운동선수들은 항상 친구가 되는 것은 말할 필요도 없고 상대를 좋아해야 한다는 것을 의미하는 것은 아니다. 그들이 상대를 공정하게 그리고 존중과 우정으로 대우하는 한 그것이 바람직하다 할 수 있지만, 필수는 아니다.

상대에 대한 반감과 혐오는 효과적인 동기 요인이 될 수 있으며, 그리고 아마도 자주 스포츠에서 그런 효과가 나타난다. 그런데도, 그런 동기는 좋은 경쟁에 꼭 필요한 것 같지는 않으며 더 나아가 자신이 정말로 좋아하는 경쟁자와 맞서는 경쟁에서 최고가 되고자 하는 욕구보다 효과 면에서도 더 떨어질 수 있다. 특히 증오나 혐오는 상호 부조론적 스포츠의 이상과는 어울리지 않아 보인다. 상호 부조론이 가장 요구하는 것은 상대를 공정하게 그리고 동료 인간으로서 존중하는 마음으로 대우하는 것임을 기억하자.

영화 〈스타워즈(Star Wars)〉가 한편으로는 선, 또 한편으로는 악을 증진하는 두 가지 측면의 영향력을 가지고 있는 것처럼, 극단으로 치닫게 되면 내가 제안했던 운동경기에 대한 윤리적 접근을 약화시킬 수 있는 경쟁과 같은 가치들이 있을 수 있다. 그러나 적절한 한도 내에 유지되는 경쟁은 상대에 대한 혐오까지 이어질 필요가 없다. 오히려 경쟁이 특히 가치 있는 동료 경쟁자와 경기에 임하여 도전에 응하고자 하는 강렬한 욕구로 이어질 수 있다(사실, 찰스 크롬비의 「골프의 규칙 *The Rules of Golf*」은 특히 상대를 '동료' 경쟁자로 언급하고 있다). 만일 옹호할 수 있는 스포츠 윤리를 준수하는 사람들이 더욱 많아진다면 아마도 스포츠의 '어두운 측면'은 오늘날보다 훨씬 더 많이 사라질 것이다.

이 책의 스포츠 논의에서 나오는 주요 주제는 무엇인가?

너무 많은 내용을 다루어 이를 간략히 요약하기가 어렵지만, 나는 다음과 같은 세 가지(다소 임의적인 개수)의 주제를 특히 중요한 것으로 생각한다.

첫 번째는 홉스의 만인의 만인에 대한 투쟁과 비슷한 스포츠의 경쟁 모델을 거부하고 운동경기의 경쟁에 대한 이해를 수정하여 대체하는 것이다. 내가 선호하는 모델은 상호 부조론으로, 그것은 도전을 통한 탁월함의 상호 탐색을 그의 중심으로 삼는다. 그러나 또한 모든 경쟁자의 인격과 흥미로운 도전을 충족시키는 미덕을 인식하는 접근 방식이 더 깊은 논의를 통해 등장할 수 있을 것이다.

두 번째는 스포츠에 참여하는 것은, 스포츠를 관람하고 연구하는 것과 마찬가지로, 교육적 가치를 지닐 수 있다는 생각이다. 세간의 관심이 높은 엘리트 대학 대항 운동경기에서 일부 왜곡이 있긴 하지만, 플라톤이 운동경기를 중요한 교육적 가치를 지닌 것으로 간주했던 것은 옳다고 할 수 있다.

세 번째는 운동경기가 윤리적으로 수행될 때 거기에는 보다 넓은 윤리적 관점과 부합하는 핵심 가치가 존재한다. 이것은 스포츠의 내적 도덕이라고 할 수 있다.[3] 이런 핵심 가치는 다른 사람들을 우리 자신과 동등한 사람으로 대우하는 존중과 경쟁이 공평하게 이루어지도록 하는 공정한 틀의 중요성을 포함한다. 우리는 이런 이상을 스포츠에서나 혹은 더욱 넓은 사회에서 완벽하게 이행하지는 않았지만, 우리가 운동 경쟁이 수반하는 것이 무엇인지를 최선으로 이해했을 때 거기에 깊숙이 내재하여 있는 원리는 스포츠뿐만 아니라 사회에서도 지지받을 수 있다.

마지막으로, 나는 단지 세 가지 점만 고집하지 못하기 때문에, 하나의 개인적인 바람 혹은 희망으로 결론을 내리고자 한다. 나는 이 책에서 제기한 문제들에 관한 논의가 나와 다른 입장에도 공정하였기를 바란다. 무엇보다, 나는 이 책이 합리적이며 정중한 탐구가 우리가 아무리 어려운 문제일지라도 진전을 이루는 데 도움을 줄 수 있다는 것을 보여 주고 있기를 바란다. 설령 윤리에 대한 어떤 확신을 보장하지 않는다 하더라도, 비판적 탐구는 우리의 이해를 진전시킬 뿐만 아니라 우리에게 우리의 결론에 대한 정당화를 제공해 줄 수 있다. 그것은 또한 우리가 더 나은 것으로 증명될 수 있는 생각을 고려하고 검토할 수 있게 해 준다.

우리의 결론이 철저한 비판적 검토를 견뎌내면 낼수록, 결론을 뒷받침하는 우리의 근거는 더욱 강해진다. 비판이 우리의 약점을 들춰내면 낼수록, 더 나은 대안으로 그것을 대체함으로써 더욱 강해진다. 윤리가 우리에게 확실성을 제공해 주지는 않지만 윤리적 주장은 비판의 검증을 견뎌낼 수 있거나 그렇지 않다면 도덕적 진보와 도덕적 성숙을 촉진하는 새로운 주장을 자극할 수 있는 결론에 우리가 도달하는 데 도움을 줄 수 있다. 사실, 탐구 그 자체는 우리가 스포츠에서 최선을 다해 찾아냈던 다른 사람들의 기여에 대한 열린 마음, 우리 자신의 관점에 대한 공평성의 정도, 그리고 다른 사람뿐만 아니라 우리 자신의 근거를 평가하는 데 있어서의 지적 정직성 등을 포함한 많은 가치를 전제한다. 무엇보다, 나는 이 책이 비판적 탐구에 대한 인식에 이바지하고, 이에 참여함으로써 우리가 모두 좋은 스포츠에 관해서 뿐만 아니라 비판적 담론 그 자체의 가치에 대해서도 배웠기를 바란다.

▌ 주석 ▌

프롤로그

1 Arnold Rampersad의 *Jackie Robinson: A Biography*(1998)는 로빈슨의 생애에 관한 걸출한 전기이다. Roger Kahn의 *Rickey and Robinson*(2014)은 로빈슨과 그를 발탁함으로써 흑백 인종차별을 깨뜨렸고 또한 그가 성공하기 위해서 해야 할 일에 관하여 조언을 아끼지 않은 메이저리그 다저 단장이었던 브랜치 리키와의 관계를 기록한 책이다.

제1장

1 영향력만큼 그 이름이 잘 알려지지 않은 20세기 철학자 비트겐슈타인(L. Wittgenstein)은 자신의 『철학적 탐구 *philosophical Investigations*』(1951)에서 모든 경기가 공유하는 공통적인 특징이란 존재하지 않는다는 가능성을 제기하였다.

2 인용구는 B. Suits, *The Grasshopper: Life, Games, and Utopia*(2005)에서 발췌한 것인데, 이는 분석적으로는 예리하지만 경기로 규정할 수 있는 모든 경기에 공통적인 특징들이 존재한다는 것뿐만 아니라 유토피아 그 자체가 경기에 참여하는 생활로 이루어질 수 있다는 것을 보여주기에는 유머러스한 시도라 할 수 있다. 여기에 제시된 경기에 관한 설명은 슈츠의 분석에 많이 의존하고 있다. 하지만 나는 모든 경기가 어떤 공통된 특징을 공유한다고 주장하지는 않을 것이다.

3 Suits, *The Grasshopper*.

4 John Russell(2014).

5 이 구분은 Scott Kretchmar(1975)의 영향력 있는 논문에서 개발되었다.

6 이에 관한 충분한 논의는 Ronald Dworkin, *Justice for Hedgehogs*(2011)을 볼 것.

7 P. French는 계급의식을 유지하고 있는 영국에서의 아마추어리즘과 그의 역할을 논의하고 있다.(French, 2004)

8 코치들이 나쁜 판정을 바로잡고자 노력해야 할 도덕적 의무를 지니고 있다는 관점에 대한 활발한 옹호는 Russell(2013)을 볼 것.

9 이와 관련한 좋은 자료들은 다음을 볼 것. Tom Verducci, "Totally Justiced", *Sports Illustrated*, 96, June, 3, 2002, 34~48; Senator George Mitchell, Mitchell Report - Major League Baseball(2003).

10 이에 관한 보다 충분한 논의는 Dworkin(1977), Russell(1999)을 볼 것.

11 Russell(1999).

제 2 장

1 예를 들면 Keating(1964)을 볼 것.

2 Tannsjo(1968)를 볼 것.

3 Simon, Torres, and Hager(2015)의 제2장, 제3장을 볼 것.

4 John Russell(2014)은 그런 관점을 옹호한다.

5 이 점과 관련한 논의는 Kretchmar and Elcombe(2007)로부터 도움을 받았다.

6 이 점에 관해서는 Nicholas Dixon(1999)의 논의를 볼 것.

7 이에 관한 보다 충분하고 통찰력 있는 논의는 Torres and Hager(2013)를 볼 것.

8 J. Russell(2013a)이 그런 관점을 주장한다.

9 Gert(1998).

10 Russell(2013a).

11 이 스캔들과 관련한 사건들에 대해서는 다음을 볼 것.
http://www.nytimes.com/interactive/2015/05/27/sports/soccer/sepp
-blatter-fifa-timeline.html?_r=0#/#time376_11008.

12 Leaman(2007)을 볼 것.

13 출판 직전의 기고문에 대한 논평자의 평론에 의하면, 어떤 하키 코치는 자신에게 있어서 가장 귀중한 선수는 상대 팀이 겁을 먹도록 거친 플레이를 하는 선수(즉, 거친 신체적 접촉을 통해 상대에게 겁을 주는 선수)라고 주장할 가능성이 있다는 점에서 이에 관한 논의는 간단치 않아 보인다.

14 게임스맨십에 관한 아주 예리하고 집중적인 논의는 Howe(2004)를 볼 것.

15 그런 관점에 관해서는 Summers(2007)를 볼 것.

16 이런 입장에 대한 옹호와 관련해서는 Summers(2007)를 볼 것.

17 Holmes, Baxter, and Peltz(2011).

18 Dixon(2010).

19 이런 경우는 메이저리그 야구에서도 마찬가지일 것이다. 게다가, 야구에서 타자들을 맞히는 앙갚음을 금지하는 규칙이 있지만 집행이 너무 부담스럽거나 요식적이어서 효력이 별로 드러나지 않을 수 있다. 이에 관한 논의는 Browne(2015)을 볼 것.

20 보상 판정에 관한 예리한 논의는 Mark Hamilton(2011)을 볼 것.

21 Hamilton(2011)은 이와 비슷한 주장을 밝히고 있다.

22 Hamilton(2011) 역시 이와 유사한 생각을 밝히고 있다.

23 James Keating(1964).

24 여기에서 간략히 기술한 입장과 유사한 입장을 옹호하는 관점에 대해서는 Feezell(1986)을 볼 것.

25 그런 관점은 Butcher and Schneider(1998)를 포함한 여러 논문에 제시되었으며 Simon, Torres, and Hager(2015)는 이런 입장을 옹호하고 있다.

제 3 장

1 조사결과에 대한 요약은 다음을 볼 것.
   http://kidshealth.org/parent/nutrition_center/staying_fit/exercise.html.
   더 많은 논문 자료는 Giannini 외(2007)을 볼 것. 여자아이들에 대한 참가
   의 효과에 관한 논의는 Parker-Pope(2010)을 볼 것.

2 나는 이 점에 관하여 이전에 주장하였다. Simon, Torres, and Hager(2015)
   를 볼 것.

3 Lasch(1977).

4 관련 정보는 the Sports Concussion Institute 웹사이트에서 볼 수 있음.
   http://www.concussiontreatment.com/concussionfacts.html.

5 내가 유도한 그런 관점에 대한 사려 깊은 옹호는 Russell(2005)을 볼 것.

6 이에 관련하여서는 Leslie Francis의 도움을 받았다.

7 Simpson(2004)을 볼 것.

8 관련 자료는 다음을 볼 것.
   www.stanfordchildren.org.

9 Lackman(2015)을 볼 것.

10 당시 알리의 상태에 대한 가슴 뭉클한 설명과 그의 사회적 의미에 대한 찬
   사는 *Sports Illustrated*에 살린 Tim Layden의 글 "Ali: The
   Legacy"(2015)에서 볼 수 있음.

11 www.healthresearchfunding.org.

12 Kristol(1971).

13 우리가 죽음이나 자유의 상실과 같은 해악을 어떻게 이해해야 하는가와 관
   련한 설명은 Gert(1998)를 볼 것. Gert에게 있어서, 해악은 개략적으로 말
   해서 합리적인 사람이라면 어떤 최우선적인 이유가 없을 때 고통받고 싶지
   않은 재난을 의미한다.

14 Hampton(1996)을 볼 것.

15 N. Dixon(2001)은 그런 개정을 주장하고 있다.

제4장

1 A. Hardman(2014)은 이 경우와 관련하여 논의하였다.

2 나는 이 주제와 관련하여 L. Francis에게 빚을 지고 있다.

3 나는 1984년(Simon 1984)에 처음 이 제안을 하였고, Simon, Torres, and Hager(2015)에서 더욱 발전되었다.

4 강압에 관한 예리하면서도 매우 분석적인 논의에 대해서는 Wertheimer(2014)를 볼 것.

5 경기력 향상 약물이 일부 스포츠를 너무 만만하게 만든다는 관점에 관한 예리한 논의는 Gardner(1998)를 볼 것.

6 대회에서 발표되었던 이 주장의 발전과 관련해서는 Simon(1984)을 볼 것.

7 이 점에 관한 통찰력 있는 논의에 대해서는 Holm(2010)을 볼 것.

8 이러한 나의 주장과 유사한 논거는 Lavin(1987)에 의해 제시되었다.

9 S. Loland(2001)는 이 점을 강력하게 주장하였다. 이전에 보인 최고의 경기력을 능가한 것과 아무리 미미한 차이라 하더라도 신기록을 세운 것은 대단한 성취라고 대꾸할 수도 있을 것이다. 그러나 그런 기록을 세우는 것이 경쟁의 주된 목표여야 하는가?

10 이에 관한 논의는 Dixon(2007)을 볼 것.

11 Simon, Torres, and Hager(2015).

12 그런 관점은 C. Tamburrini가 지지하고 있다.

13 이 점에 관한 좀 더 충분한 지지 견해는 Loland(2001)를 볼 것.

14 국가가 시민들에게서 증진해야 하는 덕목으로 자율성과 비판적 사고의 발달을 지지하는 밀의 저작에 근거하는 그런 종류의 자유주의는 하나의 예외

로서 가능하다. 틀림없이 이런 가치들은 스스로 결정하는 능력을 향상하며 아울러 '시민들에게 삶의 방식을 부과하는 것'이라고 말하기에는 너무 근거가 박약하다.

15 Sandel(2013).

16 Sandel(2007).

17 이와 관련해서는 Morgan(2008)을 볼 것.

제5장

1 고대 그리스에서의 운동경기와 비판적 탐구 사이의 유사점에 관한 논의는 Reid(2012)를 볼 것.

2 여자 농구팀과 긴밀하게 일했던 철학과의 한 사람 또한 전하는 바에 따르면 부적절하게 행동하였다.

3 대학 대항 운동경기 프로그램의 재정적 통계에 관한 자료는 미국대학체육협회의 공식 사이트 NCAA.org.에서 "Research" 표제로 들어가 확인할 수 있다.

4 Knight Commission(2010).

5 Knight Commission(2010).

6 그런 주장과 관련해서는 French(2004)를 볼 것.

7 Smith가 농구에 끼친 공헌에 대해서는 R. Goldstein이 *The New York Times*(2015. 2. 8.)에 기고한 "Dean Smith, Champion of College Basketball and of Racial Equality, Dies at 83" 기사를 볼 것.

8 Hawkins(2013).

9 http://sports.usatoday.com/ncaa/salaries/. 물론 체육 엘리트 주요 체제에 채용되지 않은 감독들이나 세인의 관심이 낮은 스포츠의 감독들은 훨씬 더 낮은 수준의 급여를 받으며 미국대학체육협회의 디비전 III의 감독들은 다른 교수들과 같은 규모의 급여를 받는다.

10 이에 관한 충분한 논의는 다음을 볼 것, "Exploitation", *Stanford Encyclopedia of Philosophy*, stanford.edu/entries/explotation/2002

11 서로 이득이 되는 이용이 대학 운동경기에 어떻게 적용될 수 있는지를 포함하여 착취에 대한 이해의 복잡함에 관한 예리한 논의는 Wertheimer(2014)를 볼 것.

12 Berkow(1983)에서 인용함.

13 교육 엘리트 대학기관에 다니는 운동선수들이 졸업 후에 일반 학생들과 비교했을 때 얼마나 일을 더 잘하는지에 대한 비교는 Shulman and Bowen(2001)을 볼 것. 졸업률은 ncaa.org에서 확인할 수 있음.

14 물론, 많은 사람은 엘리트 디비전 I 남자 미식축구와 농구(그리고 어느 정도 수준이 높은 여자 농구)가 이미 그런 상태에 있다고 주장하곤 한다.

15 Ogilvie and Tutko(1971)는 초창기이긴 하지만 스포츠가 형성하는 인격에 관한 의문을 제기하는 영향력 있는 논문을 발표한 바 있다.

16 Simon(1994)을 볼 것.

17 French(2004)는 그러한 관점에 찬성 의견을 내놓는데, 특히 미식축구와 관련하여 그런 관점을 옹호한다.

18 일부 비평가의 주장에 따르면, 역대 경험적 연구들은 운동선수들이 스포츠에 참가하기 때문에 도덕적으로 발달한다기보다, 실제로는, 조사관들이 기술한 도덕적 딜레마에 반응한 결과를 보면, 운동선수가 아닌 사람들보다 도덕적으로 퇴행하거나 점수가 더 낮게 나타난다. 예컨대 Ogilvie and Tutko(1971), 그리고 나중에 인용된 Bredemeier and Shields의 만년의 저작을 볼 것.

19 Bredemeier and Shields(2001).

20 Bredemeier and Shields(2001).

21 Drew Hyland(1984)는 그런 관점의 사례를 개발하였다.

22 Wilson(2007).

23 이에 관한 자료와 미국대학체육협회의 전 디비전을 통틀어 높은 기준에 따라 선발하는 기관들의 운동경기 결과에 대한 전반적인 비평에 대해서는 Shulman and Bowen(2001)을 볼 것.

24 Parker-Pope(2010)을 볼 것.

25 주석 9에서 이미 인용한 *USA Today*의 보고를 볼 것.

26 이에 관한 충분한 논의는 Torres and Hager(2013)를 볼 것.

27 이 예는 Fry(2000)가 제시하고 논의하였다.

28 Reid(2013).

29 Fry(2000).

30 이 예 또한 Simon(2013)에서 논의되고 있다. 내가 아는 한, 그 딜레마는 원래 Fry(2000)가 제기하였다.

31 다음을 볼 것, "Anti-Semitism in the Stands", *The New York Times*, 2015. 4. 18.

32 이것은 우리가 앞에서 논의하였던 연성 후견주의의 사례일 수 있다.

33 Kretchmar(2013)을 볼 것.

34 Kretchmar(2013).

35 이것은 내가 담당하는 수업들 가운데 하나에서 Jackson Kushner라는 학생이 지적한 것이다. 나 역시 이와 비슷한 내용을 Simon(1978~1979)에서 주장한 바 있다.

36 Kretchmar는 이 주제와 관련한 자신의 논문(2013)에서 각고의 노력이 갖는 중요성을 인정한다.

37 예를 들면 Simon(2008)을 볼 것.

제 6 장

1 대학의 중립성에 관한 보다 충분한 논의는 Simon(1994)을 볼 것.

2 *New York Times*, 2015, 4, 18.

3 *Army Cohen et al. v. Brown University*, 미국 제1연방고등법원, 1983.

4 Hogshead-Makar(2013).

5 이 점은 또한 Simon, Torres, and Hager(2015)에서도 주장되었다.

6 이와 관련된 문제들에 대한 초창기의 그러나 여전히 영향력이 있는 논의는 English(1978)를 볼 것.

7 Wilson(2007).

8 나는 이와 관련하여 나의 동료인 Todd Franklin에게 힘입은 바가 크다.

9 그런 논거에 관해서는 Hoberman(1997)을 볼 것.

10 그 용어의 기원에 관한 논의에 대해서는 다음을 볼 것.
   http://www.slate.com/blogs/lexicon_valley/2013/12/18/redskins_the_debate_over_the_washington_football_team_s_name_incorrectly.html.

11 몇 가지 사례에 대해서는 www.racismagainstIndians.org를 볼 것.

12 한 웹 사이트에 따르면, 학교 마스코트의 이름으로 불린다는 이유로 부모는 자녀들의 학교를 옮겨야 했다(racismagainstindians.org을 볼 것).

13 이 통계는 *The London Times*에 실린 기사 "History and Time Are Key to Power of Football Says Premier League Chief"에서 가져온 것임. 다음 사이트에서도 볼 수 있음.
   http://www.thetimes.co.uk//tto/public/ceo-summit/article3804923.ece.

14 Sandel(2013).

제7장

1 Russell(2014).

2 그런 관점은 Butcher and Schneider(1998)가 발전시켰다.

3 스포츠의 내면의 도덕성은 Simon, Torres, and Hager(2015)의 중심 주제이다.

▌ 추천 도서들과 참고문헌 ▌

아래의 책들은 추가 참고 도서 목록이다. 지정 도서들은 이 책에서 제기되었던 몇 가지 문제를 좀 더 깊이 검토하고, 학술 문헌으로 좀 더 충분하게 연구하거나, 혹은 다른 각도에서 고려된 문제에 접근하고 있다. 선집은 이 책의 끝에 있는 주석에 인용된 여러 편의 논문을 포함하고 있으며 스포츠 철학 분야에 대한 개관을 제공할 수 있도록 고안되었다.

지정 도서들

French, Peter. 2004. *Ethics and College Sports: Ethics, Sports, and the University*. Lanham, MD: Rowman and Littlefield.

Reid, Heather. 2012. *Introduction to the Philosophy of Sport*. Lanham, MD: Rowman and Littlefield.

Simon, Robert L., Cesar Torres, and Peter Hager. 2015. *Fair Play: The Ethics of Sport*. 4th ed. Boulder, CO: Westview Press.

Suits, Bernard. 2005. *The Grasshopper: life, Game and Utopia*. Buffalo, NY: Broadview Press. (최초 발간은 1978년 University of Toronto Press에 의해 이루어졌다.)

선집과 참고 논문들

Holowchak, M. Andrew, ed. 2002. *Philosophy of Sport: Critical Readings, Critical Issues*. Upper Saddle River, NY: Prentice-Hall.

McNamee, Mike, and William J. Morgan. 2015. *Routledge Handbook of the*

Philosophy of Sport. New York: Routledge.

Morgan, William J. ed. 2007. *Ethics in Sport.* Champaign, IL: Human Kinetics.

Torres, Cesar, ed. 2014. *The Bloomsbury Companion to the Philosophy of Sport.* London: Bloomsbury.

참고문헌

Berkow, Ira. 1983. "College Factories and Their Output." *New York Times,* January 18: D25.

Bredemeier, Brenda and Shields. 2001. "Moral Growth Among Athletes and Non-Athletes: A Comparative Analysis." *Journal of Genetic Psychology* 147:7~18.

Browne, Alister. 2015. "One for One: A Defense of Pitcher Retaliation in Baseball." *Journal of the Philosophy of Sport* 42:379~392.

Butcher, Robert, and Angela Schneider. 1998. "Fair Play as Respect for the Game.", *Journal of the Philosophy of Sport* 25:1~22.

Dixon, Nicholas. 1999. "On Winning and Athletic Superiority." *Journal of the Philosophy of Sport* 26:10~26.

Dixon, Nicholas. 2001. "Boxing, Paternalism, and Legal Moralism." *Journal of the Philosophy of Sport* 27:323~345.

Dixon, Nicholas. 2010. "A Critique of Retaliation in Sports." *Journal of the Philosophy of Sport* 37:1~10.

Dworkin, Ronald. 1977. *Taking Rights Seriously.* Cambridge, MA: Harvard University Press. 특히 제4장 "Hard Cases"(pp. 81~130)를 볼 것.

Dworkin, Ronald. 2011. *Justice for Hedgehogs*. Cambridge, MA: Harvard University Press.

English, Jane. 1978. "Sex Equality in Sports." *Philosophy and Public Affairs* 7:269~277.

Feezell, Randolph. 1986. "Sportsmanship." *Journal of the Philosophy of Sport* 13:1~13.

French, Peter. 2004. *Ethics and College Sports: Ethics, Sports, and the University*. Lanham, MD: Rowman and Littlefield.

Fry, Jeffrey. 2000. "Coaching a Kingdom of Ends." *Journal of the Philosophy of Sport* 27:51~62.

Gardner, Roger. 1989. "On Performance Enhancing Substances and the Unfair Advantage Argument." *Journal of the Philosophy of Sport* 1:59~73.

Gert, Bernard. 1998. *Morality: Its Nature and Justification*. New York: Oxford University Press.

Giannini, Cosimo, Tommaso de Giorgis, Angelika Mohn, and Francesco Chiarelli. 2007. "Role of Physical Exercise in Children and Adolescents with Diabetes Mellitus." *Journal of Endocrinology and Metabolism* 20:173~184.

Goldstein, Richard. 2015. "Dean Smith, Champion of College Basketball and of Racial Equality, Dies at 83." *New York Times*, February 9:A1.

Hampton, Jean. 1996. *Political Philosophy*. Boulder, CO: Westview Press.

Hamilton, Mark. 2011. "The Moral Ambiguity of the Makeup Call." *Journal of the Philosophy of Sport* 38:212~228.

Hardmun, Alun. 2014. "Sport and Technological Development." In *The*

Bloomsbury Companion to the Philosophy of Sport, Cesar Torres (ed.), 279~294. London: Bloomsbury.

Hawkins, Billy. 2013. *The New Plantation: Black Athletes, College Sports, and Predominantly White NCAA Institutions*. New York: Palgrave Macmillan.

Hoberman, John. 1997. *Darwin's Athletes: How Sport Had Damaged Black American and Preserved the Myth of Race*. New York: Houghton Mifflin.

Hogshead-Makar, Nancy. 2013. "The Ethics of Title IX and Gender Equity for Coaches: Selected Topics." in *The Ethics of Caoching Sports: Moral, Social, and Legal Issues*, Robert L. Siomon(ed.), 193~214. Boulder, CO: Westview Press.

Holm, Soren. 2010. "Doping Under Medical Control: Conceptually Possible but Impossible in the World of Professional Sports?" in *The Ethics of Sports: A Reader*, Mike McName(ed.), 186~193. London: Taylor and Francis.

Holmes, Baxter, and Jim Peltz. 2011. "The Code Made Me Do It." *Los Angeles Times*, August 5. A4.

Howe, Leslie. 2004. "Gamesmanship." *Journal of the Philosophy of Sport* 31:221~225.

Hwang, Jung Hyun, and Scott Kretchmar. 2010. "Aristotle's Golden Mean: Its Implications for the Doping Debate." *Journal of the Philosophy of Sport* 37:102~121.

Hyland, Drew. 1984. *The Question of Play*. Lanham, MD: University Press of America, a division of Rowman and Littlefield.

Kahn, Roger. 2014. *Rickey and Robinson: The True, Untold Story of the Integration of Baseball.* New York: Rodale.

Keating, James W. 1964. "Sportsmanship as a Moral Category." *Ethics: An International Journal of Social Political and Legal Philosophy* 75:25~35.

Knight Commission on Intercollegiate Athletics. 2010. *Restoring the Balance: Dollars, Values and the Future of College Sports.* Available at knightcommission.org/restoringthebalance

Kretchmar, Scott. 1975. "From Test to Contest: An Analysis of Two Kinds of Counterpoint in Sport." *Journal of the Philosophy of Sport* 2:23~30.

Kretchmar, Scott, and Tim Elcombe. 2007. "In Defence of Competition and Winning." In *Ethics in Sport*, William J. Morgan(ed.), 165~180. Champaign, IL: Human Kinetics.

Kretchmar, Scott. 2013. "Bench Players: DO Coaches Have a Moral Obligation to Play Benchwarmers?" *The Ethics of Coaching Sports: Moral, Social, and Legal Issues*, Robert L. Simon(ed.), 123~138. Boulder, CO: Westview Press.

Kristol, Irving. 1971. "Pornography, Obscenity, and the Case for Censorship." *New York Times Magazine.* March 28.

Lackman, Jon. 2014. "Is It Wrong to Let Children Do Extreme Sports?" *New York Times Magazine.* Available at http://www.nytimes.com/2015/ 05/17/magazine.is-it-wrong-to-let-children-do-extreme-sports.html ?_r=0

Lasch, Christopher. 1977. "The Corruption of Sports." *New York Review of Books*, April 28:24~30. Available at http://www.nybooks.com/articles/

archives/1977/apr/28/the-corruption-of-sports/

Lavin, Michael. 1987. "Sports and Drugs: Are the Current Bans Justified?" *Journal of the Philosophy of Sport* 14:34~43.

Layden, Tim. 2015. "Ali: The Legacy." *Sports Illustrated*, 123:60~67.

Leaman, Oliver. 2007. "Cheating and Fair Play in Sport." In *Ethics in Sport*, William J. Morgan(ed.), 201~207. Champaign, IL: Human Kinetics. 최초로 출간된 것은 1981년이었다. William J. Morgan. 1981. *Sport and the Humanities: A Collection of Original Essays.* University of Tennessee: Bureau of Educational Research and Service.

Loland, Sigmund. 2001. "Record Sports: An Ecological Critique." *Journal of the Philosophy of Sport* 28:127~139.

Morgan, William J. 2008. Review of Michael Sandel's "The Case Against Perfection." *Journal of Intercollegiate Sport* 1:284~288.

Morgan, William J. 2008a. "Markets and Intercollegiate Sports: An Unholy Alliance." *Journal of Intercollegiate Sport* 1:59~65.

Morgan, William J. 2012. "Broad Internalism, Deep Conventions, Moral Entrepreneurs." *Journal of the Philosophy of Sport* 39:65~100.

Morgan, William J. 2013. "Interpretivism, Conventionalism, and the Ethical Coach." In *The Ethics of Coaching Sports: Moral, Social, and Legal Issues*, Robert L. Simon(ed.), 61~77. Boulder, CO: Westview Press.

Ogilvie, Bruce C., and Thomas A. Tutko. 1971. "Sport: If You Want to Build Character, Try Something Else." *Psychology Today*, October, 61~63.

Paker-Pope, Tara. 2010. "As Girls Become Women, Sports Pay

Dividends?" *New York Times*, Februrary 15. Available at http://well.bl

ogs.nytimes.com/2010/02/15/as-girls-become-women-sports-pay-di

vidends/?_r=0

Potter, Stephen. 1947. *The Theory and Practice of Gamesmanship: The Art of Winning Games without Actually Cheating.* London: Rupert Hart-Davis Publishers.

Rampersad, Arnold. 1998. *Jackie Robinson: A Biography.* New York: Random House.

Rawls, John. 1971. *A Theory of Justice.* Cambridge, MA: Harvard University Press.

Reid, Heather. 2012. *Introduction to the Philosophy of Sport.* Lanham. MD: Rowmand and Littlefield.

Russell, J. S. 1999. "Are Rules All and Umpire Has to Work With?" *Journal of the Philosophy of Sport* 26:27~49.

Russell, J. S. 2005. "The Value of Dangerous Sports." *Journal of the Philosophy of Sport* 32:1~19.

Russell, J. S. 2013. "Coaching and Undeserved Competitive Success." In *The Ethics of Coaching Sports: Moral, Social, and Legal Issues.* Robert L. Simon(ed.), 103~120. Boulder, CO: Westview Press.

Russell, J. S. 2013a. "Is There a Normatively Distinctive Concept of Cheating in Sport(or anywhere else)?" *Journal of the Philosophy of Sport* 41:1~21.

Russell, J. S. 2014. "Competitive Sport, Moral Development, and Peace." In *The Bloomsbury Companion to the Philosophy of Sport*, Cesar

Torres(ed.), 228~244. London: Bloomsbury.

Sandel, Michael. 2007. *The Case Against Perfection: Ethics in the Age of Genetic Engineering.* Cambridge, MA: Harvard University Press.

Sandel, Michael. 2013. *What Money can't Buy: The Moral Limits of Market.* New York: Farrar, Straus and Giroux.

Shulman, James L., and William G. Bowen. 2001. *The Game of Life: College Sports and Educational Values. Princeton*, NJ: Princeton University Press.

Simon, Robert L. 1978~1979. "An Indirect Defense of the Merit Principle." *The Philosophical Forum* X: 224~241.

Simon, Robert L. 1984. "Good Competition and Drug-Ehnanced Performance." *Journal of the Philosophy of Sport* 11:5~13.

Simon, Robert L. 2013. "The Ethical Coach: An Interpretive Account of the Ethics of Coaching." In *The Ethics of Coaching Sport: Moral, Social, and Legal Issues*, Robert L. Simon(ed.), 41~60. Boulder, CO: Westview Press.

Simon, Robert L., Cesar Torres, and Peter hager. 2015. *Fair Play: The Ethics of Sport.* 4th ed. Boulder, CO: Westview Press.

Simpson, Joe. 2014. *Touching the Void.* New York: Harper Collins.

Suits, Bernard. 2005. *The Grasshopper: Life, Games and Utopia.* Buffalo, NY: Broadview Press. (최초 출간은 1978년 University of Toronto Press에서 이루어졌다.)

Summers, Chuck. 2007. "Ouch...You Just Dropped the Ashes." *Journal of the Philosophy of Sport* 34:68~76.

Tamburrini, Claudio. 2007. "After Doping, What? The Morality of the

Genetic Engineering of Athletes." *In Ethics and Sports*, William J. Morgan(ed.), 285~297. Champaign, IL: Human Kinetics Publishers.

Tannsjo, T. 1968. "Is Our Admiration for Sports Heroes Fascistoid?" *Journal of the Philosophy of Sport* 25:23~34.

Torres, Cesar, and Peter Hager. 2013. "Competition, Ethics, and Coaching Youth." In *The Ethics of Coaching Sports: Moral, Social, and Legal Issues*, Robert L. Simon(ed.), 167~184. Boulder: CO: Westview Press.

Vonnegut, Kurt. 1968. "Harrison Bergeron." In Vonnegut's *Welcome to the Monkey House.* New York, Random House. (이 이야기는 1961년에 최초로 *The Magazine of Fantasy and Science Fiction*에서 발표되었다.)

Wertheimer, Alan. 2014. *Coercion*. Princeton: Princeton University Press.

Wilson, James Q. 2007. "Bowling with Others." *Commentary* 124:28~32.

Wittgenstein, Ludwig. 1953. *Philosophical Investigations*. G. E. M. Anscombe and R. Rhees, eds. Oxford: Blackwell.

∥ 색인 ∥

우리가 꼭 알아야 할 스포츠 윤리

ⓒ 글로벌콘텐츠, 2021

1판 1쇄 인쇄__2021년 1월 1일
1판 1쇄 발행__2021년 1월 10일

저 자__ROBERT L. SIMON
역 자__김태훈

펴낸이__홍정표

펴낸곳__글로벌콘텐츠
          등록__제25100-2008-000024호

공급처__(주)글로벌콘텐츠출판그룹
          대표__홍정표 이사__김미미 편집__하선연 김수아 권군오 이상민 홍명지 기획·마케팅__이종훈
          주소__서울특별시 강동구 풍성로 87-6(성내동) 전화__02) 488-3280 팩스__02) 488-3281
          홈페이지__http://www.gcbook.co.kr 메일__edit@gcbook.co.kr

값 18,000원
ISBN 979-11-5852-301-5 93690